本书由中共上海市委党校（上海行政学院）
学术著作出版基金资助出版

RESEARCH ON POPULATION AGING AND
HOUSEHOLD CONSUMPTION CHANGE

人口老龄化与
居民消费变动研究

潘红虹 著

上海人民出版社

序　言

《中共中央关于制定国民经济和社会发展第十四个五年规划和二〇三五年远景目标的建议》明确指出:要坚持扩大内需这个战略基点,全面促进消费,增强消费对经济发展的基础性作用。消费作为拉动经济增长的重要动力,能否充分扩大消费并有效发挥最终消费支出对经济增长的拉动作用,对于有效促进经济增长,进一步有效提升城乡居民消费水平与生活水平,更好地使公众分享改革开放成果,努力解决人民日益增长的美好生活需要和不平衡不充分的发展之间的矛盾,具有极为重要的理论意义与实践价值。

新中国成立后长期实行计划经济体制,受重工业发展战略影响,在城镇通过实施低工资、票证制以及通过"剪刀差"从农村获取农业剩余,以筹集资金更有效支持重工业发展,在基本建成重工业体系和经济保持较快增长速度的同时,城乡居民消费水平与生活水平较为低下。

改革开放之初,通过以收入分配体制改革为切入点的经济体制改革,城乡居民收入水平快速提升。在城乡居民收入水平提升的基础上,城乡居民消费积极性被有效激发,城乡居民消费水平不断提升。不断增长的消费需求在提升改革积极性的同时,更为重要的是充分发挥了消费需求对拉动经济增长的作用,有效推动了经济的快速增长。正是城乡居民消费需求的持续快速增长,为"双轨制"期间推进改革与保持较快经济增长速度奠定了基础。

确立社会主义市场经济体制改革目标后,消费拉动经济增长的基础性作用持续增加,尽管20世纪90年代出现过高速通货膨胀与通货紧缩,但最终消费需求支出对经济增长的拉动作用仍保持在高位。而2000年后,随着外需对经济增长的作用不断加大,最终消费支出对经济增长的贡献率持续下降,最终消费率持续走低。尽管近年来一再强调要发挥消费对经济增长的基础性作用,但最终消费率仍保持在较低的水平。2019年最终消费率虽然达到55.4%这个自2000年以来的最高位,但仍然处于一个较低的水准,最终消费支出对经济增长的贡献率也仅为57.8%。

在此背景下,"十四五"期间为进一步扩大消费,充分发挥最终消费支出对经济增长的作用就极为必要。未来一段时期影响扩大消费的因素是多方位的,其中重要因素之一就是不断加剧的人口老龄化。能否有效应对人口老龄化,也是能否有效扩大消费支出的关键问题与必要前提之一。

自2000年起我国进入人口老龄化社会,人口老龄化对于经济社会发展的影响是全方位的,涉及经济社会文化等多个方面。撇开其他影响不谈,就人口老龄化对消费影响而言,将会对经济社会产生重大影响。

随着人口老龄化不断加剧,人口老龄化将导致消费结构的重大转变。城镇人口退休以后,一般而言其消费水平将趋于下降,这部分人群消费总量下降的同时,消费结构也有所转变。虽然退休人口在总人口中的比例相对有限,但这一部分消费结构的转变也足以影响到总体消费结构的转变,进而消费结构转变要求产业结构相应调整,因此,人口老龄化导致的消费结构的转变将对经济增长的动力与结构产生重大影响。

人口老龄化导致消费结构变动的同时,退休群体消费水平也会相应变动。由于退休人员的收入水平下降,随之而来自然消费水平同样下降。对于部分退休群体而言,消费水平虽然总体有可能上升,但由于退休人口的增多将导致消费水平增长趋缓。人口老龄化加剧并不仅仅是通过消费结构转变进而对经济增长产生影响,由于其对总体消费结构变动与消费水平产生影响,进而会影响到消费拉动经济增长作用的发挥。

总体而言,人口老龄化加剧将对居民消费变动产生重大影响,但如果要研究人口老龄化对居民消费变动的具体影响,则会发现其对不同维度的影响有所不同。不同地域、不同性别、不同群体、不同收入阶层的退休群体的消费变动状况不尽相同,人口老龄化对消费变动的影响虽然总体上趋于呈现出一定的共性特征,但在实际变动过程中就不同维度而言还是有所差异。正是因为如此,有必要深入研究人口老龄化对总体居民消费结构变动的影响机理与影响状况,从宏观与微观角度分析人口老龄化对居民消费变动的具体影响。潘红虹博士的《人口老龄化与居民消费变动研究》就是这样一部著作。

潘红虹博士的这部著作正是深入研究人口老龄化影响居民消费变动机理与状况的专著。综阅此书,具有以下特点。

首先,深刻分析了人口老龄化影响居民消费变动的机理。正如前所述,人口老龄化对居民消费变动的影响既包括消费结构也包括消费水平,不同地域、年龄、性别、收入、学历等人口特征不同其对居民消费的影响也相应不同,因而深入分析人口老龄化对居民消费变动的机理极为重要。该专著深入分析了人口老龄化影响居民消费变动的影响机理,奠定了分析人口老龄化影响居民消费变动的理论基础。人口老龄化影响居民消费变动既有收入效应,也有储蓄效应与抑制效应,进而有效分析影响居民消费变动的总体与结构状况。

其次,在理论分析的基础上,通过相应宏观数据对人口老龄化影响居民消费的变动进行了分析,通过构建相应模型进行实证检验得出了有关结论,证实人口老龄化对居民消费率提升确实存在抑制效应,城乡与区域也有所差异。人口老龄化对城镇居民消费影响效应变动相同,而对农村居民消费影响存在先下降到一定程度后再上升的 U 型效应。

再次,从微观角度而言,该专著应用中国健康与养老追踪调查数据(CHARLS)有关微观数据,探讨了人口老龄化对存在至少一位 60 岁以上老年人成员的家庭消费影响效应,说明人口老龄化对家庭消费具有促进效应,家庭人口老龄化对居民消费结构变动有着重要影响,尤其是对生活用品及服务、家庭医疗消费支出具有促进效应。

此外,本书在人口老龄化对居民消费变动影响研究的基础上,提出了应对人口老龄化扩大居民消费的对策,建议在延缓人口老龄化进程的基础上,加快发展新兴消费,培育引导消费热点,着力发展老年产业,加强市场供给侧改革,加快促进形成全国统一市场,同时加快健全社会保障体系,优化消费发展环境,促进居民消费潜力释放。

全书对进一步深入研究考察人口老龄化背景下居民消费变动的影响机制与变动状况,有效应对人口老龄化与提升最终消费率,尤其是在"十四五"期间进一步全面促进消费发展具有重要的理论意义与实践价值。

不过就人口老龄化影响居民消费变动的主题而言,宜进一步加强对不同区域、不同阶层退休群体消费变动的细化研究,这些工作也有待在以后的研究中予以完成。

潘红虹在职攻读博士学位,在繁忙工作的同时,三年内完成课程学习发表论文,并完成毕业论文通过答辩,实属不易。也预祝她再接再厉更上层楼!

是为序。

刘社建

2020 年 12 月

目录

Contents

图目录

表目录

绪　论

第一节　研究背景

当前,我国正加快构建以国内大循环为主体、国内国际双循环相互促进的新发展格局,扩大消费促进内需成为重要战略基点。同时,在人口老龄化程度不断加深的背景下,人口老龄化对经济社会和居民消费的影响日益显现。社会主要矛盾发生变化,人民美好生活需求日益强烈的背景下,研究人口老龄化背景下居民消费变动规律和特征,对于全面促进居民消费,推动构建新发展格局,显得尤为必要和迫切。

一、　全面促进消费扩大内需,推动形成强大国内市场

党的十九届五中全会提出:"十四五"时期,要加快构建以国内大循环为主体、国内国际双循环相互促进的新发展格局。围绕"强大国内市场,构建新发展格局",全会还从畅通国内大循环、促进国内国际双循环、全面促进消费、拓展投资空间四个方面进行了具体部署,全面促进消费成为构建新发展格局的重要一环。在当前世界经济低迷、贸易保护主义上升、新冠肺炎疫情全球蔓延的外部环境下,构建以国内大循环为主体、国内国际双循环相互促进的新发展格局,是中国基于经济发展阶段规律和适应内外环境要求而作出的关于国民经济发展战略的新的重大部署。新发展格局的推进要求"以国内大循环为主体",重点是要把握好扩大内需战略基点,使生产、分配、流通、消费更多依托国

内市场,从强大国内市场对于经济增长的重要作用维度,把扩大内需、促进消费提升到了新高度。

从新中国成立以来的经济发展历程来看,改革开放之前,我国经济发展一度以内循环为主。改革开放以后,尤其是 2001 年加入 WTO 以后,我国积极参与国际大循环,重点发展"出口导向型"经济。2008 年国际金融危机发生,外部经济环境发生变化,我国经济逐步再次转向国内大循环为主体。从 1978 年到 2018 年的数据来看,中国最终消费率由 61.44% 下降到 54.31%。居民消费率下降幅度更大,由 1978 年的 48.4% 下降到 2018 年的 39.37%。可以发现,改革开放以来中国政府消费率基本保持平稳,最终消费率的持续下降主要是由居民消费率的持续下降引起的。不仅如此,与世界上其他主要国家相比,中国的居民消费率也明显偏低。2018 年,中国的居民消费率为 39.37%,而英国、俄罗斯、印度 2018 年的居民消费率分别为 66.1%、49.4%、59.6%,同时 2017 年美国、日本的居民消费率也分别达到 68.4% 和 55.5%,由此可见,中国居民消费率与其他国家相比存在较大的差距,消费在拉动经济增长中的基础性作用仍有较大的潜力和空间。

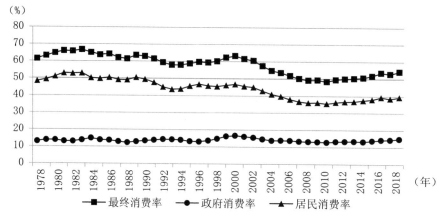

图绪-1　1978—2018 年中国最终消费率、政府消费率和居民消费率变动历程

数据来源:《中国统计年鉴》。

改革开放以来,我国经济增长曾经长期依靠"投资"和"出口"拉动,消费对经济增长的作用则未能充分发挥。从 2014 年开始,消费超过投资连续 6 年成为"三驾马车"中经济增长第一驱动力,经济增长越来越多的依靠内需尤其是消费拉动。从历年最终消费支出、投资形成总额和净出口对 GDP 增长的贡献率数据来看,投资和净出口对经济增长的贡献率受外部经济环境影响较大,消费则对经济增长的贡献率总体较为平稳,是经济增长的"稳定器"和"压舱石"。在当前环境下提出构建新发展格局,强调扩大内需推动形成强大国内市场,主要是基于国际国内两个"大局"背景。一方面,当今世界正在经历百年未有之大变局,外部环境不稳定性不确定性较大,国际大循环动能明显减弱;另一方面,我国加快推进中华民族伟大复兴战略全局,正在从高速增长阶段转向高质量发展阶段,需要转变发展方式,发展完整的国家内需体系,更多发挥消费对经济增长的基础性作用。因此,全面促进消费对于形成强大国内市场,构建新发展格局具有重要的支撑作用和战略意义。

二、 人口老龄化程度持续加深,积极应对人口老龄化上升为国家战略

根据 1956 年联合国发布的《人口老龄化及其社会经济后果》文件,如果一个国家或地区 65 岁及以上老年人口占总人口的比例超过 7%,就被认为进入了人口老龄化社会。根据国际标准的划分,中国在第五次人口普查(2000 年)时已经进入了人口老龄化社会,65 岁及以上老年人口占总人口比重为 7%。2010 年,中国 65 岁及以上老年人口的比重为 8.9%;2018 年,中国 65 岁及以上老年人口的比重为 11.9%。可以看出,中国人口老龄化程度在持续加深,对经济社会产生了广泛而深远的影响。

人口老龄化关乎国家发展全局和百姓民生福祉,关乎经济高质量发展和国家安全及社会稳定。党的十八大、十九大都明确提出"积极应对人口老龄化",政策调整从"大力发展老龄服务事业和产业"进一步上升为"加快老龄事

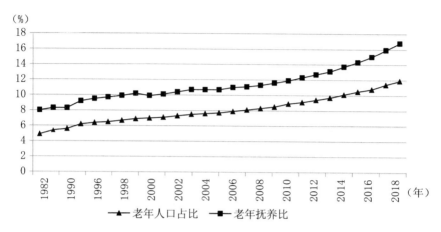

图绪-2　1982—2018 年中国老年人口占比和老年抚养比变动

数据来源：《中国统计年鉴》。

业和产业发展"。在党的重大会议中明确"积极应对人口老龄化"，表明作为全球老年人口数量最多的国家，积极应对人口老龄化已经成为中国不可回避的国家战略。党的十八届五中全会提出"全面放开养老服务市场，通过购买服务、股权合作等方式支持各类市场主体增加养老服务和产品供给"，党的十九届五中全会进一步提出"积极开发老龄人力资源，发展银发经济"。与此相应，一直以来被忽视的老年群体消费需求引起市场重视，老年医疗、老年教育、老年文化、老年旅游、老年生活服务等老年产业快速发展，在丰富老年群体产品和服务供给、满足老年群体消费需求、提升老年群体生活质量的同时，也为社会经济发展提供了新的动力。

2019 年，国务院印发《国家积极应对人口老龄化中长期规划》，这是中国历史上第一个关于人口老龄化的规划。《规划》分三个阶段提出了我国积极应对人口老龄化的阶段性目标，即到 2022 年，我国积极应对人口老龄化的制度框架初步建立；到 2035 年，积极应对人口老龄化的制度安排更加科学有效；到本世纪中叶，与社会主义现代化强国相适应的应对人口老龄化制度安排成熟完备。《规划》后两个阶段性目标与我国未来发展重要的两个 15 年相对应，表明人口老龄化已经成为我国的长期国情,凸显了积极应对人口老龄化国家战略的长期性,也显示了我国应对人口老龄化工作目光的长远性。同时,《规划》还从夯实财富基础、改善劳动力有效供给、打造高质量为老服务和产品供给体系、强化科技创新能力、优化社会环境等方面建立了应对人口老龄化的政策框架体系。《中共中央关于制定国民经济和社会发展第十四个五年规划和二○三五年远景目标的建议》进一步明确了"实施积极应对人口老龄化国家战略",从开发老龄人力资源、发展"银发经济"、推动养老事业和养老产业协同发展、健全基本养老服务体系等方面明确了各项具体任务。顺应人口老龄化趋势,开发老年人力资源市场,发展老年产业,发展"银发经济",健全养老服务体系,将成为今后一段时期我国应对人口老龄化的重要举措。这些政策体系虽然是基于人口老龄化主题而设,但实际上牵涉中国经济建设、科技创新、社会运行等各个方面,将对中国社会经济发展产生长远、深刻而广泛的影响。

人口老龄化固然会带来养老保障和社会服务压力增大、人口红利减弱、社会创新活力缺乏等问题,但人口老龄化作为社会生产力提高、时代文明进步、人类寿命延长的产物,随着老年群体日趋扩大,老年人独特的生理和心理特征,也逐渐催生出新的"银发市场蓝海",为市场经济发展提供新的商机。伴随人口老龄化程度持续加深的客观事实,以及党中央和政府的高度重视,人口老龄化已经成为坚持扩大内需战略基点,加快构建新发展格局重心工作中一个不容忽视的客观事实。

三、 社会主要矛盾发生变化,居民消费需求呈现系列新变化

从党的八大到十一届六中全会再到十九大,我国社会的主要矛盾提法发生过 3 次变化。1956 年党的八大提出,我国社会主要矛盾是指,人民对于建立先进的工业国的要求同落后的农业国的现实之间的矛盾,人民对于经济文化迅速发展的需要同当前经济文化不能满足人民需要的状况之间的矛盾。1981

年党的十一届六中全会提出,我国主要矛盾是人民日益增长的物质文化需要同落后的社会生产之间的矛盾。2017 年党的十九大进一步将我国社会主要矛盾的表述修改为"人民日益增长的美好生活需要和不平衡不充分的发展之间的矛盾"。每一次社会主要矛盾的变化,和每个阶段我国社会生产力发展的状况同人民需要的匹配程度紧密相关。

自 1978 年改革开放以来,中国经济连续多年呈现持续快速发展态势,经济规模总量不断扩大,GDP 总量从 1979 年的 4 100 亿元增长到 2018 年的 90 万亿元,平均增长速度达到 9.4%,创造了一国经济连续多年高速增长的世界奇迹。同时,中国在全球经济的地位也持续增强,中国 GDP 占全球 GDP 的比重从改革开放初期的不足 1%,到 2018 年占到全球 GDP 比重的 16%。而且从 2010 年开始,中国成了世界第二大 GDP 经济规模的国家,成了世界第一大进出口贸易国家。从当前中国经济发展在世界经济的地位来看,新中国成立初期,社会生产力落后的情况已经发生了根本性转变,"落后的社会生产"已经不符合实际,社会矛盾更多转向人民美好生活需要和发展不平衡不充分之间的矛盾。

当前我国经济已经由高速增长转向高质量发展。高质量发展从供给角度来看,应该实现产业体系比较完整,创新力、需求捕捉力、品牌影响力、核心竞争力增强,产品和服务质量提高;从需求角度来看,高质量发展要不断满足人民群众个性化、多样化、不断升级的需求,通过需求引领供给的变化,通过供给变革又不断催生新的需求。从需求端来看,现在中国的人均国内生产总值已经超过 1 万美元,城镇化率达到 64%,中等收入群体超过 4 亿人,人民生活水平大为提高,对美好生活的向往更加强烈,对消费升级的需求更加迫切,期盼有更优质的商品、更称心的服务、更便宜的价格、更便利的设施、更放心的环境。根据国际经验,人均 GDP 超过 8 000 美元,品质消费、服务消费将进入快速发展阶段。2019 年,我国人均 GDP 首次突破 1 万美元,未来中国居民消费升级将进入一个快速发展时期,居民对服务消费、中高端消费的需求会呈现集中爆发趋势。

目前,20世纪五六十年代出生的人正在成为或者即将成为中国老龄化人口的主体。这代人出生于新中国成立以后,大部分拥有受教育甚至高等教育的经历,他们追求高品位、舒适、愉悦的生活,热衷于休闲娱乐、文化旅游等高品质消费。2018年,中国"银发经济"市场规模超过3.7万亿元,预计未来老年消费市场将进一步扩大,2021年总体"银发经济"市场规模将达到5.7万亿元。①观察1995年到2018年中国人口老龄化程度与居民消费率之间的关系,可以大概看出,在进入老龄化社会之前,居民消费率保持平稳态势,2000年到2010年老龄化平稳上升时期,居民消费率持续下滑,而在2010年到2018年老龄化加速度上升时期,居民消费率呈现小幅回升态势。目前看来,"银发市场"已经成为消费市场的"蓝海",人口老龄化亦成为影响居民消费的重要因素。

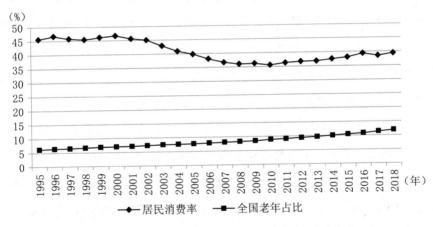

图绪-3　1995—2018年居民消费率与全国老年人口占比变动

数据来源:《中国统计年鉴》。

在中国人口老龄化程度不断加深的背景下,中国居民消费是否受到人口老龄化程度演变的影响,具有哪些影响机制和作用机理? 如何把握和适应人

---

① 成静:《新特点,新应对,万亿"银发富矿"有待勘掘》,《中国经济导报》2019年11月7日。

口老龄化对居民消费的作用和影响,在老龄化社会背景下充分释放居民消费潜力? 在国内外经济不景气的大环境下,如何寻找增强消费对经济增长的基础性作用的方向和路径,促进经济增长内生动力转变? 这些和中国经济的长远发展以及居民生活品质紧密相关,使得研究人口老龄化对居民消费变动的影响尤为迫切与必要。

第二节　研究意义

一、 理论意义

生命周期理论是经典的消费函数理论,认为理性经济人会根据一生的预期总体收入来安排人生各个阶段的生活消费开支,以达到在整个生命周期内合理安排消费的最佳配置。个人所处人生阶段不同其消费倾向也不同,一般来说,若把一个人的生命周期分为少年、中年、老年三个人生阶段,则人在少年和老年阶段由于没有收入边际消费倾向较高,而在中年阶段所得劳动收入既用于当前消费也要储蓄一部分为以后养老做准备,等到一个人生命结束时他一生的收入正好消费完,没有负债也没有遗产。但许多学者根据实证研究认为,人在现实生活中并不总是遵循生命周期理论的消费轨迹。生命周期理论出现以后,预防性储蓄理论、家庭储蓄理论、不确定性流动理论等相关消费函数理论相继发展,认为人在现实生活中还面临着不确定性风险冲击以及流动性约束,以及受到家庭子女与养老储蓄互换的理念影响,并且还有部分老年人秉承将财富遗留给下一代的传统思想影响,这些都会对人的消费—储蓄行为产生综合复杂的影响,而使老年人的消费特征可能不是完全符合生命周期理论。

另外,根据人口社会学的年龄效应和队列效应,一个人由于出生成长经历年代不同,以及个人所处生命周期阶段不同,人的消费结构需求与人的年龄阶段直接相关,老年人的消费需求会由于其独特的生理、心理机能而呈现出非老年成员不一样的特征。而根据马斯洛需求层次理论,人的消费需求分为生理需求、安全需求、社交需求、尊重需求和自我实现需求,这五个层次的需求是从低到高递进发展的,只有当低层次的消费需求实现,才会继续寻求更高层次的消费需求。因此,人口老龄化除了影响居民的消费倾向和消费水平,还会进一步对居民消费需求结构产生影响。

基于上述理论基础,本书深入分析人口老龄化影响居民消费的重要因素,从宏观和微观层面剖析人口老龄化影响居民消费率和居民消费结构的作用机理,并且分别探讨老年人口和老年家庭在人口老龄化社会背景下居民消费变动的特征规律,以及城乡差异、区域差异对人口老龄化社会居民消费的不同影响,努力开拓人口社会学与消费经济学交叉发展的新领域,希望为今后的学科交叉发展和消费领域的政策制定提供一定的理论支撑。

此外,本书在理论分析的基础上,通过宏观省际面板数据和微观家庭数据就人口老龄化对居民消费的影响效应和影响机理进行实证分析检验。中国是世界上人口最多的国家,也拥有世界上最多的老年人口数量。本书希望在应用宏观数据检验西方消费函数理论在中国人口老龄化背景下居民消费变动适用性的基础上,进一步通过大样本的微观家庭数据,为检验人口老龄化与居民消费变动关系理论提供独特的样本数据,并深入探析人口老龄化对以家庭为单位的微观层面家庭及个人的消费影响。总之,本书通过宏观层面和微观层面的双层印证比较,力图进行系统的人口老龄化对居民消费的影响研究,为人口老龄化与消费经济学结合寻找发掘新的理论视角。

二、 现实意义

党的十七大提出要坚持扩大国内需求特别是消费需求的方针,必须稳步提高居民消费率,进一步提升“三驾马车”中消费对经济增长的拉动作用。党的十八大后,中国确立了扩大内需的战略基点。党的十九大提出,要增强消费对经济发展的基础性作用。近年来,进一步清晰地确立了中国强化消费基础性作用,进一步扩大内需、促进消费的战略部署。

党的十九届五中全会提出:"十四五"时期,要加快构建以国内大循环为主体、国内国际双循环相互促进的新发展格局,围绕构建新发展格局,要形成强大的国内市场,构建新发展格局,并从畅通国内大循环、促进国内国际双循环、全面促进消费、拓展投资空间4个方面进行了具体部署,全面促进消费成为构建新发展格局的重要一环。同时,继2019年11月国务院印发《国家积极应对人口老龄化中长期规划》,将积极应对人口老龄化上升为国家战略,党的十九届五中全会也进一步提出"实施积极应对人口老龄化国家战略,积极开发老龄人力资源,发展银发经济"。

因此,顺应人口老龄化发展趋势,围绕坚持扩大内需战略基点,研究人口老龄化对居民消费的影响效应和影响机理,探求人口老龄化背景下扩大居民消费的规律及方向,是贯彻落实国家扩大内需战略基点、全面促进消费、推动形成强大的国内市场、构建新发展格局的客观要求。

从宏观层面来看,发达国家经济发展历程表明,消费对于国家经济发展具有重要的拉动作用,只有消费、投资、出口三者相互协调才能促进一国经济的持续稳定发展。从当前环境来看,一方面,全球经济不景气,经济发展的不确定、不稳定因素增加,国家贸易保护主义抬头,贸易摩擦争端不断,使得中国出口受阻经济下行压力增大。另一方面,长期高额投资引发的结构失衡与产能过剩问题进一步显现出来,在经济产能总体过剩的情况下,一味扩大投资作用有限且边际效益递减。加快调整和转变增长模式,使经济发展更多依靠内需特别是消费需求拉动,已成为新常态下中国经济能否持续高质量增长的关键。结合中国人口老龄化社会背景,进一步研究人口老龄化与居民消费的变动规律及影响因素,对于如何有效扩大内需,实现国民经济的良好运行具有极为重要的现实意义。

从微观层面来看,人口老龄化对家庭和个体消费具有重要影响。人口老龄化的直接结果,就是老年人口数量不断增多,老年群体消费需求持续增加。而随着经济水平的持续提升和社会养老福利水平不断提高,老年人的消费能力也明显比历史上其他时代的老年人更高。反映到微观家庭层面,随着家庭中老年人口数量增加,除了老年人本身的消费倾向较高,子女孝顺父母的为老消费也会提升家庭消费水平,因此人口老龄化一般来说会促进家庭消费倾向提高。但同时,由于特殊的城乡二元结构,中国城镇老年人口和农村老年人口在消费能力、消费意愿等方面还存在很大不同,而且分区域来看各地的老年人口也会存在不同的消费习惯和消费偏好。另外,人口老龄化对居民消费的影响,还和人口老龄化程度和所处阶段有关。因此,研究人口老龄化对居民消费的影响大小和影响机理,有利于在人口老龄化背景下进一步加快老年消费市场供给侧供给改革,引导老年人口和老年家庭充分释放老年消费市场潜力,这对于满足居民美好生活需求,提升居民的获得感和幸福感也具有重要的现实意义。

第三节　研究内容与方法

一、研究内容

本书在现状描述的基础上,围绕人口老龄化与居民消费变动主题通过作用机理分析与实证分析检验,结合国际经验提出相关对策建议。主要研究内容如下:

第一,基于改革开放以来中国人口年龄结构变动和居民消费变动历程,对中国人口老龄化变动和居民消费变动进行现状描述和时空分析,并进一步分阶段研究不同时间阶段人口老龄化变动与居民消费变动的特征规律,以透过现象揭示两者之间的变动规律。

第二,以人口转变理论、生命周期假说等人口学和消费经济学领域的理论为指导,在进行理论基础分析的同时,围绕人口老龄化对居民消费的作用机理进行深入分析,揭示人口老龄化对居民消费率和消费结构的影响效应以及影响路径,从理论层面厘清人口老龄化与居民消费变动之间的关系,为实证分析做准备。

第三,运用宏观数据和微观数据分别对人口老龄化背景下的居民消费变动进行实证分析,研究人口老龄化对居民消费的影响。宏观层面,运用2000—2017年宏观省际面板数据,检验中国人口老龄化变动与居民消费变动之间的关系,分析人口老龄化对居民消费率和消费结构的影响效应;微观层面,应用中国健康与养老追踪调查数据(CHARLS)2011、2013、2015三年家庭调查数据汇总形成的混合横截面数据,就家庭人口老龄化对家庭消费率和家庭消费结构的影响进行实证分析,进一步探析家庭老年人数量、家庭老年人口占比对家庭消费的影响,以及家庭老年成员与非老年成员在人口老龄化影响家庭消费方面的不同表现特征。

第四,将中国与世界主要发达国家人口老龄化和居民消费变动情况作以分析比较,研究人口老龄化背景下居民消费变动的国际经验,综合理论与实证分析结果,结合国际经验借鉴,进一步提出中国在人口老龄化背景下扩大消费、提升居民消费的对策与措施。

二、 技术路线

本书研究结构按照"理论基础—现状描述—作用机理—实证分析—国际比较—对策建议"的逻辑,在大量文献和资料搜集整理的基础上,以人口转变理论、生命周期理论等为理论基础,深入剖析人口老龄化对居民消费的作用机理,并以此为基础就人口老龄化对居民消费的影响进行实证分析,在进行实证分析部分分别从宏观省际数据层面和微观家庭数据层面来进行,在不同层面不同维度研究人口老龄化对居民消费影响的基础上,最后结合国际经验提出中国在人口老龄化社会背景下促进居民消费提升的对策建议。

三、 研究方法

本书以人口学、消费经济学等学科理论为指导,将理论研究与实证分析充分结合,并结合具体研究内容综合采用多种研究方法,围绕人口老龄化对居民消费的影响问题进行充分研究。

理论分析方法。本书在收集整理国内外大量相关文献观点的基础上,以人口学、消费经济学等学科理论为指导,并从中梳理出人口转变理论、生命周期理论、马斯洛需求层次理论作为本书的理论基础,并在此基础上围绕人口老龄化对居民消费的作用机理进行深入理论分析,为后文的实证奠定理论基础。

实证分析方法。本书同时使用宏观层面 2000—2017 年中国省际面板统计数据和微观层面中国健康与养老追踪调查数据(CHARLS),从不同角度就人口老龄化对居民消费的影响进行实证分析。在计量方法的选择方面,本书采用了固定效应面板回归、普通最小二乘法、非线性回归、分组回归等多种计量方法。为了保证回归结果的稳定性,本书还使用了分位数回归等方法。

比较分析方法。为了更加直观地对不同分组对象的研究结果进行描述,更好地分析由于城乡、区域差异以及不同样本分组导致的人口老龄化对居民消费影响的作用差异,本书在现状描述、机理分析、实证分析等章节大量使用了比较分析的方法,以研究不同背景条件下人口老龄化影响居民消费方面的异同。在国际经验借鉴部分,本书还将中国与其他国家分别就人口老龄化、居民消费变动进行了比较分析,以寻求中国在人口老龄化背景下扩大居民消费的国际经验借鉴。

第一章
主要理论与文献综述

　　本章的主要内容是在明确重点概念的基础上,围绕人口老龄化与居民消费主题对本书所涉及的相关理论和已有研究文献进行回顾梳理。第一节是概念界定,主要讨论人口老龄化、居民消费率、居民消费结构等重点概念的定义及量化指标。第二节是梳理经典的人口转变理论和消费函数理论,以及与居民消费相关的世代交替模型理论和马斯洛需求层次理论。第三节是文献综述,重点对学界已开展的围绕人口老龄化与居民消费关系的研究文献进行梳理总结。

第一节　概念界定

　　下文围绕人口老龄化影响居民消费的研究主题,对其中的重点概念,包括"人口老龄化""居民消费率""居民消费结构"等进行相关界定,以明确本书的研究范畴。

一、人口老龄化

　　联合国《多种文字人口学词典》对"人口老龄化"给出了明确的定义:"所谓人口老龄化,即老年人口在总人口中的比例不断提高的过程"。①《人口手

---

① Nations U. *The Aging of Populations and Its Economic and Social Implications*. The Dept. 1956.

则》也对"人口老龄化"进行了定义:"人口老龄化是指老年人口占总人口的比例不断提高,或者青少年人口占总人口的比例不断下降的过程"。①由此可见,人口老龄化就是指一个国家或地区的人口年龄结构由于老年人口占比不断增长而趋于老化的一个动态演变过程。

　　一般来说,人口老龄化可以分为个体老龄化和总体老龄化两个方面。个体老龄化是指个体随年龄增长到一定岁数,人的身体组织以及生理、心理机能逐渐衰退老化的一个过程。随着人均寿命的提高,国际上通常把 60 岁或 65 岁以上年龄的人口列为老龄人口。而根据人口学的定义,可以将老龄人口内部根据年龄不同划分为不同程度的老龄人口,一般把 60—69 岁、70—79 岁、80 岁以上的人口分别定义为低龄老年人口、中龄老年人口、高龄老年人口。总体老龄化则是指一个国家或地区当老年人口占比持续提升到某一个临界值以后,由于社会人口年龄结构发生改变而进入人口老龄化社会的过程。度量人口总体老龄化最直观的指标是老年人口占比,但根据 1975 年美国人口咨询局的划分方法,也可以采用少儿人口占比、老少比、人口年龄中位数等相关指标。另外,根据经济学意义,老年抚养比、抚养比也经常被用来从不同的角度衡量人口老龄化水平。从国内外研究现状来看,研究人口老龄化,最常用的指标是老年人口占比、老年抚养比两个指标。

　　老年人口占比,也通常称为老年系数,是一个国家或地区 65 岁及以上老年人口数量占总人口数量的比重,可以直接反映出人口老龄化社会的进程。计算公式为:

$$老年人口占比 = \frac{65\ 岁及以上老年人口数量}{总人口数量} \times 100\%$$

　　老年抚养比,也通常称为老年抚养负担,是一个国家或地区中被抚养的 65

①　Haupt A., Kane T. T., Bureau P. R. *The Population Reference Bureau's Population Handbook*. Washington D., 1997:65.

岁及以上老年人口数量占 15—64 岁劳动年龄人口数量的比重。老年抚养比反映了人口老龄化给社会带来的抚养负担,计算公式为:

$$老年抚养比 = \frac{65\ 岁及以上老年人口数量}{15—64\ 岁劳动年龄人口数量} \times 100\%$$

随着社会经济水平的发展,以及人们预期寿命的逐渐延长,国际上不同的组织和机构对老龄化社会标准提出了不同的提法,依据老龄人口指标及其他相关指标的比重不同,一般根据人口年龄结构把社会划分为年轻型社会、成年型社会和老年型社会。国际上通用的人口老龄化社会划分标准,是 1956 年联合国发布的标准,即当一个国家或地区 65 岁及以上老年人口占总人口的比重超过 7%,就被称为进入了人口老龄化社会。另外,1982 年维也纳老龄问题世界大会所提出的标准也被国际上普遍采用,即当一个国家或地区 60 岁及以上老年人口的占比达到 10% 以上,也进入了人口老龄化社会。同时,按照联合国的划分标准,根据一个国家或地区人口老龄化程度的不同,又分别将 65 岁及以上老年人口占总人口的比重介于 7%—14%、14%—20%、大于 20% 的情况称之为老龄化社会、深度老龄化社会以及超级老龄化社会,体现了总体社会老龄化结构由于个体老年人口占比不断增加而持续深化的一个过程。

表 1-1   国际上不同组织衡量人口年龄结构的标准

	类 型	年轻型	成年型	老年型
1956 年联合国《人口老龄化及其社会经济后果》划分标准	65 岁及以上/总人口	4% 以下	4%—7%	7% 以上
1975 年美国人口咨询局的划分方法	65 岁及以上/总人口	5% 以下	5%—10%	10% 以上
	0—14 岁人口/总人口	40% 以上	30%—40%	30% 以下
	65 岁及以上/0—14 岁人口	15% 以下	15%—30%	30% 以上
	人口年龄中位数	20 岁及以下	20—30 岁	30 岁以上
1982 年维也纳老龄问题世界大会划分标准	60 岁及以上/总人口	5% 以下	5%—10%	10% 以上

二、居民消费

根据《中国大百科全书·经济学 III》中的定义,消费是指"人们为了满足生产和生活的需要而对物质资料的使用和消耗"。①而根据《经济大辞典》的定义,消费是指"社会再生产过程中生产要素和生活资料的消耗"。②马克思把消费划分为生产消费和个人消费,指出"生产消费与个人生活消费的区别在于:后者把产品当作活的个人的生活资料来消费,而前者则把产品当作劳动即活的个人发挥作用的劳动力的生活资料来消费"。③综上可见,消费是指人们为了满足生产和生活需要而进行的消耗物质资料的一种经济行为,一般可以分为生产消费和生活消费,而生活消费就是通常意义上所指的居民消费。

从统计学的角度来看,一个国家或地区的最终消费支出,一般由政府消费支出和居民消费支出两部分构成,而本书的重点研究对象是居民消费支出。根据中国统计年鉴对主要统计指标的解释,居民消费支出是指"常住住户在一定时期内对于货物和服务的全部最终消费支出",既包括现金消费支出,也包括虚拟消费支出。经济学家刘方棫认为消费一般是指狭义上的个人消费,可以认为是"人民把生产出来的物质资料和精神产品用于满足个人生活上的需要的行为和过程"。④因此,居民消费主要是指居民为了满足家庭生活需求而进行的消费支出。居民消费支出,既包括货币购买支出,也包括实物消费支出,既包括物质产品消费支出,也包括精神服务消费支出。另外,根据居民户籍差别,居民消费支出还可以进一步分为城镇居民消费支出和农村居民消费支出两部分。

---

① 《中国大百科全书·经济学》,中国大百科全书出版社 1988 年版,第 1087 页。

② 于光远:《经济大辞典》,上海辞书出版社 1992 年版,第 193 页。

③ 《资本论》第 1 卷,人民出版社 2009 年版,第 214 页。

④ 刘方棫:《消费经济学概论》,贵州人民出版社 1984 年版,第 4 页。

三、 居民消费率

最终消费支出由政府消费支出和居民消费支出两部分组成,相应地,最终消费率由政府消费率和居民消费率两部分构成。本书重点关注居民消费率。

从支出法的角度来看,国内生产总值由最终消费支出、资本形成总额、货物和服务净出口三者加总而成,最终消费率是指"最终消费支出占支出法国内生产总值的比重",即一年中一个国家或地区消费占总产出的比重,是衡量社会整体消费水平的重要指标。与居民消费支出分类相对应,居民消费率也可以根据居民城乡户籍的不同细分为城镇居民消费率和农村居民消费率。

其计算公式为:

$$居民消费率=\frac{居民消费支出}{支出法国内生产总值}\times100\%$$

$$城镇居民消费率=\frac{城镇居民消费支出}{支出法国内生产总值}\times100\%$$

$$农村居民消费率=\frac{农村居民消费支出}{支出法国内生产总值}\times100\%$$

四、 居民消费结构

人们为了满足生活需要而消费的各种商品和服务,可以从不同的维度划分为各类消费结构。经济学家尹世杰认为:"在一定的社会经济条件下,人们在消费过程中所消费的各种不同类型的消费资料的比例关系就是消费结构"。[①]《中国统计年鉴》在进行消费资料数据统计时,根据消费资料满足生活需要的用途属性分为八大类别,分别是食品烟酒、衣着、居住、生活用品及服务、交通通信、教育文化娱乐、医疗保健以及其他用品及服务,并对各个大类所

[①]　尹世杰:《消费经济学(第二版)》,高等教育出版社 2007 年版,第 74 页。

属的细分类别做了详细解释。本书采用的消费结构分类方法,即为《中国统计年鉴》的八大类划分方法。

马克思认为,人的需求是随着时间和经济能力的发展不断向更高层次迈进的,他认为消费资料根据需求可以分为生存资料、享受资料、发展资料三个层次。对应的,对《中国统计年鉴》的八大类消费结构进行三层次划分,可以把食品烟酒、衣着、居住和交通通信划分为生存型消费,把生活用品及服务、医疗保健、其他用品及服务划分为享受型消费,把教育文化娱乐划分为发展型消费。[①]

表 1-2　国家统计局对消费结构的分类

	消费结构分类	指标解释
1	食品烟酒	指用于各种食品和烟草、酒类的支出。
2	衣着	指与居民穿着有关的支出,包括服装、服装材料、鞋类、其他衣类及配件、衣着相关加工服务的支出。
3	居住	指与居住有关的支出,包括房租、水、电、燃料、物业管理等方面的支出,也包括自有住房折算租金。
4	生活用品及服务	指家庭及个人的各类生活品及家庭服务。包括家具及室内装饰品、家用器具、家用纺织品、家庭日用杂品、个人用品和家庭服务。
5	交通通信	指用于交通和通信工具及相关的各种服务费、维修费和车辆保险等支出。
6	教育文化娱乐	指用于教育、文化和娱乐方面的支出。
7	医疗保健	指用于医疗和保健的药品、用品和服务的总费用。包括医疗器具及药品,以及医疗服务。
8	其他用品及服务	指无法直接归入上述各类支出的其他用品与服务支出。

资料来源:《中国统计年鉴》。

第二节　主要理论

关于人口老龄化与居民消费变动,涉及人口学与经济学的学科交叉,下文重点梳理与本书主题紧密相关的人口学、经济学领域的相关理论,在分析人口

[①] 陈建宝、李坤明:《收入分配、人口结构与消费结构:理论与实证研究》,《上海经济研究》2013 年第 4 期。

转变理论、消费函数理论的基础上,进一步引入戴蒙德世代交替模型和马斯洛需求层次理论,以更好地为研究提供理论支撑。

一、 人口转变理论

人口转变理论最早产生于20世纪30年代,起源于西方学者对发达国家人口结构演变规律的研究,第一次探讨了人口转变与经济发展关系的人口学理论。人口转变的发生,与人口发展阶段、生产力发展以及科学技术的发展紧密相关,体现了人口再生产类型从一种模式到另一种模式的转换。根据人口发展阶段的不同,可以把人口转变模式分为三阶段模式、四阶段模式和五阶段模式。

(一) 人口转变的三阶段模式

人口转变理论最早由法国人口经济学家阿德尔费·兰德里于1909年提出,他在《人口的三种主要理论》文章中,把人口发展划分为原始阶段、中期阶段、现代阶段三个阶段,体现了经济发展对人口变动的自然影响。第一阶段是原始阶段,主要体现为高出生率、高死亡率。一方面,这一时期控制生育的观念还没有形成,对生育率没有限制,另一方面,这个阶段社会生产力水平很低,衣服、食物供给短缺直接导致了较高的死亡率。第二阶段社会生产力水平有所发展,人们的生活质量较上一阶段有了较大改观,人们倾向于通过晚婚、不婚来维持较高的生活质量。人口生育率水平较低,人口数量增长较为缓慢。第三阶段是现代阶段,这一时期社会经济发展水平进入很高的阶段,人民生活水平和医疗卫生条件改善,预期寿命延长,同时人们的生育观念发生根本性改变,通过多种措施自觉限制生育,进入低出生率和低死亡率并存的"双低"阶段。阿德尔费·兰德里提出的上述人口转变三阶段模式主要是基于西欧尤其是法国的人口统计资料分析,尽管在一定程度上受到历史发展阶段的制约,仍然为人口转变理论的提出奠定了基础。

(二) 人口转变的四阶段模式

1945 年,美国人口学家弗兰克·华莱士·诺特斯坦首次将人口转变划分为人口高增长阶段、人口过渡阶段和人口增长趋缓阶段三个阶段,清晰地刻画了由于出生率、死亡率变化导致的人口结构转变过程。诺特斯坦于 1953 年对自己之前的理论模型进行了修正,进一步提出了人口转变的四阶段理论:第一阶段为工业化以前的阶段,这一时期出生率和死亡率同时很高;第二阶段为工业化初期阶段,这一时期出生率仍然很高但死亡率开始下降;第三阶段为工业化进一步发展阶段,这一时期死亡率继续下降但是下降速度减慢,同时出生率开始快速下降;第四阶段是完全工业化阶段,这一时期随着社会经济快速发展,出生率和死亡率达到低水平均衡状态,人口增长率趋于零。诺特斯坦的人口转变四阶段理论,描述了伴随经济社会发展,人口自然出生率和死亡率随着经济社会发展阶段不同而呈现出明显的阶段性特征。

(三) 人口转变的五阶段模式

人口转变五阶段理论由英国人口经济学家查利斯·布莱克最早于 1947 年提出,他把人口转变的五种模式划分为五个阶段,第一阶段是高静位静止阶段,体现为高出生率和高死亡率保持"双高"的高位平衡特征;第二阶段是初期扩张阶段,这一时期由于经济发展死亡率开始下降而出生率仍维持在高位,是五个阶段中人口增长率最高的一个阶段;第三阶段是后期扩张阶段,这一时期经济继续发展,出生率和死亡率都快速下降,人口规模增长呈现趋缓态势;第四阶段是低位静止阶段,这一时期进入低出生率和低死亡率的低位平衡时期;第五阶段是减退阶段,这一时期出生率和死亡率都很低,但是出生率比死亡率更低,人口进入绝对减少时期。

人口转变理论描述了与经济发展水平相应的人口再生产转变规律,从上述模式可以看出,人口转变与出生率和死亡率紧密相关,随着社会经济水平的不断提高,人口结构的转变模式趋向于从出生率、死亡率"双高"向出生率、死亡率"双低"的动态平衡转变,人口老龄化是人口转变的必然结果。

二、 消费函数理论

凯恩斯1936年首次提出了消费函数概念,他在《就业、利息和货币通论》著作中提出了绝对收入假说,开启了消费函数理论的研究历程。此后,消费函数理论经历了历次演进和更新发展,从西方主流经济学到非主流经济学领域,持久收入假说、相对收入假说、生命周期理论、预防性储蓄假说等相关理论不断发展,极大丰富了消费函数的理论内涵。根据本书的研究需要,下文选取了生命周期假说、预防性储蓄假说作为本书的理论指导,寻找人口老龄化影响居民消费变动的理论依据。

(一) 生命周期假说

1954年,莫迪利安尼和布伦伯格联合提出了生命周期假说。生命周期假说对凯恩斯仅考虑当期收入的绝对收入假说进行了修正,认为消费者在进行消费决策时,不会只考虑当期收入,还取决于终生收入。消费者为了获得一生消费的最大效用,会把一生的收入尽量均匀地分配于人生的各个阶段进行消费,使一生的消费现值等于收入现值,即消费者在整个生命周期中正好消费完自己的所有收入和财富,没有债务也没有资产剩余。

生命周期假说以三个重要的基本假定为前提:一是消费者期望得到一生最大的效用,而不是只顾眼前消费;二是消费者是理性人,能够对自己一生的收入水平进行合理预期和判断;三是假定消费者能够根据一生的预期收入,在生命周期的各个阶段均匀安排消费支出,以获取消费者最大效用。

根据生命周期假说,可以把人的一生根据生命所处的不同阶段划分为少年时期、中年时期和老年时期。一般来说,少年时期和老年时期收入来源较少,收入小于支出,是纯消费阶段。中年时期为劳动力年龄阶段,收入大于支出,是财富积累阶段,这一时期多出来的收入除了用于偿还少年时期的债务,还要储蓄一部分用于养老。因此,消费者的消费倾向和生命周期所处的阶段有关,在相对收入较低的时期,消费倾向较高,而在相对收入较高的时期,消费倾向则较低。根据生命周期假说,消费者在一生中的消费支出由一生的预期收入决定,当生命周期结束的时候所有的收入和储蓄也全部被消费完,而没有考虑可能的财富代际转移或遗赠动机。

萨缪尔森在生命周期理论的基础上进一步提出家庭储蓄需求模型。家庭储蓄需求假说认为,由于家庭财富可以在父母和下一代之间进行转移,家庭养老储蓄和家庭中孩子的数量具有相互替代关系。家庭储蓄需求模型是对生命周期假说的拓展,关于人口年龄结构对储蓄或消费产生影响,具有一定的解释力。

(二) 预防性储蓄假说

20 世纪 50 年代,费希尔和弗里德曼在研究中发现,人们具有规避不确定性风险冲击的意识,当个人工作收入在未来可能存在不确定性风险时,人们倾向于增加储蓄降低消费。1968 年,里兰德正式提出了预防性储蓄假说,他把消费者为了减少收入不确定性风险而做出的储蓄行为称之为预防性储蓄。

泽尔德斯研究了收入随机波动情况下居民的最优消费行为。结果显示不确定性存在使得居民倾向于减少消费而增加储蓄,因而认为储蓄具有应对收入风险的功能,对里兰德的预防性储蓄假说进行了验证。与生命周期假说相比,预防性储蓄假说中的消费者更加谨慎和厌恶风险。迪顿和 Carroll(1992)提出的缓冲存货模型是目前预防性储蓄理论中的经典成果之一。该理论将消费者的谨慎和缺乏耐心同时纳入分析中,理性消费者平衡这两种动机,确立一个与其收入以及收入风险相适应的财富积累目标以应对未来的不确定性。

在永久性收入假说模型中,消费者的效用函数是二次型的,不确定性不会对消费者的行为产生影响。预防性储蓄假说认为,消费者具有风险厌恶特征,未来收入的不确定性会对消费者的消费决策行为和储蓄决策行为产生重要的冲击。由于未来预期收入存在不确定性,消费者会选择减少当期消费增加储蓄来防范或规避未来的这种不确定性风险,并且未来的预期收入不确定性越强,预防性储蓄额度也会增加,随之当前的消费支出就会减少更多。

与永久性收入假说中消费者消费行为不会受到不确定性影响不同,在预防性储蓄假说模型框架下,消费者面对不确定性经济环境时,消费—储蓄行为与在一个确定的经济环境中是显著不同的。消费者在进行消费—储蓄行为决策时,不仅受到收入的影响,还受到不确定性冲击和消费者关于风险态度的影响。因此,基于永久收入假说的模型框架,预防性储蓄假说能够在一定程度上解释消费"过度敏感性"的问题。由于预防性储蓄假说能够解释经济社会变革背景下居民基于未来的收入不确定性增加储蓄的行为,该理论现在已经成为解读中国高储蓄现象的重要依据之一。

（三）流动性约束理论

迪顿通过研究发现,由于美国的社会财富高度集中于少数上层精英家庭,美国普通家庭多存在高消费低储蓄的现象,预防性储蓄假说难以解释美国的消费—储蓄现象。在对美国社会的消费—储蓄现象进行深入研究的基础上,迪顿建立了流动性约束理论。

流动性约束是指居民从金融机构、非金融机构或个人取得借款满足消费时所受到的限制。根据永久收入假说,居民可以借助信贷市场平滑一生的消费行为,实现一生的消费效用最大化。但与永久收入假说和生命周期假说不同,流动性约束理论认为,现实经济生活中,消费者在信贷市场往往会面临着流动性约束问题,主要有两种情况:一方面,消费者在一生中任何时刻都可能面临流动性约束,这种约束会限制居民即期消费支出,减少当前的消费额度,另一方面,即使消费者当前不存在流动性约束,但由于流动性约束可能在未来发生,也会使居民基于预防储蓄心理通过减少当期消费增加储蓄以增强对未来不确定性的应对能力。因此,由于在现实的社会经济生活中具有流动性约束,居民难以依靠信贷市场将一生的收入均匀地安排于人生各个阶段。

流动性约束的存在使得现期收入对居民消费的影响要大于生命周期假说或永久收入假说。这是因为,流动性约束导致消费者的现期消费对可预测收入变化存在过度敏感性,当消费者面临较高的信贷利率或流动性约束时,只能以现期收入决定消费支出,实现消费效用最大化。流动性约束假说是解释居民消费—储蓄行为的重要理论之一,具有较为浓厚的凯恩斯主义色彩:市场是不完全的,居民的现期收入是影响消费支出的重要因素,经济干预政策能影响到居民的消费行为。

三、 世代交叠模型

世代交叠模型的思想最早来源于萨缪尔森,之后戴蒙德对其进行了拓展。该模型把人口新老交替纳入模型进行考虑,假设每个个体是有限期存活,存在年轻时期和年老时期两个生命时期,并且在同一时期,年轻人和老年人同步交叠存在,伴随着新的个体不断出生成长进入经济体,老年一代会逐渐死亡退出经济体,整个社会由于不同代际的新老交替而一直延续下去。

该模型认为,个体只在有限的生命时期存在,并且收入和消费的差异受年龄的差别的影响非常大,表现出不同的消费倾向和财富积累水平。该模型认为,人们在年轻时期参加工作劳动,并将劳动收入分配于当期的消费和储蓄,并将储蓄带到下一个年老时期;而到了年老时期,人们由于没有了工作收入,只能消费之前年轻时期的储蓄及其利息,然后随着死亡退出模型。

个体生存的有限期和存在新老代际交替是世代交叠模型的两个经典假设,该模型对消费群体根据不同生命时期阶段进行划分,认为不同代际群体的收入和消费差异受到年龄阶段差异的影响,而个体在横向代际内、纵向代际间又会存在各种密切的经济联系,从而形成一个接近于现实的复杂经济体,对于解释不同年龄结构人群的消费特征及差异更具有说服力。

世代交叠模型分析框架太过简化也是该模型的缺陷所在。模型的过分简化在一定程度偏离了客观经济现实。生产函数只有符合新古典情况下的稻田条件时,才能使模型中消费者的风险厌恶程度以及效用函数设定得到满足,这必然会导致和多样化的现实世界存在差距。同时,与以往传统的经济增长模型有所不同,世代交叠模型把消费增长率当作内生变量纳入模型,有利于将微观层面个体消费行为与宏观层面经济运行体系有机结合,以进一步探究与消费相关的微观和宏观层面的经济问题。

四、 马斯洛需求层次理论

1943 年,美国心理学家马斯洛在 *A Theory of Human Motivation* 文章中首次提出"需求层次理论"。马斯洛假设人类的需求是无止境的并且表现出层次性的特征,体现了人类消费结构和消费层次随着经济社会发展和个人经济实力提高而不断变迁跃进的一个过程。

马斯洛需求层次理论把人的需求按照由低到高的顺序排列,划分为生理需求、安全需求、社交需求、尊重需求和自我实现需求五个逐步递进的层次。第一层次是生理需求,包括水、食物等满足人类生理机能正常运转的需要,是维持人类生存最基本的需求。第二层次是安全需求,包括人身安全、健康保障、财产安全等方面的需要,是人作为一个有机整体不被伤害、不被侵犯满足安全感的需要。第三层次是情感和归属需求,反映了人作为一个个体与生理需求相对应的感情需求,是由人的社会属性决定的。第四层次是尊重需求,包括自我尊重、尊重他人和被他人尊重等需求。第五层次是自我实现需求,也是五个层次中最高层次的需求,在这个层次,个人希望能够最大程度发挥自己的潜力,实现自己期望的人生价值和社会价值。

在马斯洛需求层次中,生理需求、安全需求都属于与自身的基本生存紧密相关的低级需求;而情感需求、尊重需求则是较高层次的需求,需要与外部接触,获得外界认可才能够满足;自我实现需求则是最高层次的需求,是一种为了实现个人的社会价值而产生的衍生性需求。根据马斯洛需求层次理论,人们在从低到高寻求各层次需求满足的过程中,就体现为各类消费结构的演变,是伴随经济社会发展、居民收入水平提高、个人自我意识增强,居民消费结构不断演变、升级的一个过程。

第三节　文献综述

本节重点对当前国内外已有的与人口老龄化和居民消费变动相关的文献成果进行梳理,具体包括三个方面的文献,分别是研究人口老龄化及老年消费相关的文献,研究人口老龄化和居民消费率关系的文献,以及研究人口老龄化和居民消费结构关系的文献,并最后对已有文献成果进行评述。

一、国外研究综述

西方国家在人类历史上较早进入人口老龄化社会,1865 年法国成为世界上第一个进入老年型社会的国家,因而西方学者在人口老龄化领域的研究也较早,并且早期持悲观观点。阿尔弗雷·索维提出人口老龄化会伴随着人口质量下降问题,进一步导致社会有效需求不足,从而把社会带入“马尔萨斯陷阱”。阿尔弗雷·索维还进一步提出“人口冬天论”,认为人口老龄化以及随之带来的人口减少将导致社会的创造力与发展动力减弱。也有学者认为老年人人数越来越多会增加扶养负担,而使得老年人照顾失当(塞尔比、谢克特)。随着时代的发展,西方学者也逐步认识到人口老龄化积极的一面。比如赫尔曼认为:"人们经常议论老年人口的保守性和反动的特征,年轻人的进步的活力,这都是无稽之谈"。①

（一）老年消费特征及经济社会影响

随着人口老龄化的发展和社会上老年人口增多,老年群体逐渐成为消费市场的重要力量,学者将老年群体消费称之为"银发经济"。罗伯特认为随着人口老龄化的发展,老年市场的规模趋于扩大,老年市场和别的细分市场相比,显示出巨大的潜力。贾内尔、杰勒德对美国老年消费市进行了研究,发现老年人是高级餐厅、家具和娱乐文化产品以及金融服务的主要消费对象,老年人还偏好金融服务和境外旅游。内文尔围绕人口老龄化和技术创新的关系进行研究,认为老年技术创新涵盖了产品技术创新、服务创新和商业模式创新。西方学者还围绕人口老龄化影响经济发展的路径进行了更广泛的研究。康诺利等研究了人口老龄化与卫生建设投资的关系,认为卫生健康是人口老龄化社会影响经济发展的一个关键经济参数。维奥莱塔研究了欧洲人口老龄化与劳动力的关系,认为人口老龄化会引起劳动力供给的减少,应增加针对劳动力市场参与不足的社会群体的就业活动。

（二）人口老龄化与居民消费支出的关系

国外学者依托生命周期理论及其后续修正模型,对人口老龄化与居民消费的关系进行了大量实证研究,但是人口老龄化到底是促进了还是抑制了居民消费支出增加,目前学术界尚未得出一致的结论。

第一种观点认为,人口老龄化会促进居民消费。国外有不少学者研究认为,人口老龄化能够促进居民消费水平提升。莫迪利亚尼、布伦伯格较早研究了人口年龄结构和居民消费的关系,认为人老年时由于没有收入会消费倾向

---

① [美]赫尔曼·E.戴利、肯尼思·N.汤森编:《珍惜地球——经济学、生态学、伦理学》,马杰、钟斌、朱又红译,范道丰校,商务印书馆2001年版,第15—58页。

较高,这就是最早提出的生命周期假说。莱夫应用国别数据就人口年龄结构对居民消费的影响进行实证分析,结论认为少儿抚养比和老年抚养比都能促进居民消费提升,符合生命周期假说。丹齐格等在生命周期模型基础上引入预期思想,认为老年人会为了退休后的生活进行储蓄,老年人的消费比非老年人群更少。马森等认为,随着老龄化程度加深,总储蓄会逐渐减少,而消费总量会增加。莫德里、杜克应用国别数据进行实证分析,发现人口年龄结构和消费呈正相关关系,稳定的家庭人口年龄结构有利于使家庭消费水平保持稳定态势。厄兰森、尼摩恩(2008)研究发现,年龄结构变化对消费有抑制效应,结论显示劳动年龄人口消费倾向较低,但随着人口老龄化程度加深,社会消费总量会不断增加。Gourinchas、帕克(2010)研究认为,在整个生命周期中,消费者的行为会出现明显变化,年轻消费者倾向于储蓄更多,即老年人消费倾向更高。Xinwen Ni(2019)研究认为,老年人的平均储蓄与年龄呈反U形,平均消费和消费不平等随着年龄增长而增加,医疗保险可能加剧消费不平等。

第二种观点认为,人口老龄化会抑制居民消费。班克斯等(1998)发现60—67岁人群的消费水平会比退休前要降低大概10%,这个数字比根据生命周期理论估算的要低出1.5%左右。伯恩海姆等(2001)估计,老年人退休以后比之前要降低14%左右的消费水平,将近1/3的样本退休后的消费水平至少下降了35%。霍克、韦尔(2012)研究认为,老龄化快速加深会大幅度减少消费可能性,甚至也会使政府预算支出大幅度变化。阿特菲尔德、坎农(2003)应用1956—1996年的数据进行实证分析,发现人口年龄结构对消费行为有显著的影响,认为人口老龄化在收入水平一定的条件下会导致人均消费减少。史蒂文(2019)认为,老年人的数量增加会降低储蓄率,成年子女通过将金钱转移给父母或以其他方式赡养父母,有可能减少家庭储蓄。

第三种观点认为,人口老龄化对居民消费没有影响。拉姆(1982)对国别数据的实证研究,否定了人口年龄结构和消费存在相关性,并对莱夫的实证过程及结果提出了质疑。威尔森、Kohara等分别采用澳大利亚和加拿大、日本等国别的数据进行实证研究,结论认为人口年龄结构变动不会引起消费变动。

（三）人口老龄化与居民消费结构的关系

国外学者研究老年人口与消费结构关系的时间要早于国内。部分国外学者针对消费者退休前后的消费商品偏好变化作以研究,来揭示人口老龄化与消费结构的变动关系。史密斯(2006)研究认为,老年人退休以后食品消费会下降,尤其是被迫退休的人食品消费下降幅度会更大。巴蒂斯等(2009)研究认为退休作为老年人一个重要的时间节点,老年人退休以后和之前相比,非耐用消费品和食品消费将分别下降9.8%和14%。阿圭勒等(2011)研究认为,老年人的消费结构会发生变化,表现为食品支出减少而其他方面的消费支出增加,但是总体消费水平基本稳定。另外还有学者以某个特定的商品作为研究对象,研究老年人口与其他年龄阶段人口的消费偏好差异特征。詹姆斯、托马斯(2015)研究认为,人口老龄化会对中国居民食物中的人均肉类消费产生负面影响,如果老年人口比例增加1%,食用肉量人均消费将减少0.5%。毕晓普、Zunigab(2019)以鸡蛋消费作为研究的重点,研究发现与20至30岁年龄段的人相比,老年人在51至70岁年龄段和71岁及以上年龄段食用鸡蛋的概率更大,体现了老年人在食品消费方面对鸡蛋的偏好。帕克等(2019)通过分析韩国人在各个年龄阶段的牛奶消费情况,认为老年人口购买饮用牛奶主要是基于营养需要,但是对牛奶的价格满意度较低,体现了基于老年人特性的商品消费偏好以及价格敏感度。亚历山大、利维娅以巴西老年人口作为研究对象,发现收入越高,老年家庭比非老年家庭在药品和卫生服务上消费支出越高。70岁以下的老人注重生活质量与健康,对某些产品和服务的消费方式与非老年人消费方式相似。

二、 国内研究综述

邬沧萍是国内较早研究人口老龄化的学者,其 1987 年的《漫谈人口老化》著作中详细阐述了人口老龄化的内涵特征、出现原因以及人口老龄化对经济社会的各项影响。国内学者对人口老龄化的认识,经历了一个逐步提升的过程,从最初的认为人口老龄化主要会对经济社会产生负面影响为主,到逐渐正面、积极地去看待人口老龄化。于学军(1995)探究了人口老龄化与生产和消费之间的关系,认为中国人口老龄化不会对劳动生产率产生不利影响,相反可能会对劳动力市场产生积极作用。[①]田雪原(2000)认为,从人口老龄化对经济方面的影响来看,人口老龄化会对劳动生产率、收入分配、储蓄、投资、产业结构等产生一定程度的不利影响。姜向群、丁志宏(2004)认为,人口年龄结构变化对社会经济的影响来源于多重因素的共同交织,比如人口老龄化与社会经济、科学技术、制度变革等多重因素的共同作用,需要区分人口老龄化带来的影响和社会变化带来的影响。当前中国已经进入了老龄化社会,并且向着深度老龄化的社会迈进,部分学者还逐渐关注到中国人口老龄化在城乡和区域方面的差异。陈明华等(2014)、蔡远飞等(2016)认为,中国的人口老龄化呈现空间分布不均衡的特征,不同区域的人口老龄化呈现异质性特征。冯剑锋等(2019)研究认为,当人口老龄化社会处于初期阶段时,人口老龄化可以显著提升劳动生产率,但是随着人口老龄化程度的加深,人口老龄化对劳动生产率的促进作用会减弱。

(一) 老年消费特征

伴随中国人口老龄化的发展,国内学者还对老年消费行为开展了相关研究。李培林、张翼(2000)将老年人与年轻人相比,认为他们的消费行为在衣食

---

① 于学军:《中国人口老化的经济学研究》,《中国人口科学》1995 年第 6 期。

住行方面存在代际差异,老年人在省吃俭用方面呈现出明显的消费特征。查奇芬(2011)认为,老年人消费观念比较成熟,老年人的消费更多的是一种自主消费行为,休闲消费和服务消费所占的比重相对较大。金晓彤、王天新(2012)认为,老年人的消费观念正在更新,其消费需求正在从生存型向发展型转变,消费商品也体现出升级换代的特征。包玉香、李子君(2013)认为老年人与年轻人相比,经济负担较轻,偏好于为自己而消费,老年消费市场需求将快速增长。汪伟(2016)认为,人口老龄化带来的"银发经济"与国家政策、消费升级、城镇化进程共同构成了扩大消费的四大因素,中国应加快促进经济增长从投资驱动向消费驱动转变。

(二) 人口老龄化与居民消费支出的关系

围绕人口老龄化与居民消费率、居民消费支出及居民消费倾向的关系,国内学者应用面板数据从不同角度进行了大量的实证研究,但是和国外研究一样,也没有得出一致的结论。

部分学者研究认为,人口老龄化会促进居民消费。王宇鹏(2011)基于新古典消费理论模型,利用国内2001—2008年省际面板数据的实证研究认为,老年抚养比的提高有助于增加城镇居民的平均消费倾向。[①]李承政、邱俊杰(2012)利用2001—2009年中国农村省际面板数据,对人口年龄结构与居民消费的关系进行了实证研究,发现农村居民消费率与农村老年抚养比显著正相关。祁鼎等(2012)实证分析发现,老年抚养比可以促进人均消费支出增加,人口老龄化有助于扩大居民消费需求。黄彩虹等(2017)基于2000—2014年中国省际面板数据,实证检验人口年龄结构对城镇、农村居民消费率的影响,发现老年抚养比会显著促进城镇、农村居民消费率提高。王勇、周涵(2019)就老年人口占比增长率对城镇居民人均消费支出增长率的影响进行实证分析,结

---

① 　王宇鹏:《人口老龄化对中国城镇居民消费行为的影响研究》,《中国人口科学》2011年第1期。

论认为人口老龄化对城镇居民家庭消费水平具有正向促进作用，符合生命周期假说。魏瑾瑞、张睿凌（2019）利用中国健康与养老追踪调查数据，对老年家庭消费需求及其结构变动进行实证，发现老年家庭的补偿性消费需求随年龄增长而缓慢上升。

部分学者研究认为，人口老龄化会抑制居民消费。国内部分学者研究得出了人口老龄化会抑制居民消费的结论。王金营等（2006）研究发现，人口老龄化程度提高将部分抵消由人均收入提高带来的消费水平增长，从而降低未来的消费水平和消费比率。刘雯（2009）应用湖南省的数据进行实证分析，结论得出湖南总抚养系数与居民消费正相关，但是老年抚养系数与居民消费率负相关。沈继红（2015）应用中国 2000—2012 年的省际面板数据就人口年龄结构对居民消费率的影响进行实证分析，结果表明人口年龄结构对居民消费率的影响并不稳定：少儿人口比重上升会提高居民消费率但是不显著，而老年人口比重的上升会显著降低居民消费率。林晓珊（2018）应用 2012 年中国家庭追踪调查数据进行实证分析发现，家庭人口年龄结构与家庭消费支出结构紧密关联，家庭中老年人口占总人口比重越高，消费水平下降越快，家庭消费分层和不平等现象越突出。

还有一部分学者研究认为，人口老龄化与居民消费之间的关系存在异质性。范叙春、朱保华（2012）认为，如果排除时间效应，少儿抚养比与居民消费率正相关、老年抚养比与居民消费率负相关，而考虑时间效应以后，影响方向正好相反。于潇和孙猛（2012）采用灰色关联法对中国人口老龄化对消费结构的影响进行实证研究，发现在人口老龄化发展初期，老年抚养比与居民消费支出呈正相关关系；在人口老龄化发展中期，老年抚养比与居民消费支出呈负相关关系；在人口老龄化发展后期，老年抚养比与居民消费支出不存在相关性。王金营和付秀彬（2006）基于时间序列数据进行实证分析，结论认为在人口老龄化初期，老年抚养比与居民消费支出之间关系不显著；随着人口老龄化程度加深，人口老龄化对居民消费逐渐显示出一定的抑制作用。殷俊茹等（2016）

应用CHARLS 2013年度的调研数据进行实证,发现年龄和消费水平负相关,但是老年人内部各个年龄阶段对消费的敏感性又有所不同,尤其高龄老人会因为医疗支出的增加而提高消费水平。刘铠豪(2016)基于2000—2013年的省际面板数据回归结果表明:生命周期消费理论在中国只适用于城镇地区,并不适用于农村地区,人口年龄结构变化影响城乡居民消费率的效应差异十分显著。[①]李文星等(2008)利用省际面板数据进行实证分析,得出结论少儿抚养比能够较小程度地抑制居民消费率,老年抚养比对居民消费率的影响不显著。李魁、钟水映(2010)依据1990—2006年省际面板数据进行实证研究,结果表明少儿抚养负担减轻显著降低了中国居民消费率,而老年抚养比对居民消费率的影响不显著,分区域回归分析发现,老年抚养比对东部、中部和西部地区的居民消费影响都不显著。

(三) 人口老龄化与居民消费结构的关系

关于人口老龄化与居民消费结构变动的关系研究,国内不少学者利用宏观数据进行了实证研究。于潇和孙猛(2012)采用灰色关联度计算方法基于2004—2009年中国居民消费支出结构数据进行实证分析,结论认为人口老龄化将扩大居住、家庭设备及服务、医疗保健、交通和通信方面的消费需求。向晶(2013)基于国内省际面板数据实证研究得出结论,人口老龄化会导致人们增加基本生活支出,尤其是食品、衣着和医疗保健的消费支出。倪红福等(2014)利用投入产出模型研究发现,人口老龄化将在一定程度上提高对医疗、卫生等社会保障类公共服务产业的消费需求。但是,人口老龄化也会对房地产、教育、娱乐、纺织服装、能源等行业的消费需求产生负面影响。徐国祥、刘利(2016)应用中国大陆31个省2001—2012年的省际面板数据,采用GMM估计方法,发现人口老龄化会减少居民食品支出和教育文化娱乐支出,增加医

---

① 刘铠豪:《人口年龄结构变化影响城乡居民消费率的效应差异研究——来自中国省际面板数据的证据》,《人口研究》2016年第3期。

疗保健支出,并发现消费支出具有很强的惯性,各项消费支出的一阶滞后项对本期消费影响显著。赵周华(2018)基于中国农村人口年龄结构及农村居民消费支出进行实证研究认为,人口老龄化有助于扩大农村居民在食品、衣着和医疗保健方面的消费支出,而对居住、家庭设备、交通通信、教育文化和娱乐方面消费的影响却是负向的。吴石英(2019)基于中国 1993—2014 年时间序列数据,借助灰色关联理论分析人口年龄结构与消费结构关联度的研究发现,人口老龄化趋势会刺激医疗保健、交通通信方面的消费,但是可能会对其他方面的消费产生一定的抑制作用。

　　随着微观调查数据统计和公布制度的完善,部分国内学者开始采用微观数据来更细致地研究人口老龄化对于消费结构的影响。郑妍妍等(2013)利用中国家庭住户收入调查数据进行实证分析,结论显示人口老龄化将增加城镇家庭在医疗保健、交通通信、教育文化娱乐和居住方面的消费支出。茅锐和徐建炜(2014)基于 2002—2009 年城镇住户调查数据和 2013—2030 年的人口预测数据的实证研究认为,在不考虑收入效应、财富效应和偏好转变时,人口老龄化程度的加深将导致家庭设备用品及服务、医疗保健和居住的消费比重上升。在考虑到上述效应后,只有医疗保健消费支出占比快速上升。朱勤、魏涛远(2016)基于中国家庭动态跟踪调查(CFPS)数据实证分析发现,人口老龄化会影响消费结构的变动,人口老龄化对医疗保健类消费的促进作用最大,贡献率达 14.5%;对除医疗保健和食品类以外的其他消费类别表现出抑制作用。杨浩(2019)利用中国家庭追踪调查数据(CFPS)2016 年数据,进行人口年龄结构对家庭消费结构影响的实证分析,发现人口老龄化有助于提升医疗保健等发展型消费支出的比重,人口老龄化会促进居民消费结构升级。石明明等(2019)应用中国综合社会调查(CGSS)的数据,研究发现老龄化将使家庭消费支出显著下降,同时会大幅提升家庭医疗服务支出,食品和耐用品消费支出显示一定的刚性,其他消费支出则表现为下降。而基于城乡分类子样本发现,城乡家庭消费支出及结构受老龄化冲击存在异质性。曹佳斌、王珺(2019)利用中国家庭追踪调查数据(CFPS 2016)对中国城镇居民人口年龄结构与文化娱乐消费变动的影响进行实证分析,发现城镇家庭少儿人口占比具有显著的文化娱乐消费需求效应,但家庭老年人口占比增加对文化娱乐消费需求形成挤压,并且老年人的文化娱乐消费需求随着年岁增长而愈加不敏感。

(四) 人口老龄化对居民消费的影响机理

围绕人口老龄化对居民消费产生哪些影响,国内学者还从不同角度围绕人口老龄化对居民消费的影响机理及效应展开了研究。张扬(2013)从宏观和微观的角度分析人口老龄化对居民消费的影响途径。从宏观层次上看,人口老龄化不但会影响当期的消费,还会通过影响社会的总产出改变长期的消费。从微观层面来看,老年人出于对预防性储蓄动机和遗赠动机的打算,不会把中年时期积累的财富全部用完,这会抑制消费的支出。①陈晓毅(2015)从直接影响和间接影响的不同角度对人口老龄化对居民的消费作用机制进行了研究。从直接效应来看,老龄化不仅能够影响整体的消费能力,还会通过老年人的消费选择来影响消费结构。从间接效应来看,人口老龄化还会通过影响劳动力供给、劳动生产率、居民储蓄率对居民消费产生间接的影响。②郝云飞(2017)认为,老年群体消费需求和消费行为都具有独特性,人口老龄化对居民消费的直接影响主要体现在消费总量和消费结构的影响方面,还会通过影响总产出和居民储蓄率对居民消费产生间接影响。赵周华、王树进(2018)认为,人口老龄化通过两个方面对居民消费结构产生影响,一方面基于生命周期理论由于老年人生理、心理变化而直接对居民消费结构产生影响,另一方面,人口老龄化通过影响收入分配、储蓄、投资和社会保障从而对居民消费结构产生影响。

---

① 张扬:《人口老龄化对消费结构的影响研究——基于四川省第六次人口普查数据》,西南财经大学硕士学位论文 2013 年。
② 陈晓毅:《基于年龄结构的我国居民消费研究》,中央财经大学博士学位论文 2015 年。

三、文献评述

当前,国内外学者关于消费的理论和研究方法都已经趋于成熟,为中国消费理论的发展奠定了坚实的基础。关于人口年龄结构对居民消费的影响,国内外学者已经多有研究。但是具体到人口老龄化对居民消费的影响研究,国内外不同学者的研究角度、研究方法、数据指标选择等存在较大差异,关于人口老龄化对居民消费的影响方向及效应大小,也尚未得出一致的结论。

第一,已有研究文献多把人口老龄化对居民消费的影响置于人口年龄结构对居民消费影响的研究框架之下,多从老年抚养比和少儿抚养比的角度共同来衡量人口年龄结构变动对居民消费的影响,单独聚焦研究人口老龄化对居民消费影响的文献相对较少。

第二,国内外学者开展了大量人口年龄结构与居民消费关系的实证研究,所采用的实证方法包括截面数据、时间序列数据,也包括面板数据,所选择使用的数据从宏观层面包括国别数据、省际数据,从微观层面包括各个调查数据库的家庭或个人数据。但是总体来看,在实际研究中应用宏观数据比应用微观数据要多,应用微观数据时也倾向于采取某一年的截面数据,而较少使用连续几年的追踪样本数据。

第三,已有人口老龄化对居民消费影响的研究文献,囊括了研究人口老龄化影响居民消费支出和影响居民消费结构变动的文献,但总体来说,研究前者的文献较后者较多。并且在关于人口老龄化影响居民消费支出变动的文献方面,研究指标相差甚远,包括居民消费率、居民消费倾向、人均居民消费支出、家庭消费率、家庭消费支出等。

第四,从研究范畴来看,关于人口老龄化对居民消费影响的研究,已有文献多会选择一个具体的角度切入。或是从人口老龄化对居民消费支出的影响和对居民消费结构的影响两者中选择一个研究主题,或是从宏观数据或者微观数据选择一个角度就人口老龄化对居民消费的影响进行实证研究,较少有文献整体系统地全面研究人口老龄化对居民消费的影响。由于研究角度不一样,数据样本不一样,所以实证结果也大不相同。

基于上述分析,本书希望围绕人口老龄化影响居民消费变动的研究主题,在深入分析人口老龄化对居民消费影响机理的基础上,从宏观和微观层面同步统筹人口老龄化对居民消费的实证分析。既考虑人口老龄化对居民消费率的影响,也考虑人口老龄化对居民消费结构的影响;既使用宏观面板数据,也使用微观调查截面数据,同时在微观数据层面,还兼顾对家庭和个人特质的比较分析,并且还注重分城乡、分区域比较研究人口老龄化对居民消费影响的异质性。力求通过多维度、多角度的深层次分析和比较研究,较为深入全面地反映中国人口老龄化对居民消费的影响,并且寻找到中国人口老龄化影响居民消费的新视角,以更好地响应当前中国人口老龄化背景下扩大内需、促进消费的国家战略,为相关理论发展和政策制定提供依据和支撑。

第二章

中国人口老龄化与居民消费变动

伴随着中国经济社会发展的大潮,以及计划生育政策、社会保障制度等政府政策的变迁,我国的人口年龄结构发生变化,先后经历了由年轻型社会到成年型社会、老年型社会的演变。从 2000 年开始,按照联合国人口老龄化标准,中国迈入人口老龄化社会,而且老龄化呈现加速发展趋势,对居民消费有着广泛而深远的影响。本章在单独解析中国人口老龄化和居民消费变动的时空分布规律的基础上,进一步探析人口老龄化和居民消费变动的关系,希望透过现象探寻本质,基于事实变动轨迹寻求两者的交互变动规律。

第一节　中国人口老龄化变动

中国从 2000 年开始正式迈入老龄化社会,并且近年来呈现老龄化进一步加速的特征,对社会经济的影响日益加深。深入分析中国人口老龄化在时间和空间上的变动规律,揭示人口老龄化的特征规律,有利于我们更好地认清中国人口老龄化的演变过程及未来趋势。下文采用国际通行的标准,把年龄在65 岁以上的人口定义为老年人口,并且根据联合国标准,把"一个国家或地区65 岁及以上的人口占总人口的比重达到或超过 7%"定义为老龄化社会。

一、中国人口老龄化总体变动

根据 1953 年以来的六次人口普查及历年《中国人口统计年鉴》(2007 年后

为《中国人口与就业统计年鉴》）全国人口变动抽样调查数据,除 1964 年 65 岁以上人口占总人口比重（以下简称"老年人口占比"）较上次 1953 年调查时的老年人口占比（4.4%）下降了 0.8 个百分点以外,之后历年的老年人口数量及占比均呈现稳定的单调递增态势,并且在 2000 年正式进入人口老龄化社会。新中国成立以来,中国的人口年龄结构经历了从年轻型社会到成年型社会,再到老年型社会的演变。1953 年到 2018 年,中国老年人口的数量规模及占总人口比重的发展演变,主要可以划分为以下几个阶段:

第一阶段,新中国成立初期到 20 世纪 60 年代中期,逆老龄化阶段。该阶段,随着国内局势的稳定和社会生产的恢复,突发性意外性死亡人数减少,总人口数量规模稳步扩大。分年龄层次来看,老年人口的绝对数量下降,1953—1964 年,老年人口数量从 2 593 万下降至 2 510 万,相应的,老年抚养比和老年人口占比均呈现下降态势,老年抚养比由 7.4% 下降至 6.4%,老年人口占比由 4.4% 下降至 3.6%。这一时期,少儿人口还呈现出大幅增长态势,少儿人口占比从 36.3% 提升至 40.7%,表现为人口结构的整体年轻化。

第二阶段,20 世纪 60 年代中期至 20 世纪 80 年代初期,老龄化自然发展阶段。该阶段,随着医疗卫生条件改善,人均预期寿命延长,人口总量开始加速增长,尤其是人口年龄结构中老年人口占比开始提高。1964 年至 1982 年,老年人口数量从 2 510 万增加到 4 991 万,老年人口占比从 3.6% 上升至 4.9%,与上一阶段老年人口占比下降的态势呈现反向变动,人口老龄化水平开启了此后的单调上升历程。与此同时,少儿人口的数量虽然较上一阶段有所增长,但是少儿人口占比呈现下降态势,从 1964 年的 40.7% 下降至 1982 年的 33.6%。另外,由于上一阶段人口出生率的大幅增长,这一阶段劳动力年龄人口数量和占比都得到了大幅提高。因此,该阶段主要表现为经济社会发展背景下人口年龄结构按照人类社会的生命周期规律自然老化发展。

第三阶段,20 世纪 80 年代初期至 20 世纪 90 年代末期,出生率减少导致的老龄化持续提升阶段。自 1978 年十一届三中全会明确实行"独生子女"政策以后,1982 年计划生育被正式确立为基本国策。随后,出生率大幅减少,表现为少儿人口的绝对数量首次减少,以及少儿人口占比大幅下降。1982 年至 1999 年,中国少儿人口数量从 34 146 万人减少到 31 950 万人,减少了约 2 200 万人,同一时期少儿人口占比从 33.6% 下降至 25.4%,降低超过了 8 个百分点,成为新中国成立以来少儿人口占比下降最快的时期。这一时期,中国老年人口占比从 1982 年的 4.9% 上升至 1999 年的 6.9%,越来越向 7% 的老龄化社会临界值靠近。这一时期人口老龄化水平的提升,与计划生育政策实施导致的人口出生率减少具有紧密关联。

第四阶段,2000 年至 2009 年,进入老龄化社会后的前十年,老龄化水平稳定发展阶段。这一时期,随着经济发展、人民生活水平的提升和生育观念的改变,人口出生率持续稳步下降,人均预期寿命进一步延长。从 2000 年开始,中国的 65 岁以上老年人口占比首次达到 7%,按照联合国标准由成年型社会进入了人口老龄化社会。此后十年,中国的老年人口占比以每年 1 或 2 个百分点的速度保持稳定增长,到 2009 年中国的老年人口占比达到 8.5%,老年人口数量达到 11 307 万人,老年人口规模及占比都保持了稳定增长的态势。这一时期少儿人口占比进一步降低,2000 年至 2019 年的短短十年内,中国的少儿人口占比从 22.9% 下降到 18.5%。少儿人口占比继续下滑,以及人们平均寿命的延长,共同导致了该阶段老龄化速度的稳步提升。

第五阶段,2010 年至 2018 年,出生率止跌回升和老龄化加速时期。2011 年以后,二孩政策不断推广放开。2011 年 11 月开始,中国各地逐步推行“双独”二孩政策;2013 年 12 月以后,中国计划生育政策进一步放松开始实施“单独”二孩政策;2016 年 1 月以后,中国开始实施全面放开二胎政策,独生子女政策逐渐退出历史舞台,少儿人口数量及占比首次扭转 1964 年以来确立的下跌趋势,呈现止跌回升态势。这一时期,老龄化进程继续加速,2010 年至 2018 年,老年人口数量从 11 894 万人上升至 16 658 万人,老年人口占比从 8.9% 飙升至 11.9%,进一步向深度老龄化社会的 14% 临界值靠近。这一时期,人口老

龄化速度加快和平均预期寿命的进一步延长,也使得社会老年抚养比从 11.9%
攀升至 16.8% 的新高。这一时期,少儿人口和老年人口的同步增长,共同导致
了该阶段总抚养比一反 1964 年以来的持续下降趋势,呈现逐年上升态势,总抚
养比从 2010 年的 34.2% 提升至 2018 年的 40.4%,社会抚养压力空前提升。

表 2-1　1953—2018 年中国人口年龄结构表

年份	年末总人口	0—14 岁		15—64 岁		65 岁及以上		总抚养比	少儿抚养比	老年抚养比
		人口数	比重(%)	人口数	比重(%)	人口数	比重(%)			
1953	58 796	21 331	36.3	34 872	59.3	2 593	4.4	68.6	61.2	7.4
1964	70 499	28 686	40.7	39 303	55.8	2 510	3.6	79.4	73	6.4
1982	101 654	34 146	33.6	62 517	61.5	4 991	4.9	62.6	54.6	8
1987	109 300	31 347	28.7	71985	65.9	5 968	5.4	51.8	43.5	8.3
1990	114 333	31 659	27.7	76 306	66.7	6 368	5.6	49.8	41.5	8.3
1995	121 121	32 218	26.6	81 393	67.2	7 510	6.2	48.8	39.6	9.2
1996	122 389	32 311	26.4	82 245	67.2	7 833	6.4	48.8	39.3	9.5
1997	123 626	32093	26	83 448	67.5	8 085	6.5	48.1	38.5	9.7
1998	124 761	32064	25.7	84 338	67.6	8 359	6.7	47.9	38	9.9
1999	125 786	31950	25.4	85 157	67.7	8 679	6.9	47.7	37.5	10.2
2000	126 743	29 011	22.9	88 910	70.1	8 821	7	42.6	32.6	9.9
2001	127 627	28 716	22.5	89 849	70.4	9 062	7.1	42	32	10.1
2002	128 453	28 774	22.4	90 302	70.3	9 377	7.3	42.2	31.9	10.4
2003	129 227	28 559	22.1	90 976	70.4	9 692	7.5	42	31.4	10.7
2004	129 988	27 947	21.5	92 184	70.9	9 857	7.6	41	30.3	10.7
2005	130 756	26 504	20.3	94 197	72	10 055	7.7	38.8	28.1	10.7
2006	131 448	25 961	19.8	95 068	72.3	10 419	7.9	38.3	27.3	11
2007	132 129	25 660	19.4	95 833	72.5	10 636	8.1	37.9	26.8	11.1
2008	132 802	25 166	19	96 680	72.7	10 956	8.3	37.4	26	11.3
2009	133 450	24 659	18.5	97 484	73	11 307	8.5	36.9	25.3	11.6
2010	134 091	22 259	16.6	99 938	74.5	11 894	8.9	34.2	22.3	11.9
2011	134 735	22 164	16.5	100 283	74.4	12 288	9.1	34.4	22.1	12.3
2012	135 404	22 287	16.5	100 403	74.1	12 714	9.4	34.9	22.2	12.7
2013	136 072	22 329	16.4	100 582	73.9	13 161	9.7	35.3	22.2	13.1
2014	136 782	22 558	16.5	100 469	73.4	13 755	10.1	36.2	22.5	13.7
2015	137 462	22 715	16.5	100 361	73	14 386	10.5	37	22.6	14.3
2016	138 271	23 008	16.7	100 260	72.5	15 003	10.8	37.9	22.9	15
2017	139 008	23 348	16.8	99 829	71.8	15 831	11.4	39.2	23.4	15.9
2018	139 538	23 523	16.9	99 357	71.2	16 658	11.9	40.4	23.7	16.8

数据来源:《中国统计年鉴》。

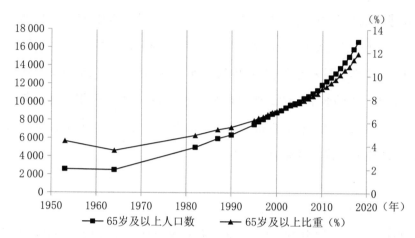

图 2-1　1953—2018 年中国老年人口总数及其占总人口比重

数据来源:《中国统计年鉴》。

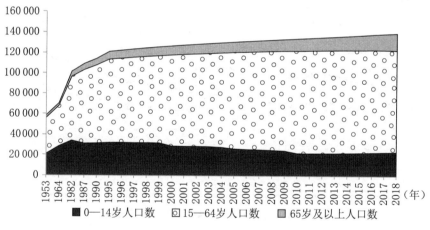

图 2-2　1953—2018 年中国人口结构变动面积图

数据来源:《中国统计年鉴》。

二、 中国人口老龄化变动城乡差异

在可以获得的统计年鉴中,城镇人口年龄结构数据并不单独存在。在《中国人口和就业统计年鉴中》中,1989—1999 年的抽样调查统计中,把人口年龄结构数据来源地分为市、镇、县三级,2000年开始对统计口径进行调整,把原来的"市、镇、县"三级改为"城市、镇、农村"三级。为了数据的准确性,在城乡比较分析中,本书主要采用统计年鉴中从2000年开始的"城市、镇、农村"统计口径,将各年各省的城市与镇的抽样调查老年人口占比数据根据当年的劳动力年龄人口数进行加权,从而算得城镇人口的老年占比。对于城镇人口的老年抚养比数据,也系同理推算加权得出。

(一)城镇人口老龄化特征

2000年以来,我国的城镇人口老龄化程度总体表现为持续提高的态势。图2-3显示了2000年到2017年中国城镇老年人口占比和城镇老年抚养比的变动情况。

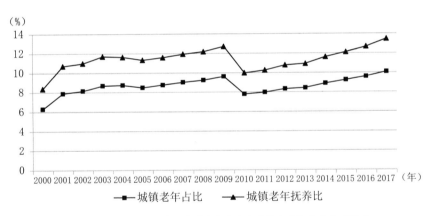

图 2-3   2000—2017 年中国城镇老年占比和城镇老年抚养比变动情况

数据来源:《中国人口和就业统计年鉴》。

具体来看,城镇老年占比和城镇老年抚养比变动高度一致,除了2010年有小幅下行以外,其他年份都保持稳定上升态势,这个波动下行可能与数据统计有关。其中城镇老年人口占比从2000年的6.3%上升到2017年的10.09%,城镇老年抚养比从2000年的8.37%上升到13.46%。城镇老年抚养比在走势上与城镇老年人口占比十分相近,表明这些年城镇的劳动力年龄人口占比保持在较为稳定的水平。

　　2001 年,城镇老年人口占比首次突破 7%,并在之后一直保持在 7% 以上,所以 2001 年开始,中国城镇进入了老龄化社会,比全国作为一个整体进入老龄化的年份(2000 年)晚了一年。这表明,相对发达的中国城镇地区,其人口老龄化程度相比农村和全国整体水平更低,这也体现了中国人口老龄化的"城乡倒置"特点。

（二）农村人口老龄化特征

　　相比城镇,中国农村的人口老龄化程度在走势上表现得更为平滑。图 2-4 显示了 2000 年到 2017 年中国农村老年人口占比和农村老年抚养比的变动情况。

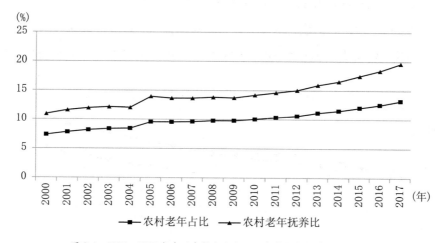

图 2-4　2000—2017 年中国农村老年占比和农村老年抚养比变动情况

数据来源:《中国人口和就业统计年鉴》。

　　农村老年人口占比从 2000 年到 2017 年保持了比较稳定的上涨,从 7.35% 上升到 13.22%,且涨速在 2000 年到 2005 年和 2010 年到 2017 年期间较快,在

2005 年到 2010 年期间较慢。从进入老龄化社会的时间节点来看,农村地区在 1998 年即已进入老龄化社会,这比全国进入老龄化社会的时间节点早了 2 年,比城镇早了 3 年。由此可见,中国农村地区的老龄化水平相比城镇更为严重。这与农村劳动力年龄人口大批进城务工等造成的青壮年劳动力流失有很大关系。

　　从老年抚养比来看,农村老年抚养比上升程度要明显快于老年人口占比上升程度。在老年人口相对不变的情况下,农村年轻劳动力向城镇的转移进一步加剧了农村的老年抚养比负担。2000 年到 2017 年,农村老年抚养比从 10.95% 上升到 19.62%,几乎翻了一倍。

(三) 城镇和农村人口老龄化比较

　　结合前面城镇和农村各自的人口老龄化发展历程分析,中国人口老龄化存在明显的城乡差异,主要可以概括为以下三个方面:

　　首先表现在城镇和农村老龄化水平总体呈现显著差异。图 2-5 给出了 2000 年到 2017 年城镇、农村老年人口占比对比情况。2005 年以来,农村老年人口占比始终保持高于城镇的水平。在 2010 年中国城镇老年人口占比跳跃式

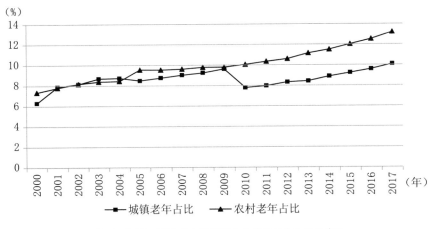

图 2-5　2000—2017 年中国城镇和农村老年占比变动情况

数据来源:《中国人口和就业统计年鉴》。

下降以后,中国城镇、农村的人口老龄化差距继续保持,并且近年来呈现出逐步扩大趋势。2009 年中国城镇和农村的人口老龄化程度相近,城乡老年人口占比分别为 9.62%、9.8%,但是到 2017 年,城乡老年人口占比分别为 10.09% 和 13.22%,城市人口老龄化程度比农村低出 3 个百分点。这表示,中国老龄化的城乡差异在近年来并未呈现出随经济发展和社会制度的完善而趋于消除的趋势,其分化反而仍在不断加剧。

图 2-6 给出了 2000 年到 2017 年城镇、农村老年抚养比对比情况。从图中可知,2000 年到 2017 年,城镇老年抚养比始终低于农村。而且随着时间的推移,两者之间的差距不仅没有趋于消除,反而更加背离。尤其在 2010 年,随着该年城镇人口的老年抚养比骤然下降,人口老龄化的城乡差距断崖式扩大。2017 年城镇和农村的老年抚养比分别为 13.46% 和 19.62%,近年来城乡老年抚养比差距稳定在 6 个百分点左右。

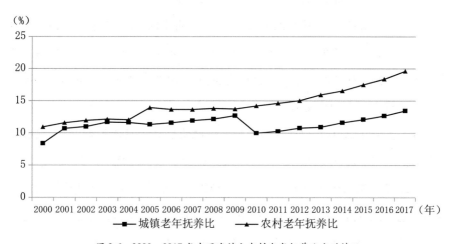

图 2-6 2000—2017 年中国城镇和农村老年抚养比变动情况

数据来源:《中国人口和就业统计年鉴》。

城镇和农村在人口老龄化方面的差异,还表现在城乡进入老龄化社会的先后时间存在一定间隔。1998 年中国农村 65 岁以上老年人口占比从 1997 年的 6.75% 提升至 7.05%,标志着中国农村地区首次进入老龄化社会。而城镇地

区在 2001 年 65 岁以上老年人口占比首次突破 7%。从时间上对比,城镇地区
进入老龄化社会比农村平均晚了 3 年之久。

三、 中国人口老龄化变动区域差异

中国人口老龄化表现出明显的地域差异。东部沿海各省市区老龄化程度
比内地各省市区更高,东部地区老龄化程度又以苏、浙、沪一带为最高,而广东
省人口老龄化程度近年来在东部各省中相对处于较低水平。其他省市,近年
来总体呈现东北地区、中部地区、西部地区老龄化程度总体上依次递减,但同
时,处于西部的四川省老龄化程度较高,呈现出与其所属区域不同的样态。

(一) 东部、中部、西部、东北人口老龄化特征

根据国家统计局 2005 年的界定标准,本书将中国大陆 31 个省、直辖市、自
治区分为东、中、西和东北四大地区。[①] 以下将分东部、中部、西部、东北四个地
区对人口老龄化程度的区域差异进行论述,并给出四个地区之间的对比分析。

1. 东部人口老龄化变动

除了上海在 2010 年以前人口老龄化程度明显高于其他各省以外,东部地
区各省的人口老龄化变动呈现较为一致的波动中上行的规律。图 2-7 给出了
1989—2017 年东部地区老年人口占比变动历程。从中可见,东部地区各省、直
辖市的老年人口占比在 2000 年、2010 年有普遍的一次性跳跃下降,这可能与
这些年份中数据来源是人口普查,与其他各年抽样调查存在统计方法差异所
带来的系统性误差有关。

---

① 四大地区分组:东部地区包括北京、天津、河北、上海、江苏、浙江、福建、山东、广东、海南 10 个省
　和直辖市,中部地区包括山西、安徽、江西、河南、湖北、湖南 6 省,西部地区包括重庆、四川、贵
　州、云南、西藏、陕西、甘肃、青海、宁夏、新疆、内蒙古、广西 12 个省、自治区和直辖市,东北地区
　包括辽宁、吉林、黑龙江 3 个省。

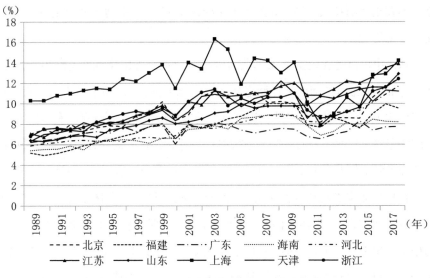

图 2-7　1989—2017 年东部地区老年人口占比变动情况

数据来源：国家统计局。

　　总体来看，除了上海和广东，1989 年到 2017 年间，东部其他各省人口老龄化程度基本增加了 5 到 6 个百分点，表现为人口老龄化程度的稳步加深。相比之下，上海市和广东省的人口老龄化变动则较为例外，呈现出与该地区其他地方不同的特点。其中，上海市的老年人口占比在 1989 年到 2009 年长达 30 年的时间长期显著高于东部地区其他各省，2010 年出现大幅下滑被江苏超越，之后开始反弹回升，2017 年上海的人口老龄化程度达到 14.2%，老龄化程度重返东部地区第一，也成为国内少数几个已经进入深度老龄化社会的地方省市。广东的老年人口占比则一直处于东部地区较低水平，并且基本上保持平稳态势，1989 年到 2017 年，广东的老年人口占比从 6.23% 上升到 7.74，仅上升了一个多百分点，是东部地区老年人口占比增幅最小的省份。东部地区各省、直辖市的老龄化程度，在近年基本表现出与经济发展水平的正相关性，但广东作为外来年轻人口的集聚地，老龄化程度相对较低。

　　2. 中部人口老龄化变动

　　中部地区各省的人口老龄化程度经历了整体上行的态势，并且内部各省之间的差距逐渐拉大。图 2-8 给出了 1989—2017 年中部地区各省老年人口占比的变动历程。

从图中可以直观地发现,1989 年中部各省之间的老龄化程度差距很小,老龄化程度最高和最低的河南和江西老年人口占比分别为 6.35% 和 5.4%,一直持续到 2000 年以前,各省人口老龄化程度差距基本维持在一个百分点左右,之后各省之间的老龄化程度差距加快扩大,到 2017 年,中部地区老龄化程度最高和最低的安徽和山西老年人口占比分别为 12.9% 和 8.98%,差距扩展到将近 4 个百分点。

根据近年来老龄化水平分化所导致的分层现象,可以把中部地区六省大致划分为两类,以下不妨称河南、江西、山西为中部省份 I,称安徽、湖北、湖南为中部省份 II。其中,中部省份 I 的老年人口占比相对较低,近年来老龄化水平的增长也相对较慢;中部省份 II 的老年人口占比相对较高,在近年来老龄化水平的增长也相对较快,人口老龄化程度相对更深。

图 2-8   1989—2017 年中部地区老年人口占比变动情况

数据来源:国家统计局。

3. 西部人口老龄化变动

西部地区各省、直辖市、自治区的人口老龄化变动经历了整体波动上行,内部各省分化发展的一个历程。图 2-9 给出了 1989—2017 年西部地区各省、直辖市、自治区人口老龄化程度变动历程。

1989 年,西部地区老龄化程度最高和最低的四川省和青海省老年人口占比分别为 5.99% 和 2.96%,差距为 3 个百分点;而到 2017 年,西部地区老龄化程度最高和最低的重庆市和西藏自治区老年人口占比分别为 14.2% 和 5.79%,差距扩大到超过 8 个百分点,重庆已经进入深度老龄化社会,而西藏则还没有进入老龄化社会。

根据近年来老龄化水平分化所导致的分层现象,又可以把西部 12 个省、直辖市、自治区大致划分为三类:宁夏、青海、西藏、新疆为西部省份 I,内蒙古、云南、甘肃、广西、贵州、陕西为西部省份 II,重庆、四川为西部省份 III。其中,西部省份 I、西部省份 II 和西部省份 III 的老年人口占比依次更高,在近年来老龄化水平的增长也依次更快,人口老龄化程度依次更加严重。总体来看,西部地区各省、直辖市、自治区的老龄化程度表现出与经济发展水平的正相关性,即经济越发达的地方,其人口老龄化程度越深。

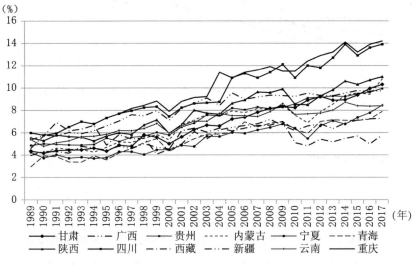

图 2-9　1989—2017 年西部地区老年人口占比变动情况

数据来源:国家统计局。

4. 东北人口老龄化变动

东北地区只有黑龙江、吉林、辽宁三个省份，三个省的人口老龄化程度都总体表现为快速上升的过程，除了 2009 年到 2012 年期间出现过短暂回调。图 2-10 显示了东北三省 1989 年到 2017 年间的人口老龄化程度变动历程。

一直以来，辽宁的人口老龄化程度都位居三省首位，其老年人口占比从 1989 年的 5.65% 上升到 2017 年的 14%，是东北三省中人口老龄化程度上升幅度最大的省份，从 2017 年开始进入深度老龄化社会。吉林和黑龙江的人口老龄化程度则出现交替领先、趋近协同的发展趋势。2009 年以前，吉林的人口老龄化程度高于黑龙江，2009 年开始，两省的人口老龄化程度开始反复上升超越对方，到 2017 年，两省的人口老龄化长度均为 12.1%，老年人口占比高度等同。

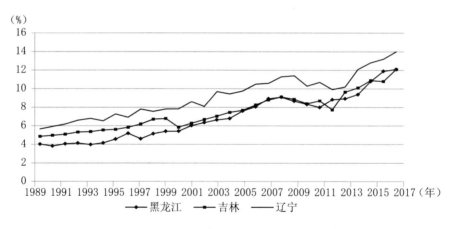

图 2-10   1989—2017 年东北地区老年人口占比变动情况

数据来源：国家统计局。

（二）不同区域人口老龄化的差异比较

为了从整体上对比分析东、中、西、东北四大地区人口老龄化变动趋势，本书对各地区内部各省、市、直辖区之间的人口数据进行加总计算，求得各地区 65 岁以上老年人口数量与地区总人口的比值，即能够代表地区人口老龄化程

度的地区老年人口占比数值。图 2-11 给出了 1978 年以来中国东、中、西、东北
四大地区人口老龄化程度的变动情况。

　　从图中可见，1989 年到 2017 年，四大地区基本上都保持波动中上行的态
势，但是在不同的时间阶段，不同的地区人口老龄化程度呈现交替领先的态
势。1989 年到 2007 年期间，东部地区的人口老龄化程度排在四大地区第一。
2008 年到 2013 年期间，四大地区的人口老龄化程度轮流领先，彼此之间差距
较小。2014 年以后，东北地区的人口老龄化程度稳居第一，成为近年来国内
老龄化程度增速最快和老龄化程度最高的地区。从 2016 年、2017 年的数据
来看，四大地区的人口老龄化程度排名，从高到低依次为东北地区、东部地
区、中部地区、西部地区，除东北以外，另外三大区域的人口老龄化程度排序
体现了人口老龄化程度与经济发展水平正相关的一般规律。东北地区人口
老龄化程度最高，则与近年来经济发展乏力，年轻劳动力年龄人口大量流出
有关。

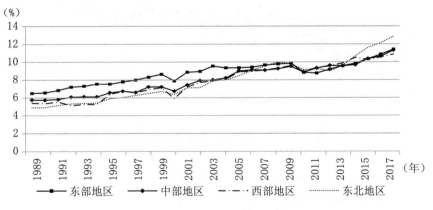

图 2-11　1989—2017 年东部、中部、西部和东北四大地区老年人口占比变动情况

数据来源：根据国家统计局数据整理计算。

　　从老年抚养比的角度，东部、中部、西部和东北四大地区的老年抚养比变
动规律基本与老年人口占比的变动规律一致，都是在波动中持续上升的趋势。

图 2-12 给出了 1989—2017 年东部、中部、西部和东北四大地区的老年抚养比
按年变动情况。

分地区来看,各个地区的老年抚养比按高低排序存在阶段性变动特征。
1989 年到 2014 年期间,一直保持东部地区、中部地区、西部地区、东北地区老
年抚养比从高到低的排序。2015 年到 2014 年期间,四大地区之间的老年抚养
比差距逐渐缩小,彼此排序变动频繁,但是大部分年份西部地区的老年抚养比
排在第一。2015 年以来,东北地区、中部地区的老年抚养比排在前两位,东部
和西部地区的老年抚养比相对较低。值得注意的是,虽然东部地区老年人口
占比比中部地区要高,但是东部地区的老年抚养比却比中部地区要低,这和东
部地区经济发达,吸引了大量的中西部劳动力年龄人口流入,使得东部地区老
年抚养比相对下降一些有关。

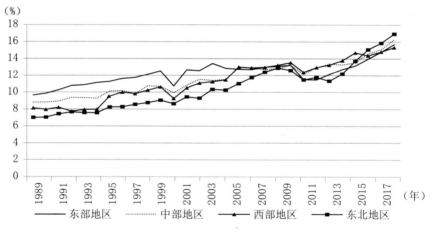

图 2-12   1989—2017 年东部、中部、西部和东北四大地区老年抚养比变动情况

数据来源:根据国家统计局数据整理计算。

四、 中国人口老龄化变动趋势

中国自 2000 年进入人口老龄化社会以来,随着人口出生率的下降和平均

预期寿命的延长,老年人口数量和增速都居于全球第一,并且老龄化进程呈现加速发展的趋势。和其他已经先行步入人口老龄化社会的国家相比,中国的人口老龄化显示出一些独有的特征。

老年人口规模持续扩大,老年人口数量全球第一。根据前面划分的几个人口老龄化变动阶段来分析,除了新中国成立的最初几年老年人口数量有过短暂的小幅下降,1964 年到 2018 年期间,中国的 65 岁以上人口数量从 1964 年的 2 510 万人,增长到 1982 年的 4 991 万人,增长到 2000 年的 8 821 万人,增长到 2010 年的 11 894 万人,再继续增长到 2018 年的 16 658 万人,中国的老年人口规模保持持续扩大单调递增趋势。从老年人口数量的增速来看,1964 年到 2018 年,中国老年人口的增速年均 3.6%,而自 2000 年步入老龄化社会以来,2000 年至 2009 年、2010 年至 2018 年这两个阶段老年人口的年均增速分别是 2.8%、4.3%,由此可见,最近十年来我国老年人口的数量正在呈现加速度增长趋势。截至 2017 年末,中国 60 岁及以上老年人口规模已经达到约 2.4 亿,占所有人口的比重约为 17%,占全球 60 岁及以上老年人口的比重约为 1/4,表明不管是从老年人口规模还是增速来看,中国的老龄化指标都排在全球前列。①

人口老龄化水平持续上升,老龄化进程呈现加速趋势。根据联合国人口结构划分标准,65 岁及以上人口占总人口比重在 4% 以下、4%—7%、7% 以上分别称为年轻型社会、成年型社会、老年型社会。1964—2018 年,中国始终保持人口老龄化占比单调递增趋势,65 岁以上老年人口占比从 1964 年的 3.6% 上升到 2018 年的 11.9%,老龄化人口占比保持年均 2.2% 的增速,其中在 2000 年 65 岁及以上人口占比第一次达到 7%。1964 年到 2000 年,人口老龄化占比从 3.6% 增长到 7%,提高了 3.4 个百分点,花了 36 年时间,年均增幅达到 1.9%;而 2000—2018 年,人口老龄化占比从 7% 提高到 11.9%,提高了 4.9 个百分点,花

---

① 数据来源:全国老龄工作委员会。

了 18 年时间,年均增幅达到 3%,是 2000 年以前年均增幅的 1.5 倍。而且 2017 年、2018 年,中国老龄人口占比分别较上年提升了 6 个百分点和 5 个百分点,显示出人口老龄化进程进一步加速的趋势。保守估计,假设未来一段时间中国人口老龄化占比继续按照 2000 年到 2018 年间 3%的年均增幅上升,预计 5.5 年以后中国的人口老龄化占比将上升到 14%。因此,按照现在的人口老龄化态势,中国 65 岁以上老龄人口占比最晚将在 2024 年达到 14%,即自 2000 年中国步入老龄化社会以来,中国将在 2024 年进一步步入深度老龄化社会。

人口平均预期寿命逐渐延长,高龄老年人口占比持续增加。随着多年来社会经济发展取得一定的成效,中国的医疗卫生条件逐步改善,居民的生活水平逐步提高,平均预期寿命也不断延长,中国从 1996 年开始就已经成为世界上的"长寿国家",[①]人均预期寿命达到 70.8 岁。2000 年至 2017 年,中国的人均预期寿命由 71.4 岁进一步延长至 76.7 岁,已经成为世界上人均预期寿命增长速度最快的国家之一。人均预期寿命延长,在加深人口老龄化进程的同时,也会进一步改变人口老龄化社会内部的人口年龄结构,尤其是进一步增加了老年人口尤其是高龄人口占总人口的比重。金字塔图形能够很好地表现按照人口年龄分布的人口年龄结构。对比第四次和第六次全国人口普查数据,可以发现 1990 年到 2010 年两张人口年龄金字塔图形已经发生了变化,从明显的三角形形状向五边形形状转变,表现为顶部代表高龄人口占比的塔尖在逐渐变宽,而中间和底部代表劳动年龄人口占比和少儿人口占比的塔身和塔基都在收缩变窄,尤其是 2010 年金字塔底部的少儿人口占比甚至过度收缩比塔身的中间部分还要小,金字塔图形呈现从最初的正三角形向中间大、两头小的"中"字形转变的态势,表明短短 20 年间中国的人口年龄结构已经呈现了从成年型社会向老年型社会的人口年龄结构转变,并且在人口老龄化加速的背景下呈

---

① 世界卫生组织:人均预期寿命在 70 岁以上的国家为长寿国家。

现出老龄人口越来越多的态势。

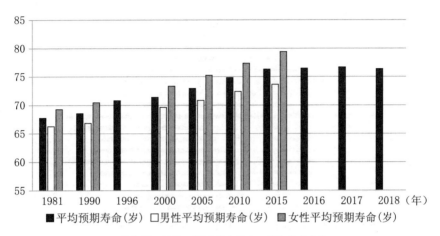

图 2-13　1981—2018 年中国人口预期寿命变化

数据来源:1981—2015 年数据来自《中国统计年鉴》;2016、2017 年数据来自卫健委《2017 年我国卫生健康事业发展统计公报》;2018 年数据来自世界卫生组织 2018 年版 *World Health Statisitcs*。

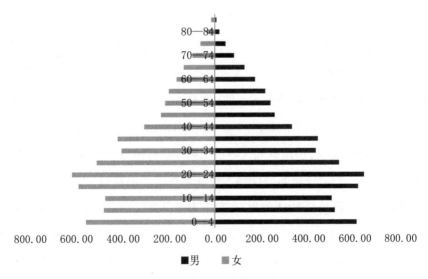

图 2-14　1990 年中国人口金字塔(单位:万人)

数据来源:《中国人口和就业统计年鉴》。

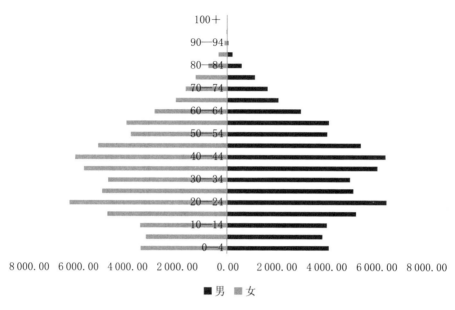

图 2-15　2010 年中国人口金字塔(单位:万人)

数据来源:《中国人口和就业统计年鉴》。

　　"老龄化"与"少子化"并存,计划生育对人口老龄化影响深远。一般来说,反映人口年龄结构的指标,有老年人口占比、少儿人口占比和劳动力年龄人口占比。与中国人口老龄化进程相伴的,是中国的少儿人口占比和劳动力年龄人口占比的变化。从数据来看,与 1964 年以来中国的老年人口数量及其占比单调递增的趋势相反,中国少儿人口占比则是总体呈现单调递减偶有小幅回升的态势。这与中国长时间的计划生育基本国策严格执行,人口出生率始终保持低位有关。但是自 2011 年以来,由于中国慢慢放开二胎政策,迎来一波生育率的反弹,形成中国少儿人口占比呈现止跌回升态势,从 2011 年的 16.5%提升到 2018 年的 16.9%。与 2011 年来少儿人口占比回升和老年人口占比加速上升相对,2011 年开始开启了持续至今的劳动力年龄人口占比持续下行态势,并且在 2014 年出现了新中国成立以来历史上第一次中国劳动力年龄人口绝对数量减少的状况,这表明中国的劳动人口红利时代已经结束。而少儿口人和老年人口数量同步上涨,加之劳动力年龄人口数量的减少,使得中国社会的抚养压力空前上升,2011 年到 2018 年,中国的老年抚养比和少儿抚养比分别从 12.3%、22.1%提升到 16.8%、23.7%,对社会形成了较大的抚养负担。

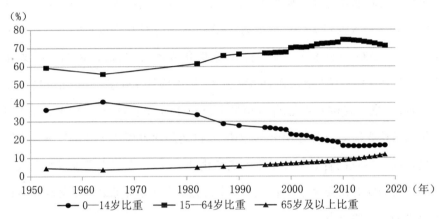

图 2-16 1953—2018 年中国老年人口、少儿人口、劳动力年龄人口占比变动情况

数据来源:《中国统计年鉴》。

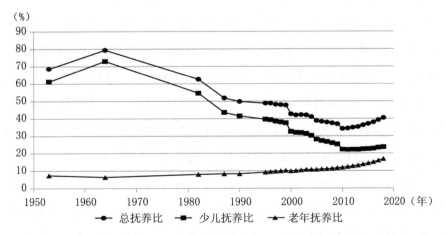

图 2-17 1953—2018 年中国老年抚养比、少儿抚养比、总抚养比变动情况

数据来源:《中国统计年鉴》。

人口老龄化水平与社会经济发展错位,呈现出"未富先老"的特征。大部

分发达国家都是在经济水平较高的时期进入人口老龄化社会,人均 GDP 一般介于 5 000 到 1 万美元区间,而中国在 2000 年步入老龄化社会时,人均 GDP 仅为 7 942 元,按照当年汇率换算,还不到 1 000 美元,与其他发达国家进入人口老龄化社会时的经济发展水平具有较大差距。与发达国家在具备较为发达的经济基础后进入人口老龄社会不同,中国的人口老龄化程度和经济发展水平不相适应。2000—2018 年,中国的人口老龄化程度从 7%增长到 11.9%,老年人口数量从 8 821 万人增长到 16 658 万人,年均增长 400 多万人,而人均 GDP 从 7 942 元增长到 64 644 元,年均增加了约 3 000 元。由此可见,中国老年人口数量的增速要远高于人均 GDP 的增速,人口老龄化发展快于经济发展。中国在经济尚不发达的背景下过早步入老龄化社会,经济发展水平难以跟上人口老龄化所需要的社会保障水平,这种"未富先老"的局面将给国家财政和居民家庭带来巨大的压力。

中国人口老龄化水平的空间分布差异还表现为独特的"城乡倒置"现象。一般认为,老龄化水平是经济发展达到一定程度的结果,老龄化水平应当与经济发展水平正相关。中国在农村经济发展水平远低于城镇的情况下,农村人口老龄化水平却高于城镇,这被称为人口老龄化的"城乡倒置"①。具体来看,2005 年中国农村老年人口占比首次超过城镇,2009 年以后中国城镇、农村的人口老龄化差距继续保持并不断扩大。中国城镇和农村在人口老龄化方面的差异,还表现在农村进入人口老龄化的时间节点早于城镇,农村 1998 年进入人口老龄化社会,比城镇进入人口老龄化社会的时间早了 3 年。

此外,人口老龄化分布还呈现明显的空间分布不均衡特征。当前,中国大陆 31 个省、自治区、直辖市中,除西藏外,老年人口占比已经都超过 7%,也即除西藏以外,中国大陆地区已经进入全面的老龄化社会。从时间节点来看,上海进入老龄化社会的时间为 1979 年,但是北京、天津、广东分别在 1989 年、

---

① 李辉、王瑛洁:《中国人口老龄化城乡倒置现象研究》,《吉林大学社会科学学报》2012 年第 1 期。

1990 年、1993 年才进入老龄化社会,而与此形成鲜明对比的是西部地区进入老龄化社会时间较晚,新疆到 2015 年才进入老龄化社会,与东部地区相比迟了超过 20 年。

第二节　中国居民消费率变动

改革开放以来,我国社会经济快速发展,生产力得到了大幅提升,居民收入持续增加,生活水平不断提高,居民消费得到了长足发展。以居民消费率来衡量居民消费支出占支出法国内生产总值的比重,是衡量一个社会居民消费水平的重要指标。我国的居民消费率变动,与经济社会发展相应,呈现出明显的阶段性特征,并且表现出空间分布不均衡的特性。具体而言,表现为城乡居民消费率反向变动,四大地区内部各个省份居民消费率发展不均衡,但是总体呈现协同发展的趋势。

一、 中国居民消费率总体变动

居民消费率和政府消费率加总等于最终消费率,但是居民消费率的变动和经济发展与居民生活水平紧密相关,居民消费率与最终消费率两者的变动规律并不完全一致。根据居民消费率数值的变化规律,可以把改革开放以来居民消费率的变动划分为五个时期。

第一时期,1978 年至 1990 年。这一时期居民消费率是改革开放以来居民消费率最高的时期,除了 1978 年居民消费率为 48.4%,其他年份居民消费率都保持在 49% 以上,1981 年居民消费率达到历史峰值 53.02%,这一时期居民平均消费率达到 50.52%。这一时期,居民消费率与最终消费率基本保持同步变动趋势,由于居民消费率维持在较高水平,这一时期的最终消费率也是历史上最高水平。

第二时期,1991年至1994年。这一时期居民消费率持续下降且呈现加速度下降趋势,与此同时,最终消费率也呈现加速下滑趋势。这一时期居民平均消费率为45.09%,与上一阶段相比,居民平均消费率下降了5个百分点,从1991年的47.66%持续下降至1994年的43.93%。居民消费率的持续下降反映出居民受多重因素制约难以有效提升消费水平,未能充分享受到改革开放的成果。

第三时期,1995年至2002年。这一时期居民消费率呈现止跌企稳态势,基本维持在45%至46%左右波动,平均居民消费率45.87%。虽然这一时期居民消费率水平并不算高,但已经是改革开放以来除了1978年至1990年以外历史上平均居民消费率第二高的阶段。

第四时期,2003年至2010年。这一时期最终消费率、政府消费率和居民消费率三者变动趋势一致,都表现出持续快速下降的趋势。其中,2003年到2010年,最终消费从57.49%下降到48.45%,政府消费率和居民消费率也分别从14.58%、42.90%下降至12.89%、35.56%。这一时期,平均居民消费率仅为38.27%,而2010年居民消费率35.56%更是成为1978年以来历史上的最低值。

第五时期,2011年至2018年。这一时期最终消费率、政府消费率和居民消费率表现出高度一致的变动趋势,在前一阶段持续下滑以后呈现触底反弹趋势。2011年到2018年,最终消费率从49.59%上升至54.31%,而政府消费率和居民消费率也分别从13.27%、36.32%上升至14.94%、39.37%。这一时期的居民消费率反弹虽然延续了较长年限,但由于增幅较小,平均消费率为37.83%,是改革开放以来平均居民消费率历史上最低的阶段。随着中国经济发展进入高质量发展时代,尤其是外部贸易摩擦不断的背景下,中国的经济发展越来越依靠内需尤其是消费来拉动,消费成为经济增长的第一驱动力。目前中国的居民消费率仍处于较低水平,发挥消费对经济增长的基础性作用,居民消费率需要进一步提升。

表 2-2　1978—2018 年居民消费率变动

	最终消费率	政府消费率	居民消费率	城镇居民消费率	农村居民消费率
1978	61.44%	13.04%	48.40%	18.35%	30.05%
1979	63.22%	13.83%	49.39%	18.61%	30.05%
1980	64.85%	13.77%	51.08%	20.15%	30.93%
1981	66.13%	13.11%	53.02%	20.52%	30.93%
1982	65.89%	13.05%	52.84%	19.35%	33.49%
1983	66.79%	13.80%	52.99%	19.69%	33.49%
1984	65.14%	14.91%	50.23%	19.58%	30.64%
1985	63.76%	13.90%	49.86%	19.84%	30.64%
1986	64.23%	13.68%	50.54%	20.81%	29.72%
1987	62.14%	12.94%	49.19%	20.95%	29.72%
1988	61.46%	12.33%	49.13%	22.05%	27.08%
1989	63.55%	12.99%	50.56%	22.54%	27.08%
1990	62.94%	13.46%	49.48%	22.00%	27.49%
1991	61.53%	13.88%	47.66%	22.47%	27.49%
1992	59.36%	14.32%	45.04%	23.29%	21.76%
1993	57.93%	14.21%	43.72%	24.22%	21.76%
1994	57.91%	13.98%	43.93%	25.14%	18.79%
1995	58.82%	13.20%	45.62%	26.87%	18.79%
1996	59.76%	13.07%	46.68%	27.05%	19.63%
1997	59.37%	13.60%	45.77%	27.07%	19.63%
1998	60.20%	14.78%	45.41%	28.01%	17.40%
1999	62.34%	16.19%	46.15%	29.84%	17.40%
2000	63.30%	16.58%	46.72%	31.20%	15.52%
2001	61.62%	16.03%	45.58%	30.93%	15.52%
2002	60.57%	15.53%	45.04%	31.12%	13.92%
2003	57.49%	14.58%	42.90%	30.05%	13.92%
2004	54.74%	13.82%	40.92%	29.10%	11.82%
2005	53.62%	13.86%	39.77%	28.71%	11.82%
2006	51.86%	13.84%	38.03%	27.79%	10.23%
2007	50.14%	13.41%	36.73%	27.31%	10.23%
2008	49.22%	13.17%	36.05%	27.04%	9.01%
2009	49.37%	13.17%	36.20%	27.44%	9.01%
2010	48.45%	12.89%	35.56%	27.38%	8.18%
2011	49.59%	13.27%	36.32%	27.87%	8.18%
2012	50.11%	13.42%	36.70%	28.34%	8.36%
2013	50.31%	13.50%	36.81%	28.53%	8.36%
2014	50.73%	13.25%	37.48%	29.08%	8.40%
2015	51.82%	13.77%	38.05%	29.59%	8.40%
2016	53.63%	14.28%	39.35%	30.73%	8.63%
2017	53.60%	15.07%	38.53%	30.27%	8.63%
2018	54.31%	14.94%	39.37%	30.95%	8.42%

数据来源:《中国统计年鉴》。

二、 中国居民消费率变动城乡差异

改革开放以来,中国居民消费率呈现波动中下降的总体趋势,总体来说,农村居民消费率走向基本与城镇居民消费率一致,但是城镇居民消费率和总体居民消费率相反,却表现出逆势上扬的态势。解析城镇居民消费率和农村居民消费率的变动,对于分析整体居民消费率的变动,具有重要的意义。

观察历年农村居民消费率的变动,除了1978年至1985年有个小幅上升的阶段,1985年以后基本保持单调递减加速下行的态势。与此相反,改革开放以来,虽然中国城镇居民消费率曾经一度低于农村居民消费率,却总体上呈现波动中上行的态势,并且在1992年超过农村居民消费率以后,两者的剪刀差持续扩大。可以看出,在城镇居民消费率持续上升的态势下,农村居民消费率却和居民消费率保持了总体一致的下行态势,因此中国的居民消费率下降主要是由农村居民消费率下降引起的。

图2-18给出的是改革开放以来城镇和农村居民消费率比较。具体来看,中国城镇居民消费率总体上升,从1978年的18.35%上升至2018年的30.95%,

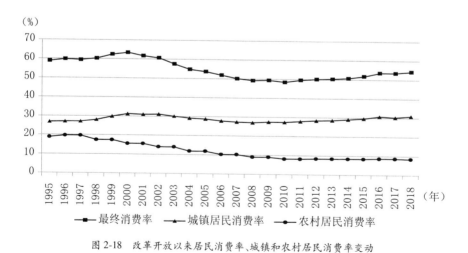

图2-18 改革开放以来居民消费率、城镇和农村居民消费率变动

数据来源:《中国统计年鉴》。

占居民消费率的比重从 37.91% 上升到 78.61%；农村居民消费率整体下行，从 1978 年的 30.05% 下降至 2018 年的 8.42%，占居民消费率的比重从 62.09% 下降至 21.39%。由此可见，改革开放初期，中国居民消费主要是以农村居民消费为主体，而从 20 世纪 90 年代初期城镇居民消费率超过农村居民消费率以后，居民消费则主要是以城镇居民消费为主体，这一方面与城镇和农村的居民收入差距有关，另外一方面也与城镇化进程加速，农村人口不断由农村向城市流入，在推高城镇居民消费率的同时，也同步降低了农村的居民消费率。

三、 中国居民消费率变动区域差异

中国地域辽阔，在社会经济发展、人口年龄结构等各方面都存在不同的区域特征。根据前文国家统计局的划分方法，下文把中国大陆 31 个省、自治区和直辖市划分为东部、中部、西部、东北四个地区，研究不同区域之间居民消费率变化规律的异同。

1. 东部居民消费率变动情况

东部地区是我国经济最为发达的地区，观察 1993 年到 2017 年东部地区各省和直辖市居民消费率变化历程，以 2000 年为转折点，呈现出明显的阶段性特征。

2000 年之前，东部地区除了北京居民消费率相对较低，海南、广东、福建居民消费率相对较高以外，其他各地居民消费率水平基本较为均衡，多集中在 30% 到 40% 之间。这一格局在 2000 年以后被打破。2000 年以后，东部地区各省的居民消费率差异开始分化，内部之间的差距逐渐拉大。到 2005 年，各省居民消费率差异的分化基本完成，其后基本保持着这一趋势。其中，天津一直保持最低的居民消费率，上海则一直保持着最高的居民消费率水平。图 2-19 给出了 1993 年以来中国东部地区居民消费率的变动情况。

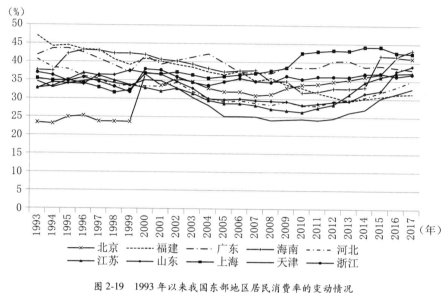

图 2-19   1993 年以来我国东部地区居民消费率的变动情况

数据来源:《中国统计年鉴》。

2. 中部居民消费率变动情况

与东部地区内部各地居民消费率趋于分化的变动态势不同,中部地区的居民消费率表现为明显的趋同趋势。

从中部地区居民消费率变动的整体情况来看,2014 年之前,各地的居民消费呈现出一致的下降趋势,并在下降的过程中各地的居民消费率差距逐渐缩小甚至趋同;2014 年以后,各地的居民消费率统一表现为止跌回升态势,在上升的过程中各地的居民消费率出现消费分化。在中部地区居民消费率的变化过程中,山西逐渐由原先居民消费率水平最低的省份逐渐变为近年来消费率水平最高的省份。2015 年到 2017 年,山西是中部地区唯一居民消费率高于 40% 的省份。图 2-20 给出了 1993 年以来中国中部地区居民消费率的变动情况。

3. 西部居民消费率变动情况

西部地区是我国经济相对欠发达地区,从各省、自治区和直辖市近年来居民消费率变动历程来看,除了贵州的居民消费率在 2011 年以前一直明显高于其他各地以外，1993 年到 2010 年总体上呈现波动下行的态势，2010 年左右呈现止跌企稳态势。

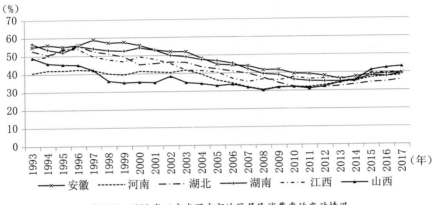

图 2-20　1993 年以来我国中部地区居民消费率的变动情况

数据来源：《中国统计年鉴》。

2000 年以前，除了贵州的居民消费率相对其他各省显著较高，西部地区各地居民消费率水平基本较为均衡，大部分处于 40%—50% 的水平。2000 年至 2010 年期间，一方面内蒙古和西藏的居民消费率由约 40% 下降至约 25% 的水平，另一方面，重庆、四川、广西、甘肃等地虽然居民消费率有所下降但仍基本维持在 40% 以上的水平，这一时期西部地区内部之间居民消费率的差距开始拉大。

2010 年以来，西部地区各地居民消费率差异并未出现显著扩大，但原先居民消费率水平远高于其他地方的贵州居民的消费率进一步回落，趋向收敛于平均水平，但仍稳居西部各地的前三位。西藏和内蒙古则在 2005 年以后一直居于西部地区各地居民消费率排名最后两位。从整个西部地区来看，其居民消费率水平在分化中趋于下降。图 2-21 是 1993 年以来中国西部地区居民消费率的变动情况。

4. 东北居民消费率变动情况

东北地区只有三个省，总体来说，东北地区居民消费率的变动趋势与另外三个地区一致，也是以 2010 年左右为转折点，总体呈现先下降、后上升的态势。

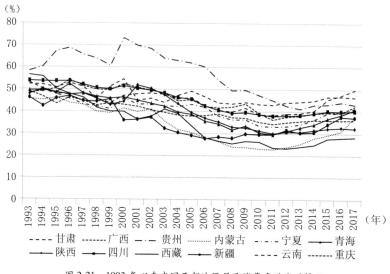

图 2-21　1993 年以来我国西部地区居民消费率的变动情况

数据来源:《中国统计年鉴》。

　　具体来看,黑龙江和辽宁都是先降后升的态势,并且辽宁从 20 世纪 90 年代一度三省之中居民消费率最低的位置,2016 年以后一跃成为三省之中居民消费率最高的水平,显示出较大的居民消费潜力。吉林与另外两个省有所不同,自 1993 年以来呈现总体持续下降的趋势,并从长期以来三个省中居民消费

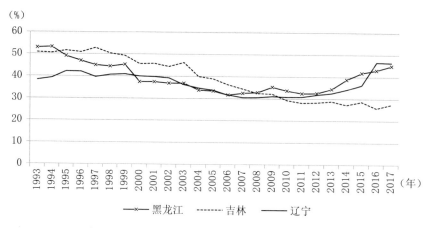

图 2-22　1993 年以来我国东北地区居民消费率的变动情况

数据来源:《中国统计年鉴》。

率最高的省下降为近年来居民消费率最低的省,2004 年以前,吉林的居民消费率长期高于 40%,但是 2010 年以来则长期低于 30%,并且在另外两个省的居民消费率反弹的情况下依然呈现波动中下行态势。图 2-22 给出了 1993 年以来中国东北地区居民消费率的变动情况。

　　5. 不同区域居民消费率变动比较分析

　　为了更准确地对东、中、西、东北四大地区居民消费率的变动进行刻画和比较,本书对各个地区内部各省居民消费支出求和与各省 GDP 求和的比值进行了计算,从而得出以地区为属性的四大地区的居民消费率值。图 2-23 给出了 1993 年以来中国东、中、西、东北四大地区居民消费率的变动情况。

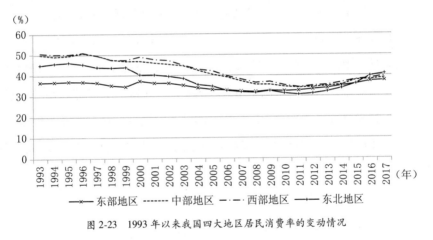

图 2-23　1993 年以来我国四大地区居民消费率的变动情况

数据来源:《中国统计年鉴》。

　　整体来看,自 1993 年以来,中国东、中、西、东北四大地区居民消费率呈现先下降后上升、先分化再趋同的发展趋势。以 2012 年为转折点,四大地区的居民消费率都结束了自 1993 年以来波动中持续下降的趋势,开始出现恢复性反弹,并且彼此之间的差距逐渐缩小。从四大地区居民消费率的排名来看,2006 年以前,一直延续西部、中部、东北、东部居民消费率由高到低的排列次序,体现了居民消费率与经济发展水平成反比的变动规律。2006 年以后,东北地区居民消费率加速上行,扭转了 2000 年到 2015 年期间四大地区居民消费率最低的趋势,2016 年直接跃升为四大地区中居民消费率最高的地区。但是总体来看,四大地区之间的居民消费率差距较小,2017 年四大地区中居民消费率最低的东部地区为 37.47%,而最高的东北地区为 40.79%,彼此之间差距比较小。说明随着中国区域发展战略的实施,各地的经济水平加快协同发展,各地区之间的居民消费差异开始减小。

第三节　中国居民消费结构变动

消费结构是衡量居民消费内部支出比例及总体消费水平层次的重要指标。根据国家统计局对居民消费结构的分类,主要包括食品、衣着、居住、家庭设备及服务、交通和通信、文教娱乐用品及服务、医疗保健、其他商品及服务类八大类。中国二元经济结构较为突出,城乡经济差距较大。国家统计局长期以来对城乡居民消费结构进行分开统计,直到 2013 年以后才有全国统一的居民消费结构统计。因此,本节根据《中国统计年鉴》可获得数据,重点分析 1992 年至 2018 年中国城乡居民消费结构的演变进程及其特征规律。

一、 城镇居民消费结构变动

20 世纪 90 年代以来,随着经济社会快速发展以及城镇化水平的提升,城镇居民成为居民消费主力,城镇居民消费率逐步上升,城镇居民消费支出不断增加,消费结构逐步优化,呈现出一系列特征。

城镇居民生活消费水平提升,恩格尔系数大幅下降,衣着类基本消费支出占比减少。恩格尔系数是指居民食品支出占总消费支出的比重,是用来衡量居民消费水平和富裕程度的重要指标。一般来说,经济发展程度越高,恩格尔系数越低。从城镇居民恩格尔系数来看,1992 年以来经历了一个持续快速下降的过程。1992 年到 2018 年,城镇居民恩格尔系数从 0.53 下降到 0.28。同一时期,城镇居民衣着消费支出占比也呈现快速下降态势,从 1992 年的 14.07%下降到 2018 年的 6.92%。由此可见,1992 年以来,吃、穿等基本消费支出在城镇居民消费支出中占比显著下降。

从城镇居民交通和通信,教育、文化和娱乐,医疗保健三者消费支出占比来看,呈现分化发展变动趋势。具体来看,1992 年以来,城镇居民交通和通信消费支出占比呈现持续快速上升态势,从 1992 年的 2.48%上升到 2018 年的 13.3%,尤其在 2013 年经历了一个跳跃式上升,从 2012 年的 6.38%跃升到 2013 年的 12.54%,此后一直保持 13%以上的占比。而城镇居民教育、文化和娱乐,医疗保健消费支出占比则均经历了先上升、再下降、再企稳回升的一个过程,并且都在 2012 年经历了一个断崖式下跌,至今都还没有恢复高点。其中教育、文化和娱乐支出占比从 1992 年的 2.64%上升到 2012 年的 14.73%历史高点,之后经历了一个先下降再企稳的过程,2018 年消费支出占比为 11.39%。而城镇居民医疗保健消费支出占比从 1992 年的 8.82%上升到 2002 年的 14.96%历史高点,之后逐渐回落,2018 年城镇居民医疗保健消费支出占比为 7.84%。

城镇居民居住消费支出占比在 2012 年以前基本保持平稳态势,之后出现跳跃式上升,成为城镇居民消费支出占比排名第二的消费类别。具体来看,城镇居民消费支出占比在 1992 年到 1999 年期间经历了从 5.96%到 9.84%的小幅上升,此后于 2000 年到 2012 年期间长期围绕 10%的水平小幅波动,但是 2013 年城镇居民消费支出占比突然从 2012 年的 8.9%跃升到 23.26%,并且近年来始终保持 22%—23%区间的小幅波动态势。

此外,城镇居民的服务类消费支出显示出小幅下降趋势。具体来看,1992 年到 2018 年,城镇居民的生活用品及服务、其他用品及服务两项服务消费支出占比分别从 8.41%、4.73%下降到 6.23%、2.63%,这与居民消费结构升级的趋势相悖,或许与高房价导致的居住消费支出占比大幅上升有关。

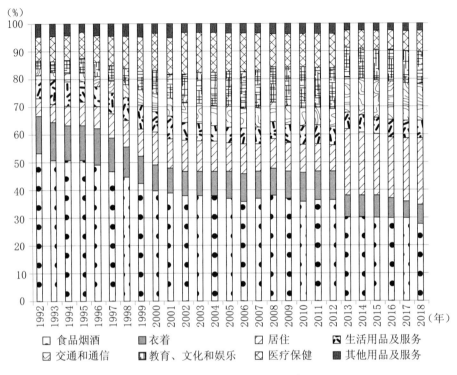

图 2-24　1992—2018 年中国城镇居民消费结构变动

数据来源:《中国统计年鉴》。

二、 农村居民消费结构变动

与城镇居民消费支出增长和消费结构优化同步,受益于经济社会的发展和居民收入的提升,农村居民消费支出也不断增加,消费结构不断优化,表现为生存型消费支出占比逐渐减少,享受型消费占比不断增加。

与城镇居民食品烟酒、衣着等基本消费支出占比变动趋势一致,农村居民的食品烟酒、衣着等基本消费支出占比也呈现明显下降趋势。虽然同一时期一般农村居民恩格尔系数高于城镇,但是农村居民恩格尔系数下降速度更快。1992 年到 2018 年,农村居民的恩格尔系数从 0.58 下降 0.30,几乎减少了一半。

从衣着类消费支出占比来看,农村居民衣着消费支出占比由于基数较小表现为稳中趋降,从 1992 年的 7.97% 下降为 2018 年的 5.34%。

农村居民教育、文化和娱乐消费支出占比在波动中上升,交通和通信、医疗保健消费支出占比呈现持续快速上升趋势。具体来看,农村居民教育、文化和娱乐消费支出占比与城镇居民教育、文化和娱乐消费支出占比一样,走出了一波先上升再下降,再反弹的趋势,并且至今还没有恢复历史高点。1992 年到 2018 年,农村居民教育、文化和娱乐消费支出占比从 6.65% 上升到 10.73%,而在 2000 年至 2005 年期间,曾一度保持高于 11% 的水平。农村居民交通和通信、医疗保健消费支出占比则表现出明显的单调递增趋势,分别从 1992 年的 1.85%、3.67% 上升到 2018 年的 13.94%、10.23%。

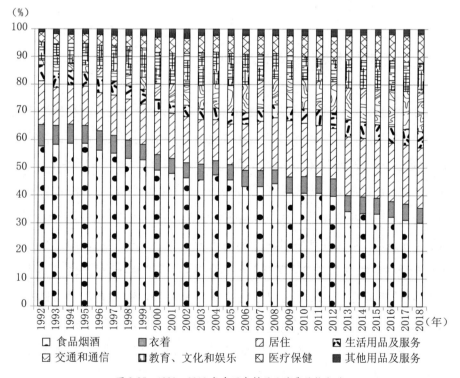

图 2-25　1992—2018 年中国农村居民消费结构变动

数据来源:《中国统计年鉴》。

农村居民居住消费支出占比长期以来仅次于食品烟酒消费,始终保持稳定上升态势。具体来看,1992 年,农村居民消费支出占比为 15.92%,比当年的城镇居民消费支出占比高出 10 个百分点,并且在 2013 年以前长期高于城镇居民消费支出占比。2013 年城镇居民消费支出占比实现跳跃式上升以后,城镇居民消费支出开始显现高出农村 1—2 个百分点的微弱优势。

农村居民的服务类消费支出保持相对稳定的趋势。1992 年到 2018 年,农村居民的生活用品及服务消费支出占比从 5.57% 上升到 5.59%,其他用品及服务两项服务消费支出占比 0.83% 上升到 1.8%,基本上是保持平稳缓幅上升的态势。具体来看,1992 年到 2018 年,农村居民的生活用品及服务、其他用品及服务两项服务消费支出占比分别从 8.41%、4.73% 下降到 6.23%、2.63%,这与居民消费结构升级的趋势相悖。

三、 城镇和农村居民消费结构变动比较

总体来看,城乡居民八大类消费结构变动基本一致,体现为生存型消费支出占比大幅下降,享受型消费支出占比快速上升,居住类消费支出占比大幅上涨,但是进一步细分到具体的消费类别来比较既有相似之处又有所差异。

从城乡居民消费结构来看,吃穿和居住等生存型消费支出占比较高,服务型消费支出占比相对偏低。从城乡居民八大类消费支出占比数据变动来看,虽然多年来城乡居民在食品烟酒、衣着等方面的消费支出占比大幅减少,但是近年来居住类消费支出却呈现出大幅上升态势,2018 年城乡居民食品烟酒、衣着、居住类消费支出占比之和分别达到 58.6%、57.36%,而城乡居民的生活用品及服务、其他用品及服务两项服务消费支出占比之和却分别为 8.87%、7.74%,由此可见在居民消费支出结构中,生存型消费支出占比过高,而服务型消费支出不足。

城乡居民享受型消费支出占比趋于上升,显示出居民消费结构升级趋势,

并且农村居民消费升级表现出更大的潜力。具体来看,1992年以来,城乡居民
交通和通信消费支出占比、农村居民医疗保健消费支出占比均呈现持续快速
上升趋势,城乡居民教育、文化和娱乐消费支出占比也呈现出在波动中上行的
态势,并且农村居民在这三类消费支出占比的增长速度方面都明显快于城镇
居民。城乡二元结构的存在导致城乡居民医保制度存在差异,在农村居民医
疗保健消费支出占比稳定上升的同时,城镇居民医疗保健消费支出占比却呈
现下降态势。

从城乡居民居住消费来看,居住消费支出占比快速上升处于高位,对居民
享受型消费和服务型消费形成挤压效应。农村居民居住消费支出占比长期排
在第二,2013年以后城镇居民居住消费支出占比也保持位列第二。大体来看,
城乡居住消费支出占比与教育、文化和娱乐、交通和通信消费长期形成反向变
动趋势,并且近年来城乡居民在生活用品及服务、其他用品及服务等服务类消
费支出占比方面呈现小幅下降或者保持平稳趋势,表明过高的居住消费支出
占比对城乡居民享受型和服务型消费支出形成了明显的挤出效应。

第四节　人口老龄化与居民消费变动

人口老龄化使得社会人口年龄结构发生变化,是影响居民消费的重要因
素之一。中国老年人口众多,老年消费市场仍处于起步期,未来将成为消费市
场的重要增长点。人口老龄化对居民消费的影响,又进一步体现为人口老龄
化对居民消费率的影响和对居民消费结构的影响。

一、老年消费市场的发展

中国拥有世界上最多的老年人口,老年消费市场和老年产业显示出巨大
的潜力。2018年,与中国"银发经济"相关的产业规模已经超过3.7万亿元,未

来中国的老年消费市场规模将进一步扩大。

现在,"50后""60后"开始步入老年,这一代老年人大部分出生于新中国成立以后,接受过良好的教育,与历史上中国老人大部分是文盲和农民的特征不同,这一代老人拥有更高的收入水平、知识素养,消费意识也有着很大的提升。根据艾瑞咨询数据,2017年中国家庭月收入超出4 000元的老人数量已经超过1.1亿人,其中家庭月收入超过1万元的老人数量多达2 000万。另外,与许多资产较少仍在奋斗期的年轻人相比,绝大部分老年人一般至少拥有一套住房,甚至有些老年人拥有多套住房。较为理想的收入,相对丰裕的财产状况,加上日益完善的社会医疗保障制度,以及多数老年人退休以后相对空闲有时间进行消费,使得老年人在消费方面的时间和金钱都有所增加,成为老年消费市场发展的潜在基础。

在老年人的消费支出结构中,除了饮食、衣着等基本消费支出,花费在养生保健、文化娱乐、旅游休闲等精神消费型方面的消费支出也日益增多,老年人的消费内容显示出多元化的特征。2018年,中国"银发群体"在社交娱乐、养生理疗、照料护理方面的消费市场规模分别达到4 800亿元、5 390亿元、2 860亿元,同比分别增长21.8%、19.0%、14.9%,显示出较大的增长潜力。①而根据国家老龄委数据显示,每年中国老年群体旅游人数在全国旅游人数的占比已经超过了20%,成为位列中年人之后的中国第二大旅游消费群体。

近年来中国成为电子商务大国,电子商务及物流配送的快速发展,让老年人的消费行为更加便利,在一定程度上进一步激发了老年消费市场潜力。随着智能手机的普及和移动网络技术的发展,以及老年群体消费观念的转变,老年网络用户数量日益增多。2017年上半年,中国年龄在60岁以上的老年网络用户占比已经达到4.8%,同比提升了0.8%。2018年,老年人在网络平台上停留的时间较上一年同比增长了27.4%,老年人通过网络购买1 000元以上商品

---

① 数据来源:艾瑞咨询《2019中国银发经济消费市场研究报告》。

的消费次数占比已经超过 10%。①老年人在网络上购买的价格较高的商品,一般以家居生活类小家电为主,而购买频率更高的是服装、食品等生活用品。此外,网络电商的发展,也催生了许多"为老消费",不少年轻人通过网络为父母购买商品送货到家。

二、 人口老龄化与居民消费率变动

随着历年来中国人口年龄结构发生变化,中国的居民消费水平也发生了相应的变动,下文重点分析人口老龄化与居民消费率变动的相互关系。居民消费率受到经济增长、收入分配、人口年龄结构、产业结构、社会保障支出、不确定性因素等多重因素的影响。在人口年龄结构对居民消费率的影响中,人口老龄化是影响居民消费率的一个重要因素。分析人口老龄化与居民消费率变动的关系,可以观察老年人口占总人口比重与居民消费率变动的关系来发现规律。

由于数据的可获得性和连续性,下文选取了 1995 年至 2018 年全国居民消费率和老年人口占比的数据来进行比较分析,以探究人口老龄化程度与居民消费率变动之间的相互关系。由图 2-26 可知,1995 年至 2018 年,中国老年人口占比成单调递增趋势,从 1995 年的 6.2%上升至 2018 年的 11.9%。1995 年到 2000 年,中国老年人口占比从 6.2%上升到 7%,中国完成了成年型社会到老龄化社会的转变,同一时期,居民消费率保持平稳波动的趋势,基本维持在45%—46%的水平窄幅波动。而自 2000 年以来,中国的人口老龄化进程以2010 年为界限划分为两个阶段,分别是 2010 年以前的人口老龄化平稳上升和2010 年以后的人口老龄化加速上升阶段,与之对应,中国的居民消费率在2000—2010 年期间保持持续下滑态势,而在 2010—2018 年期间呈现反弹回升

---

① 数据来源:中国互联网信息中心。

态势。因此可以尝试性得出结论,从全国总体来看,在人口老龄化初期,由于老年消费市场发育不足,居民消费率与人口老龄化呈反向变动关系,而伴随着人口老龄化的持续加深,老年产业、养老保障等各方面的不断发展,老年型友好社会逐渐形成,人口老龄化将对居民消费率起到一定的促进作用。

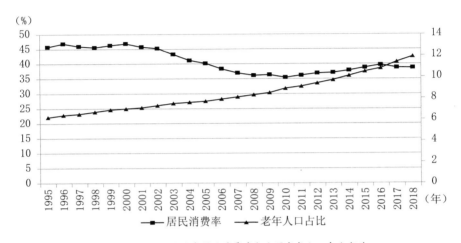

图 2-26   1995—2018 年居民消费率与全国老年人口占比变动

数据来源:《中国统计年鉴》。

以 2000 年中国进入人口老龄化社会为起点,分析 2000 年以来人口老龄化背景下城镇居民消费率和城镇老年人口占比的关系,可以发现,城镇居民消费率和城镇老年人口占比的关系,非常契合全国居民消费率和老年人口占比的关系。和全国一样,城镇的老年占比自 2000 年以来呈现递增趋势,但是在 2010 年以前保持平稳增长,而在 2010 年以后进入了新一轮加速增长阶段。与此相应,城镇居民消费率在 2010 年以前保持稳步下滑态势,而在 2010 年以后呈现恢复性反弹态势。因此可以认为,城镇居民消费率与城镇人口老龄化的变动规律基本与全国一致,即人口老龄化初期,老年人口增多对城镇居民消费率的提升有负作用,而随着人口老龄化进程的加深,人口老龄化可能会对居民消费产生正向促进作用。从全国和城镇的转折点来看,2010 年前后全国和城镇的老年人口占比基本在 9% 的水平,之后随着老年人口占比加速上升,人口老龄化对居民消费率开始产生正向作用。

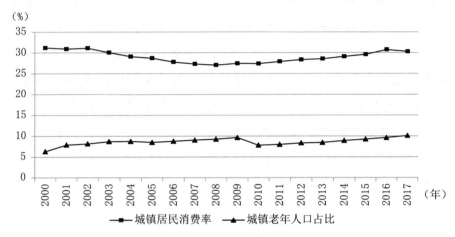

图 2-27　2000—2017 年城镇居民消费率与城镇老年人口占比变动

数据来源:《中国统计年鉴》。

自 2000 年以来,农村的老年人口占比经历了 2000—2005 年的一段快速上升期以后,2005 年至 2011 年,农村老年人口占比经历了一个从 9% 到 10% 的小幅稳定上升期,之后从 2010 年开始,农村的老年人口占比进入了新一轮加速阶段,到 2017 年,农村老年人口占比达到 13.22%,比同年全国和城镇的老年人口占比均要高出 2 个百分点。而从农村居民消费率的变动来看,同样以 2010 年为转折点,农村居民消费率表现出前后明显的变化特征,2000 年至 2009 年,农村居民消费率呈现快速下降态势,由 16% 下降到 9%,此阶段对应的是农村老年占比持续上升一段时间以后稳定在 9%—10% 左右的水平,而 2010 年以后,农村居民消费率呈现出明显的触底反弹企稳回升态势,但是反弹势头微弱,2010—2015 年期间基本保持在 8% 左右的水平窄幅上行,而 2016 年农村居民消费率上升到 9% 以后很快 2017 年又回落到 8% 的水平,表现出向下趋势,而这一时期农村老年人口占比从 10% 加速上升到 13%,老龄化速度明显加快。

　　因此可以认为,与全国和城镇人口老龄化与居民消费率变动的规律不同,农村人口老龄化速度加快,对农村居民消费率的作用不大明显,甚至有可能随着人口老龄化进程的进一步提升,农村人口老龄化加深会对农村居民消费率产生负向作用。这是因为农村老年人口与城镇老年人口相比,由于老年以后退休养老金收入很低甚至没有,而医疗保障、贫困救济等社会保障制度农村与城镇相比也更为不完善,农村老年人口消费能力变弱的同时消费行为也更加谨慎,消费倾向也会变低。所以总体来说,农村人口老龄化加深对农村居民消费产生促进作用不明显,而当农村人口老龄化进程加深到一定程度以后,甚至会对农村居民消费率产生负向作用。

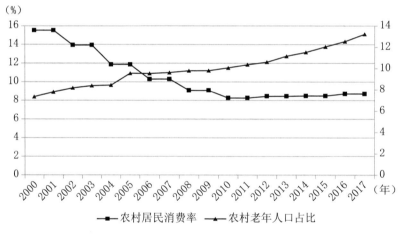

图 2-28　2000—2017 年农村居民消费率与农村老年人口占比变动

数据来源:《中国统计年鉴》。

三、 人口老龄化与居民消费结构变动

　　老年人口由于处于特殊的人生阶段,对商品和服务也表现出特殊的偏好,和其他年龄的人有较大不同,因此进入老年以后消费结构会发生变化。相应

地,当一个社会步入人口老龄化社会,并且老龄化程度逐渐加深,整个社会的消费结构也会发生变化。

中国从 2000 年开始步入人口老龄化社会,并且从 2010 年开始老龄化程度进一步加剧。比较 2000、2010、2018 年三年的居民消费结构,分析其中各类消费支出的变动,虽然混合着经济增长、人民生活水平提高的因素,但也能够部分解释人口老龄化与居民消费结构变动的规律。

老年人由于生理机能和心理习性发生变化,一般来说,在吃穿方面的需求会减少。从吃穿等生存型消费来看,城乡居民这类消费支出占比都随着时间后延而呈现降低趋势。从食品烟酒消费支出占比来看,2000、2010、2018 年三年城乡居民该项消费支出占比呈现阶梯式下滑。从衣着消费支出之比来看,城镇居民衣着消费支出占比从 2000 年到 2010 年保持平稳态势,而从 2010 年到 2018 年出现小幅下降趋势,农村居民衣着消费支出占比则始终维持在低位。总体来看,随着老年人口的增多和社会人口老龄化程度的加深,城乡居民在吃、穿方面的消费支出占比有减少趋势。

现在的老年人经济条件比过去好很多,有较好的经济能力,因此花在精神文化娱乐方面的支出会增加。从图 2-29、图 2-30 可以看出,城乡居民在交通和通信方面的消费支出都是同步上升,表明人口老龄化社会在汽车、智能电子产品方面的需求较高,还有一部分可能是旅游出行带来的交通费用上升。同时,城乡居民的教育、文化和娱乐消费支出占比也居高不下,尤其是农村居民的教育、文化和娱乐消费支出占比呈现增长态势,表明人口老龄化社会对文化娱乐消费有较大的潜力。医疗保健需求是人口老龄化社会的刚性需求,但是城乡居民的医疗保健消费支出占比变动方向相反,这主要是由于城乡二元结构带来的城乡居民享受的医疗保障制度差异以及城乡老年人收入差异引起的。

另外,人口老龄化社会由于老年人口较多,相对来说在服务方面的需求会增加。从城乡三年消费结构数据的变化来看,农村居民生活用品及服务的消费支出占比表现出明显的增长态势,但是城市居民在生活用品及服务方面的

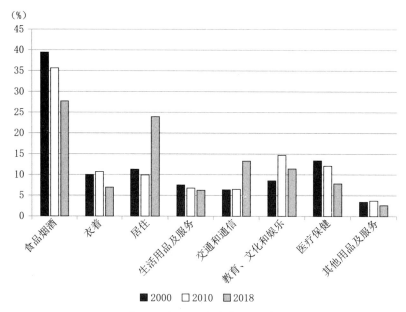

图 2-29　2000 年、2010 年、2018 年城镇居民消费支出结构变动

数据来源:《中国统计年鉴》。

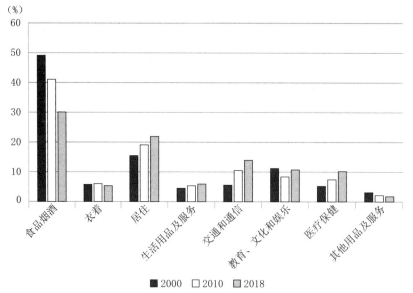

图 2-30　2000 年、2010 年、2018 年农村居民消费支出结构变动

数据来源:《中国统计年鉴》。

消费支出占比变动方向却与农村相反。造成这种现象的原因,一方面是因为农村居民生活用品及服务消费支出占比基数较低,随着经济发展而自然增长,另一方面则是城市居民生活用品及服务本来就占据了一定的消费支出比重,而近年来又受到房价的消费挤压效应有关。而城乡居民的其他用品及服务消费支出占比,则都维持在低位水平并且仍然呈现下降趋势,也与房价对服务消费的挤压有着较大关联。

本 章 小 结

本章围绕中国人口老龄化和居民消费变动进行了深入的现状描述,在分别对两者进行单独时间和空间变动规律的阐述基础上,进一步探讨了人口老龄化和居民消费变动基于时间分布的交互规律,期望基于事实变动刻画人口老龄化和居民消费变动的影响关系。

第一,自新中国成立以来,中国的人口年龄结构经历了从年轻型社会到成年型社会,再到老年型社会的演变,老年人口的总体规模及占总人口比重,除了新中国成立初期,基本上呈现总体递增的态势。中国的老年人口数量世界第一,中国人口老龄化还呈现出老龄化加速发展趋势,按照现在的人口老龄化发展速度,中国将继 2000 年步入老龄化社会以后,在 2024 年进一步步入深度老龄化社会。此外,中国的人口老龄化还面临着"未富先老""城乡倒置"、区域分布不均衡等特征。

第二,改革开放以来,中国居民消费率呈现波动中下降的总体趋势。分城乡来看,农村居民消费率走向基本与总体居民消费率变动一致,但是城镇居民消费率和总体居民消费率相反,表现出逆势上扬的态势。从东部、中部、西部、东北部四大地区的居民消费率变动来看,随着各地经济水平加快协同发展,各地区之间的居民消费率差异开始减小。

第三,从中国居民消费结构变动历程来看,城乡居民八大类消费结构变动基本一致,总体呈现消费结构升级趋势。具体体现为,城乡生存型消费支出占比大幅下降,享受型和服务型消费支出占比快速上升,居住类消费支出占比大幅上涨,对其他居民消费形成挤压效应。从发展型消费和享受型消费占比增速来看,农村居民消费增速显示出更大的潜力。

第四,从基于事实经验的中国人口老龄化和居民消费的变动关系来看,居民消费率变动与人口老龄化变动存在一定的关联,在人口老龄化初期,由于老年消费市场发育不足,居民消费率与人口老龄化呈反向变动关系,而伴随着人口老龄化持续加深,老年型友好社会逐渐形成,人口老龄化对居民消费率起到一定的促进作用。居民消费结构变动也伴随人口老龄化程度加深呈现一定的变动规律,随着老年人口的增多和社会人口老龄化程度的提高,城乡居民在吃、穿方面的消费支出占比呈现下降趋势,在交通通信、教育文化娱乐方面的消费支出呈现上升趋势。但是在医疗保健、服务消费支出占比方面,由于城乡社会保障制度差异及房价挤出效应,二者消费占比变化出现背离。

第三章

人口老龄化影响居民消费的作用机理

人口老龄化可以分为宏观层面的总体老龄化和微观层面的个体老龄化,对于居民消费具有重要影响。居民消费率和居民消费结构是衡量居民消费的两个重要指标,一般来说,人口老龄化对居民消费产生影响,主要体现在人口老龄化引起居民消费率变化和引起居民消费结构变化两个方面。从人口老龄化对居民消费率的作用机理来看,宏观层面主要通过影响人口年龄结构和国民收入分配结构来对社会总体居民消费率产生影响,微观层面则是通过收入效应和储蓄效应对居民家庭消费率产生影响。从人口老龄化对居民消费结构的作用机理来看,宏观层面主要通过倒逼产业结构调整来对社会总体居民消费结构产生影响,微观层面则是通过老年个体的生理、心理机能变化,以及消费惯性和社会角色转换等作用于居民家庭消费结构。

第一节　人口老龄化对居民消费的影响

老年群体由于处于相对独特的生命阶段,其消费需求和消费行为都具有一定的独特性,因而对居民消费会产生影响,并且这种影响会随着整个社会总体老龄化程度的加深以及个体老龄化程度的加强而越来越大。人口老龄化对居民消费产生影响,主要表现在两个方面:一方面是基于生命周期假说,对老年个体及其所在家庭消费倾向产生影响,从而进一步影响社会总体居民消费率变动,另一方面,是基于马斯洛需求层次理论,以及人口学中的年龄效应和队列效应,对居民个人及其家庭消费结构产生影响,并进一步影响社会总体居民消费结构发生变化。从影响人口老龄化社会居民消费的主要因素来看,包括经济发展水平、国民收入分配、社会保障支出、城乡区域差异等诸多因素的综合影响。

一、 人口老龄化对居民消费率的影响

传统生命周期假说是解释人口老龄化影响居民消费率的重要理论,但是由于预防性储蓄或者遗赠动机的存在,以及城乡和区域差异的原因,虽然根据生命周期假说人口老龄化总体来说会促进居民消费倾向的提升,但是在实际过程中体现出复杂性和异质性。

消费者的消费倾向和生命周期所处的阶段有关,在相对收入较低的时期,消费倾向较高,而在相对收入较高的时期,消费倾向则较低。由此可以得知,一个人年龄越大,相对来说消费倾向会更高。而一个社会老年人口数量越多,老年人口占总人口比重越高,整个社会的消费倾向也会趋于提升。因此可以认为,根据生命周期假说,人口老龄化程度的上升,会使得整个社会的居民消费率趋于提高。

但是从实践来看,消费者在一生之中的消费安排,并不完全遵从生命周期假说的轨迹进行消费安排,预防性储蓄和不确定性冲击都会对消费者的消费决策造成影响。根据预防性储蓄假说,消费者具有避险心理,为了防范未来一段时期可能面临的不确定性风险,减少不确定性冲击对生活的影响,会趋向于增加储蓄谨慎消费。另外,与生命周期假说中消费者在生命结束时所有财富和收入全部消费完毕的假设不同,在实践中老年消费者总是倾向于遗留部分财产给后代,因此遗赠动机也会让消费者增加储蓄减少消费。这样的话,在现实生活中,老年人随着年龄增加而消费倾向增大的效应并不总是完全遵循生命周期假说的轨迹,人口老龄化对居民消费率的影响效应可能会相对生命周

期假说的预期效应产生偏移。

此外，从现实社会来看，不同的老年群体也会在实际生活中显示不一样的消费特征。由于不同老年群体所处的地域环境不同，消费习惯和偏好不同，经济收入水平不同，家庭条件不同，所享受的社会保障福利水平不同等各种差异，不同老年群体在实际消费行为中可能体现出差异性，尤其是如果分城镇和农村，分东部、中部和西部等区域来看，由于各种经济、社会、环境等因素综合作用，人口老龄化对居民消费的影响，可能又会因为城乡差异或者区域不同而存在一定的异质性。

二、 人口老龄化对居民消费结构的影响

根据马斯洛需求层次理论，人的消费需求层次具有递进的特征。随着低级需求得到满足，高级需求会逐步增加。而根据人口社会学的"队列效应"和"年龄效应"，老年群体与其他年龄群体相比，由于老年群体在过往经历、经济收入、身体健康、心理习惯等方面的特殊性，会体现出明显与其他年龄群体不同的消费结构需求特征，因此人口老龄化会对居民消费结构变动产生影响。

马斯洛需求层次理论把人的需求主要分为生理需求、安全需求、社交需求、尊重需求和自我实现需求五个层次。生理需求、安全需求都属于与自身的基本生存紧密相关的低级需求，而社交需求、尊重需求则是需要获得外界认可才能够满足的较高层次的需求，自我实现需求则是基于实现个人社会价值而产生的最高层次的需求。一般来说，人在不同的年龄阶段，需求层次也会发生变化并相互转换。人在婴幼儿时期，自理能力较差，更加注重生理需求和安全需求；到了青少年和成年时期，自我意识和对社会的认同意识增加，更加注重社交需求、尊重需求和自我实现需求；到了老年阶段，由于身体状况变弱，对生理需求和安全需求的重视程度重新增强，同时情感需求和尊重需求也会更加

增长,而这一阶段的自我实现需求则随着年龄增大而逐渐减弱。人的需求会根据自身经济条件的改善以及消费的可实现性,呈现出阶段性渐进性特征,在低层次需求得到满足以后,会继续追求高层次需求。由此可见,人的消费需求结构本身就存在异质性,对于不同年龄、收入、爱好的人来说,人的经济条件不同,所处阶段不同,所追求的消费需求层次可能也不同。

人口年龄结构是影响居民消费结构的重要因素。一个人在生命中所处年龄阶段不同,消费需求和消费层次自然也会出现差异。随着个体年龄增大,步入人生的老年阶段,人的生理和心理机能都会发生变化,在社会和家庭中所处的角色也会发生变化,这些变化都会直接或间接引起老年个体及其家庭的消费结构发生变化,并进一步引起社会总体消费结构发生变化。从人口社会学的角度,人口老龄化对居民消费结构产生影响,主要通过年龄效应和队列效应产生作用。

年龄效应是指不同年龄人口由于处于生命周期的不同阶段,所反映出的由于年龄差异而导致的群体差异。人口老龄化对居民消费结构发生作用所产生的年龄效应,可以引申为同一个体,在人生老年阶段与其他生命阶段所显示的消费需求结构差异。假设一个人经历了从婴儿到少年、成年、老年等完整的生命周期,不同年龄人口处于不同的人生阶段,其消费需求及偏好必然是不一样的。婴幼儿时期,虽然消费支出一般是父母买单,但是所需要的商品一般体现为奶粉、童装等符合婴幼儿生命阶段特征需要的商品;少年时期,由于大多处于上学时期,这时候与学习相关的商品及服务费用会上升,尤其是所需的教育培训费用会大幅上涨;成年时期,这时候一般上有老下有小,是个人收入最高也是家庭负担最重的时期,个人消费结构与家庭规模大小及家庭年龄结构差异有紧密关系,家居生活用品及服务、住房、旅游等消费支出会占较大比重;老年时期,人的身体机能及消费偏好都会发生变化,相应的消费需求结构也会与人生的其他年龄阶段相比发生变化。所以,人口老龄化基于年龄效应对居民消费结构产生的影响,主要表现为同样的时代环境背景下,老年人口与其他年龄的人口在消费需求结构方面的差异。

队列效应是指出生年代不同的群体,伴随着生命历程的变迁,在生命周期所处的各个阶段,所表现出来的与其他不同出生年代的群体在各方面的差异。根据人口出生年代的不同,当前主要社会消费群体可以分为"50后""60后""70后""80后""90后""00后"等,每一个出生年代的人群,由于学习和工作等成长经历的不同,都体现出鲜明的年龄特征,这种特征也会反映在不同年代出生群体对消费需求结构的不同偏好上。比如,"90后""00后"成长在网络信息发达、物质经济相对丰裕的环境下,他们的消费需求体现出新新人类的个性化特征,对于高颜值、高科技类电子产品情有独钟;"70后""80后"大多依靠个人奋斗完成了成家立业的人生阶段,在子女教育、赡养老人、家庭旅游等方面消费需求会比较强烈;而"50后""60后"正处于退休前后的人生阶段,这一代人见证了社会生产力水平由弱到强的变化以及经济体制改革的变迁,一方面固有的节俭习惯让他们倾向于购买性价比高的实用商品,另一方面补偿性消费心理又会使得他们增加在文化、旅游、娱乐等方面的消费支出。另外,20世纪40年代及之前出生的人现在年龄都已经超过70周岁,是人口学定义中的"中龄老人"甚至"高龄老人",他们出生年代较早,经历较为复杂,加之老年群体身体和心理方面的特性,他们的消费需求结构与其他年龄群体相比会呈现更加明显的不同。

三、 人口老龄化背景下居民消费的影响因素

收入分配是影响居民消费的决定性因素,对于人口老龄化背景下的居民消费也不例外。而发达的社会经济水平、健全的社会保障体系亦是影响人口老龄化社会背景下居民消费的重要因素。此外,由于城乡结构和地区差异,人口老龄化对居民消费的影响,还会存在地理空间分布不均衡的特征。

（一）经济发展水平

一个国家的居民消费水平与宏观经济运行紧密相关,只有当社会经济保持一定的增长水平,社会经济有序运转,物价保持相对平稳,宏观经济政策稳定有效,才能为居民消费水平增长创造一个有利的宏观经济环境。

钱纳里分析了各国消费率变动与经济发展的一般规律,总结认为随着社会经济发展水平的阶段变动,最终消费率包括居民消费率会经历一个先下降探底再逐步回升的 U 型过程。这是因为,在社会生产力低下的农耕时期,居民的大部分收入只能维持生存所需的温饱水平,边际消费倾向较高。随着工业化进程的推进,带动了居民对工业产品的需求增加,进一步促进工业投资的增长,反过来对居民消费率形成暂时性挤压。而当工业化发展到后期,随着第三产业的发展,居民对工业产品的消费需求下降,转而对服务消费的需求上升,由于第三产业的投资要求相对比工业投资需求低,此时居民消费率再度步入上升通道。在这个过程中,随着农业化到工业化到服务化的产业结构的演进,以及经济水平的不断发展,居民消费率经历了一个先下降、再上升的过程,基本呈现出一条 U 型曲线的变化历程。当前,中国的居民消费率明显低于世界上其他发达国家,近年来居民消费率出现反弹回升趋势,随着第三产业加快发展,社会产业结构加快优化,居民消费率有望保持回升态势。

利率是国家对社会经济活动进行宏观调节的重要工具,对于消费也有着重要影响。古典经济学派认为,储蓄水平与实际利率的变动正相关,实际利率较高会导致储蓄增加消费减少。根据斯勒茨基模型,一般认为利率对消费的影响效应可以分为正的收入效应和负的替代效应两个方面。利率上升意味着如果当期消费用来储蓄获得利息收入,下期将能获得更高水平的收费,此时居民倾向于减少当期消费增加下期消费,相应的会增加当期储蓄,这就是由于利率上升导致消费者倾向于用储蓄来代替消费的代替效应,对居民消费具有抑制作用。另一方面,由于利率增加,居民的资产性收入增加,使得居民的实际财富获得增加,这时居民会基于当前收入增加而增加即期消费,这就是利率上升居民由于财富增加而提高当前消费的财富效应,对居民消费具有促进作用。此外,由于利率的替代效应更多地表现为通过储蓄对居民当期消费与未来消费的调节效应,可见利率还对居民的跨期消费决策行为有着重要的影响。由于老年人大多依靠之前的储蓄进行消费,家庭也会因为可以预期的养老负担进行预防性储蓄决策,因此人口老龄化社会背景下,利率对居民消费的影响效应,体现为利率的财富效应与替代效应两者之间的差距,两个效应的相对大小决定了利率对消费的综合影响方向。

通货膨胀水平是反映一个国家宏观经济稳定运行的重要指标,不少学者在研究消费领域涉及预防性储蓄理论时,把通货膨胀指标作为居民面对不确定性冲击的一个代理变量。通货膨胀是指一段时间以内,由于社会购买力与社会总产出不匹配,而引致的消费市场上物价普遍持续上涨的一个现象,对于国民经济稳定运行和居民生活有序运转都有着重要影响。一方面,通货膨胀导致消费价格上涨,同样的支出所能够购买到的商品减少,会直接降低居民生活水平。通货膨胀带来以食品为主的生活必需品价格较大幅度上涨,会对居民的其他消费形成挤压,不少中低收入家庭不得不精打细算,在日常消费品购买上趋向于选择经济实惠的替代品,使得居民在收入不变的条件下消费层次和消费水平总体降低。另一方面,通货膨胀通过影响居民收入而对居民消费产生间接影响。通货膨胀意味着物价上涨,人们日常生活消费支出增加,从收入角度而言,意味着居民实际可支配收入减少,居民购买力下降,会削弱居民的消费能力和消费信心。因此,通货膨胀在一定程度上会削弱居民的消费欲望,影响到居民消费结构改善以及消费层次提高,对刺激和扩大消费、促进经济发展较为不利。

（二）国民收入分配

从凯恩斯的绝对收入假说,到新古典综合派莫迪利安尼的生命周期假说,到货币主义学派弗里德曼的持久收入假说,以及西方非主流经济学领域杜森贝利的相对收入假说,西方经济学者基于经典消费函数理论从不同视角证明了收入是影响消费的决定性因素。

根据马克思主义消费经济学理论,收入分配制度是决定社会消费力的重要因素。一个国家的国民收入分配,包括初次收入分配和再次收入分配,直接决定了居民收入水平的高低和居民消费能力的大小。国民收入初次分配,是指生产活动创造的最终价值在生产要素所有者和政府之间的分配。市场经济主体分为居民、企业和政府三大部门,国民收入的初次分配主要在三大部门间进行分配,居民部门分配所得大部分用于消费,企业部门分配所得大部分用于投资,政府部门分配所得则既有政府公共支出也有政府投资。一般来说,衡量一个国家国民收入在初次分配中是否公平的重要指标是分配率,也就是居民部门的劳动报酬总额占收入法国内生产总值的比重。劳动者报酬份额占国内生产总值的比重越高,就表示国民收入的初次分配越公平。国民收入的分配一般要兼顾效率与公平的原则,市场经济体制健全的发达国家即使收入初次分配因为注重效率差距较大,但仍然能保持较高的居民消费水平,就是因为国民收入再分配制度通过向居民增加政府的转移性支付、健全社会保障体系等发挥了很好的调节作用,能够有力保障居民的可支配收入水平得到稳步提升。

除了国民收入分配制度,收入分配不均也成为影响居民消费水平的重要因素。基尼系数是衡量一个国家或地区居民收入差距的常用指标,指全部居民收入中,用于进行不平均分配的那部分收入所占的比例。基尼系数值介于0—1之间,越趋向于0,表明收入分配差距越小;越趋向于1,表明收入分配差距越大。由于国民收入分配格局还不尽合理,收入分配的差距,广泛存在于城镇和农村,不同的地区、不同行业和个体之间也存在较大收入差距,并且收入差距显示出进一步拉大的趋势,所有居民作为社会成员还不能普惠均等地享受经济发展的成果。一方面,随着居民收入分配差距的扩大,社会财富集中到小部分人手中,而且这部分人由于财产性收入为主,投资渠道多,收入增长速度越来越快。而由于边际消费倾向递减规律,这小部分高收入阶层的收入继续增长,但是消费倾向反而会进一步下降。另一方面,大部分底层居民为了生存只能将大部分收入用于生活支出,他们的边际消费倾向较高,但是由于收入水平和消费能力的限制,只能购买价格相对偏低的服务和商品,消费水平和结构提升的空间有限。因此,收入分配不均已经成为制约居民消费规模扩大和消费结构升级的重要因素之一,未来需要进一步加强收入分配制度改革,注重提高中低收入群体的收入水平。

长期以来,中国坚持“初次分配注重效率,二次分配注重公平”的分配原则,由于在国民收入初次分配中比较侧重于企业和政府,导致居民部门收入分配不足,表现为劳动者报酬占国内生产总值的比重不断降低,成为引起居民消费需求不振的重要原因。同时,中国的基尼系数长期大于 0.4,按照国际标准属于收入差距较大行列,而城乡二元结构又进一步扩大了城乡居民的收入差距,影响了整体居民消费水平提高。加快收入分配制度改革,重点是要增加居民收入在国民收入初次分配中的比重,保障居民收入与地区生产总值同步增长;还需要切实提高居民可支配收入,通过收入再次分配完善医疗、养老、教育、住房等社会保障体系,加强向中低收入群体的转移性支付,增加居民实际消费能力。

（三）社会保障支出

社会保障支出是政府为保障居民基本生活权利提供的公共产品,作用在于保障全社会成员基本生存与生活需要。一个国家的社会保障支出即政府在医疗、教育、养老等社会保障方面的民生性财政支出,是影响居民消费和储蓄的重要因素。社会保障制度对居民消费的影响,主要通过对居民储蓄的替代效应和引致效应两个效应来实现。

一个国家的社会保障制度完善与否,直接影响到居民对于未来收入的预期,社会保障制度在一定程度上起到了调节社会收入分配的作用。根据预防性储蓄假说,消费者具有风险厌恶特征,会希望通过增加储蓄来应对未来有可能面临的不确定性风险。社会保障制度对于居民消费和储蓄的调节效应,主要通过两个方面来体现:一是社会保障对居民储蓄的替代效应,当一个国家社会保障制度相对稳定健全时,居民在享受政府养老、医疗方面的保障预期较为稳定,对未来的不确定性预期减少,此时社会保障主要发挥替代居民储蓄的作用,居民消费率会提高。二是社会保障对居民储蓄的引致效应,当社会保障制度水平较低时,居民对于养老、医疗支出方面的不确定性冲击加强,引致居民预防性储蓄增加而消费支出减少,此时社会保障对居民消费主要表现为抑制效应。因此,消费者消费水平受社会保障支出的影响是不确定的,这由社会保障支出对居民储蓄产生的替代效应和引致效应两者之间的差距决定。当社会保障水平较高,社会保障支出的效应体现为替代效应大于引致效应,社会保障支出的增加会提升居民消费率;反之,当社会保障水平较低,社会保障支出的效应主要体现为引致效应,导致居民消费率降低。

　　一般来说,一个国家的社会保障制度体系越发达,有利于减少居民预防性储蓄提高居民消费率。但是社会保障的保费由企业和个人共同承担,又给企业和个人造成了经济负担。目前各地规定的职工养老保险、医疗保险、失业保险、生育保险等社会保险占工资总额的综合比例,大都接近甚至超过40%。虽然在这40%左右的比例中,职工只支付了约11%,剩余的由企业支付,但是企业支付的部分会间接由职工买单,转化成职工税前工资的下降,进一步减少居民当期的可支配收入,从而影响居民的当期消费水平。因此,社会保障制度一方面使得老年人增加长期养老收入减少后顾之忧消费倾向提高,另一方面又因为造成企业及个人的缴费负担而使居民实际可支配收入减少,即期消费能力降低。因此社会保障制度对居民消费的影响有正向的也有负向的,有长期的也有短期的,总体作用机制较为复杂。

　　2000年以来,我国社会保障支出总额及其占财政支出占 GDP 的比重不断增长,表明我国社会保障制度不断完善。但我国社会保障水平与发达国家之间仍有一定的差距,社会保障体系总体仍处于不完善的阶段。同时,我国现行的养老保险制度存在着城乡间、地域间和群体间的严重分割。此外,由于城乡二元结构的存在,相比城镇地区,农村养老保险体系更是问题众多,目前仍有大量的农村人口未被覆盖到现有的各类养老保险制度之中。因此,当前社会保障制度的不完善,尤其是农村部分地区社会保障制度的缺失,在一定程度上导致了居民储蓄倾向提升进而居民消费率较低。

（四）地理空间差异

中国地域广阔,人口年龄结构、自然资源禀赋、经济发展水平、社会文化环境等在城乡之间、地区之间的发展各不相同。人口老龄化在城乡之间、地区之间的异质性分布,与城乡之间、地区之间经济、文化、社会等诸多因素的异同叠加,造成了人口老龄化对居民消费的影响由于城乡、地区的差别而显示出异质性。

有学者基于对全球人口老龄化与居民消费的关系进行研究发现,一般来说,一个国家的人口老龄化程度与经济发展水平成正相关,经济越发达,老龄化程度越高,相应的居民消费率越高。就全球范围而言,人口老龄化程度和居民消费率双高的地区主要分布在欧洲、美国和日本等经济发达国家和地区。中国拥有世界排名第一的人口总量和世界排名第四的国土面积,由于人口总数较多,国土面积辽阔,从东部到西部,从南部到北部,人口结构、人口密度、经济发展水平、城镇化进程、产业结构、政策环境、居民收入情况和生活水平等都不一样,存在明显的地域特征。根据国家统计局的划分,把31个省、自治区和直辖市划分为东、中、西、东北四个地区,不同地区发展在自然条件、历史基础、经济发展、社会环境等方面都显示出空间分布不均衡特征,是长期以来各个地区基于先天自然资源禀赋与后天城市、经济、社会、环境相互交织不断演化的结果。中国的东、中、西、东北四大地区之间也存在人口老龄化、经济发展和城市化进程梯度分布的格局,中国各大地区之间人口老龄化对居民消费率的作用,由于区域之间独特的空间集聚特征和历史文化因素,呈现出自己的规律特征。

刘易斯提出二元结构理论,发现发展中国家农业经济体系和城市现代工业体系两种体系长期并存,且城乡之间在就业机会、生产效率、居民收入等方面存在较为明显的差距,而随着农村农业人口逐渐向城市转移,会促进居民消费需求扩大。大部分专家学者研究认为,城镇化水平的提升和消费率的提升为正相关作用。但是考虑到城乡收入差距因素,城镇和农村居民消费水平和消费倾向表现不同。长期以来,由于经济体制、户籍制度、发展阶段等因素,导致了中国的城乡二元结构。城乡二元的存在,使得城乡之间的资源和要素不能合理高效的流动和交换,公共资源和服务设施也存在严重不均衡,造成了城乡之间在经济发展、公共服务、社会保障、居民收入及生活水平之间的分裂,使得农村发展滞后,与城市的差距拉大。城乡之间的差距,首先表现为收入水平方面的差距。改革开放以来,城乡居民家庭人均可支配收入均在不断提高,但是二者之间的差距却在不断扩大。从居民收入占 GDP 比重来看,1978 年到 2018 年,城镇居民收入占 GDP 比重从 16.2% 增至 36.2%,农村居民收入占 GDP 比重却从 28.8% 降至 9.2%,在城镇居民收入占 GDP 比重稳步增加的同时,农村居民收入占 GDP 比重却在持续下降。收入决定消费,城乡居民收入差距是中国长期二元经济发展过程的产物,也决定了城乡居民在人口老龄化社会背景下消费水平和消费倾向存在差别。

第二节　人口老龄化影响居民消费率的作用机理

人口老龄化分为总体老龄化和个体老龄化,主要通过宏观、微观两种机制来影响居民消费。宏观层面,主要通过影响社会总产出、国民收入分配比例来对社会总体消费水平产生影响;微观层面,则是基于生命周期理论和预防储蓄理论,通过对家庭和个人的收入效应和储蓄效应对居民家庭和个人消费产生影响。

一、 宏观层面分析

从宏观层面来看,人口老龄化对居民消费率的影响,作用路径主要包括两个方面:一是降低了劳动年龄人口占比和社会创新能力,使得社会总产出长期趋于下降;二是改变了国民收入分配比例,使得社会消费基金增加而积累基金减少。这两者都会对经济长期发展形成不利影响,进而进一步影响居民消费水平的提升。

(一) 人口老龄化通过影响社会总产出进而影响居民消费率

人口老龄化程度的增加,体现为伴随社会老年人口占比的上升,劳动年龄人口的占比趋于下降,劳动力年龄结构偏大,劳动生产率下降,社会创新能力下降,这将对社会总产出和经济长远发展形成不利影响,从而不利于居民消费率的整体提升。

人口老龄化最直接的后果,就是在社会老年人口占比上升的同时,导致劳动年龄人口占比下降,使得社会劳动力数量不足,这将直接造成社会总产出和人均产出水平的长期下降,从而制约社会整体消费水平的提升。劳动作为进行社会生产最重要的要素之一,在社会生产过程中,劳动要素的投入数量多少,与经济产出水平具有紧密的联系。劳动年龄人口充足,对于仍处于工业化进程中的发展中国家,在促进经济增长和增加人均产出方面具有重要意义。因此,劳动力数量充足一般被称为"人口红利"。中国和印度近年来经济快速发展,就与充足的劳动力资源具有紧密关系。但随着人口老龄化社会的到来,人口红利将趋于消失。这是因为,一方面,人口老龄化使得社会整体年龄结构偏老化,劳动力年龄人口占比趋于下降,劳动力数量也随之减少,另一方面,社会老年扶养负担加重,劳动人口除了本职工作,还要分出一部分时间和精力用于照顾老人,使得有效参与社会劳动的时间减少。因此,人口老龄化会带来劳动年龄人口占比下降和数量减少,以及降低劳动年龄人口的社会劳动参与程度,这将使得社会总产出和人均产出水平下降,从而对消费的长远发展形成抑制效应。

人口老龄化不仅会导致参与社会生产的劳动力数量不足,还会制约劳动生产效率和社会创新能力的提高,也会在一定程度上影响社会总产出水平的增长,从而对消费增长形成约束。人口老龄化社会的到来,代表一个国家或地区从成年型社会迈进老年型社会,社会人口年龄结构从年轻转向老龄化。一般来说,人口老龄化社会的劳动人口年龄结构总体偏老,但是工作经验会相对丰富,在岗位上工作的时间越长,所积累的知识和经验也会越多,人力资本效应也会增强。根据内生增长理论,人口老龄化使得一个国家或地区的劳动年龄人口减少,人口红利趋于消失,但是能够在一定程度上增强人力资本积累效应,通过质量对数量的替换,从长期促进经济发展。但是从实践来看,和年轻人相比,老年人学习新知识新技术的热情和能力下降,会在较大程度上影响全要素生产率的提高,人口老龄化也不一定能够真正促进劳动生产率的上升和人力资本积累效应的释放,总体上不利于高端智能产业和科技创新产业的发展。但从另一个角度来看,人口老龄化又会倒逼企业加快创新转型,加强新技术研发和创新智能技术的应用,通过技术创新促进劳动生产率提高。总体来说,人口老龄化不利于社会劳动生产率提高和技术创新水平的提升,会对经济增长和社会总产出形成不利影响,从而对居民消费形成不利的传导效应。

(二)人口老龄化通过改变国民收入分配比例影响居民消费率

伴随人口老龄化程度的增加,社会总抚养负担加重,国民收入中所分配的社会消费基金增加,会改变国民收入中用于消费和投资(储蓄)的分配比例,进而对经济发展形成长期不利影响,进一步制约社会整体消费水平的长期提升。

根据马克思主义消费经济学原理,社会总产品可以划分为生产资料和消费资料两大部类,两大部类内部各个产业部门之间和两大部类之间需要保持一定的比例关系,社会再生产才能顺利进行。只有充分重视两大部类的比例协调,才能进一步实现生产和消费的统一,促进社会再生产规模扩大和社会总体消费提升的有机统一。相应地,一个国家国民收入的最终分配,只有维持居民正常生活的消费基金和用于社会再生产的积累基金两者保持合理的比例,才能促进社会经济的长远发展,衡量居民生活福利的社会消费水平才能够得到长久提升。刘方棫(1982)提出,合理的消费水平要有数量界限,最低界限要以不低于消费者自然生理需要、不低于劳动力再生产需要、保证消费水平逐年有所提高为条件,最高界限则要求国民收入中消费基金和积累基金保持合理的比例关系,消费基金的高限要保证积累基金的最低需要,包括同步考虑生产性积累和非生产性积累的最低需要。

人口老龄化的发展,老年扶养负担的加重,意味着国民收入中用于养老医疗、文化休闲等方面的非生产性消费支出增加,这类消费均不具有投资性质,不会引起产出增加,而是会增加整个社会的消费基金。在国民收入保持一定水平的时候,社会消费基金占比增大,意味着社会的积累基金减少,会对私人部门的储蓄产生挤出效应,国民收入中的储蓄份额比例降低。根据宏观经济学中的均衡理论,储蓄和投资二者是相互对应的,储蓄减少,意味着投资也会减少,长期来看会导致整个社会国民收入中的生产性投资和公共投资的比例下降。因此,人口老龄化会改变国民收入中消费和储蓄(投资)的分配比例,从长期来看会导致国民收入中消费部门的基金增加,而生产部门(投资部门)的基金减少,会在一定程度上影响社会总产出的增长水平以及人均国民收入的增长速度,对社会整体消费水平的提升形成抑制作用。

综上所述,提出如下理论假设:

假设 1:从宏观层面来看,人口老龄化对居民消费率具有负向抑制效应。

就社会总体而言,人口老龄化程度加深,长期来看会减少社会总产出,减少国民收入分配基金中的积累基金比例,这些都不利于经济长远发展和居民收入水平提升,从而进一步传导到居民消费端,对社会总体居民消费率形成抑制效应。

假设2:人口老龄化对居民消费率的影响效应,分城乡和分区域会呈现异质性。

城镇和农村,东部、中部和西部在经济发展、居民收入、社会保障、流通设施等方面都发展程度不一致,因而人口老龄化对居民消费的影响在空间分布上会由于城乡和地域差异而有所不同。

二、 微观层面分析

人口老龄化除了从宏观层面上影响整个社会的居民消费水平,还会从微观层面影响家庭和个人的消费水平,主要通过收入效应和储蓄效应两个路径作用于居民消费。

(一)人口老龄化通过收入效应影响居民消费

从微观层面,人口老龄化的收入效应,主要是指老年人由于年龄增长逐步退出劳动岗位以后,个人工资性收入大幅减少,进一步导致家庭总收入减少。而根据生命周期理论,人在收入低时消费倾向会提高,因此人口老龄化的收入效应会使得老年个体及其家庭消费倾向趋于上升。

对于老年人个人来说,大部分老年人在到达一定年龄以后,会因为主动或被动的原因离开年轻时一直从事的工作岗位,原有的工资收入会随之大幅减少。对于大部分城镇企业职工,在退休之后主要依靠政府发放的养老金生活,根据不同的单位和企业性质,退休职工养老金相对于以前的工资替代率大概在40%—80%之间,基本上都面临不同程度的收入缩水。欧美、日本等一些发达国家和地区也同样面临着人口老龄化问题,甚至把退休年龄延迟到70岁以上。虽然中国已经出台了延迟退休政策,但是当前大部分职工还是60岁到龄退休。因此对于退休以后的企业职工而言，由于收入减少而造成的消费影响效应会较为明显。而对于以种地为生的农村居民或者进城务工的农民工而言，他们一般年轻时靠体力赚取收入，在年老时由于身体原因不能再获得劳动性收入，因此收入锐减效应对于农村老年人口而言会更为明显。

根据人口学的定义，一般把60—69岁、70—79岁、80岁以上三个年龄阶段的老年人口分别定义为低龄老年人口、中龄老年人口、高龄老年人口。具体来看，围绕老年人口在不同的老龄阶段，收入效应对消费的影响又有所不同。在低龄老年阶段，低龄老年人身体仍然相对健康，具有工作能力，即使退休也有部分人会通过再就业继续参加工作获得额外收入，这部分收入能够部分或基本抵消退休金与原来工作收入之间的差距。所以人口老龄化通过收入效应对低龄老年人口的消费影响可能并不明显。而从中龄老人和高龄老人来看，70岁以上的老年人口基本上都丧失了工作能力，以退休金作为主要养老收入来源，收入较之前锐减，因此人口老龄化的收入效应对消费的影响会更多地通过中龄和高龄老年人得到体现。根据生命周期理论，人在收入低时消费倾向高，因此老年人由于收入降幅明显，一方面消费水平下降，另一方面消费倾向提高。

中国的传统文化决定了居家养老、代际传承仍然是中国家庭的主要模式，因此人口老龄化通过收入效应对居民消费产生影响，不仅作用于老年人本身，还会对家庭消费产生影响。除了失独、丁克家庭之外，社会上大多数老年人作为家庭的一分子，他们的收入水平变动，与家庭总的收入水平直接相关，即使部分老人不和子女一起居住，也会因为代际效应与子女之间发生经济往来，从而进一步影响家庭的消费水平。如前面所述，大部分低龄老人会继续通过再就业维持退休前的收入不变甚至更高，即使部分老年人退休或者年老以后不再参加社会工作，也大部分承担了照顾子女小家庭、抚育孙辈的任务，他们的劳动付出虽然不具有实际报酬，但是变相地减少了家庭服务支出，而且让子女有更多的时间和精力投入工作获得更多升职加薪机会，也是从侧面提高了家庭的实际收入水平和消费能力。因此可以认为,低龄老人通过收入效应对家庭消费的影响并不明显。而在有中、高龄老人的家庭中,老人年龄增大彻底退出劳动岗位收入减少,一方面代表家庭劳动力数量减少家庭总体收入减少,另外一方面家庭抚养负担上升,子女不仅经济负担加重,还要分出部分时间和精力照顾老人,不利于工作职务晋升和薪酬增加,这时收入效应对家庭消费的影响主要体现为家庭老年成员的存在使得家庭收入减少,而家庭赡养老人的消费支出负担加重,因而总体家庭消费倾向会提高。

(二)人口老龄化通过储蓄效应影响居民消费

根据预防储蓄理论和家庭储蓄理论对生命周期理论的修正,从实践来看,并不是所有人都根据终生收入进行人生各个阶段的平滑消费,等到生命死亡时正好花光所有积蓄,而是会因为子女数量、遗赠动机、谨慎动机等让老年人进行相应的储蓄,从而对老年个体及其家庭产生储蓄效应,进而对老年家庭消费支出形成抑制效应。

根据预防储蓄理论,人们为了预防未来可能面临的不确定性风险,会提前储蓄做好应对准备。由于中国的传统文化影响,中国的老年人大多具有节俭、谨慎的特性,这些都会反映到老年人的储蓄—消费行为决策中。一方面,受传统思想的影响,中国的老年人大部分谨慎保守,尤其是随着预期寿命不断延长,即使已经有可以预期的退休金收入,仍然倾向于对自己未来的老年生活储蓄足够的资金,以应对老龄以后大幅增长的医疗护理支出,以及其他各种不确定性支出,所以预防动机和谨慎动机会使老年人倾向于增加储蓄减少当期消费,以防范未来的不确定风险。除了谨慎动机,遗赠动机也是中国老年人进行储蓄的主要因素。中国的老年人大部分倾向于将自己的部分财产遗留给下一代,而高房价背景下甚至部分老人省吃俭用将节省下来的钱储蓄起来给孩子买房子,所以遗赠动机也会使老年人倾向于增加储蓄减少消费。此外,根据家庭储蓄需求假说,由于财富可以在父母和孩子之间进行代际转移,父母倾向于把孩子作为养老储蓄的替代物。所以,一方面,父母在年轻的时候为了抚育子女进行相应的消费支出而减少储蓄,另外一方面,等到父母年老了,由于有子女的照顾和接济,他们应对老年生活不确定性冲击的能力增强,预防性储蓄动机减弱,储蓄效应对老年人的消费抑制作用也会减小。

　　人口老龄化导致的储蓄效应,不仅反映在老年人个体身上,也反映在承担了老年扶养负担的家庭层面。正如家庭储蓄理论中养儿防老的现实需要,老年人会因为有成年子女而减少预防性储蓄需要,而作为家里有老年人的其他家庭成员,尤其是作为成年子女的年轻家庭成员,他们会更多地考虑家庭养老负担的储蓄需要,会为了家庭中老年人未来的养老需要或者不确定支出,进行提前储蓄而减少当期消费。所以根据家庭储蓄理论,有子女的老年人会减少储蓄需要,其实是间接转移给了需要承担扶养老人任务的其他家庭成员尤其是老年人直系年轻子女身上。而且由于老龄化和少子化通常并存的特征,现在的家庭结构经常存在一或两个小孩、一对年轻夫妇、四个老人的家庭成员组成模式,这使得年轻人的家庭抚养负担加重。因此,对于有高龄老年成员或多个老年成员的家庭,基于可以预见的未来抚养负担,家庭年轻成员会提前做好储蓄规划适当减少当期消费,养老负担造成的储蓄效应对家庭消费的影响明显为负。当然,由于大部分老年人都会或多或少留一些遗产给后代,如果年轻子女对这一遗产收入形成预期,也会一并考虑对当前的储蓄和消费进行平衡。而随着社会整体老年人养老金水平逐步提升和医疗保障制度更趋完善,基于养老负担的家庭储蓄需求会相应减少,从而对家庭消费支出的影响也会减小。

　　综上所述,提出如下理论假设:

　　假设3:从微观层面来看,由于人口老龄化带来的收入效应和储蓄效应两者相互作用,人口老龄化对家庭消费率的影响效应方向是不确定的。[1]

　　综合人口老龄化带来的收入效应和储蓄效应,收入减少效应使得家庭消

---

[1]　本书微观层面的研究对象家庭,指至少含有一位60岁以上老年成员的家庭。

费倾向上升,而储蓄增加效应使得家庭消费倾向下降,因此对于包含老年成员的家庭来说,家庭消费率随着家庭人口老龄化程度的增加上升还是下降,最终由收入效应和储蓄效应两者的综合作用决定。

假设4:人口老龄化对家庭消费率的影响效应,由家庭中老年成员和非老年成员共同引起。

在含有老年成员的家庭消费决策中,不仅包含老年成员本身的消费行为,还包括家庭中非老年成员尤其是老年人子女的为老消费行为,因此人口老龄化对家庭消费率的影响由家庭中老年成员和非老年成员共同作用形成。

第三节　人口老龄化影响居民消费结构的作用机理

人口老龄化对居民消费结构的影响,主要通过宏观、微观两个层面来产生作用。宏观层面,人口老龄化主要通过需求端倒逼老年消费市场供给侧改革,通过老年产业发展及产业结构调整来影响整个社会的居民消费需求结构;微观层面,由于老年人个体在生理和心理机能方面发生变化,以及老年人消费惯性持续、社会角色转换等方面的变化,从而对老年个体及其家庭的消费结构产生影响。

一、宏观层面分析

人口老龄化从宏观层面对居民消费结构产生影响,主要是通过老年消费市场的发展倒逼老年产业的发展,进一步通过产业结构变革带动消费结构升级,从而通过供给侧的改革刺激需求端的消费潜力释放。

产业结构与消费结构是经济学中的两个基本范畴,二者相互联系、相互作用。产业结构是指国民经济中三大产业的占比,消费结构即各类消费支出在总消费支出中所占的比重。产业结构的变动与消费结构的变动紧密相关,产业结构伴随着消费需求的提升而逐渐发生改变,而产业结构转型升级也促使中国消费结构不断升级。居民消费偏好从传统物质消费向精神文化消费的跃迁,即是产业发展与消费之间紧密联系的表现。

　　根据新西兰经济学家费歇尔提出的三次产业分类法来看,产业结构包含第一产业、第二产业和第三产业。第一产业发展为居民提供了良好物质基础,第二产业发展为居民提供了工作岗位和工业消费品,第三产业发展则增强了人们对精神文化方面的消费需求,这正是产业与消费紧密联系的体现。改革开放以来,中国产业结构很长一段时间都是第二产业占主导地位,被称为“世界工厂”,是全球加工制造业大国,也在驱动居民消费结构升级,丰富工业消费品种类,提升居民生活质量方面作出了重大贡献。随着经济社会发展阶段变化以及第三产业的快速发展,居民生活质量大为提高,对美好生活的需求更加强烈,越来越青睐于服务型、体验型消费以及精神文化享受型消费,相应地,也对第三产业的发展提出了更多要求。2018 年,中国一、二、三产业的增加值占GDP 比重分别为 7.2%、40.7%、52.2%,第三产业加快发展,整体产业结构继续转型升级,对居民的消费内容和消费模式产生了重要影响,在一定程度上满足了居民服务消费需求和精神文化消费需求的增长,也反映了中国产业结构变动与消费市场需求变动的同步共振规律。

　　当前,欧洲、美国和日本等世界上人口老龄化程度较高的发达国家和地区,都拥有较为发达的老年产业体系,老年消费市场商品和服务供给充足,老年消费市场活力旺盛。从中国来看,目前仍处于从人口老龄化社会向深度老龄化社会转型的过渡阶段,老年产业发展仍处在起步阶段,老年消费市场还是一片“蓝海”。老年群体有自己独特的消费习惯和爱好,老年人口对商品和服务的特殊需求,将通过消费市场的“信号器”进一步传导到老年商品市场上游的供应商和生产商,带动社会投资决策向老年产业倾斜,从而进一步影响整个产业结构的调整。当一个社会人口老龄化程度持续加深的时候,以老年人消费需求为导向的产业结构将发生重要变化,老年医疗与生活服务行业、老年养老与健康产业、老年食品与日用品行业、老年房地产行业、老年旅游与娱乐行业、老年教育行业等迎合老年人消费偏好和消费需求的老年产业将加快发展,从而使产业结构与社会需求结构更加匹配,进一步通过供给侧的变革影响需求端的居民消费结构,使得老年人口能够更加方便、快捷地购买到他们所需要的商品和服务,更好地促进老年消费市场的快速发展,刺激"银发经济"潜力进一步释放。

综上所述,提出如下理论假设:

假设5:从宏观层面来看,人口老龄化会引起居民消费结构变化。

根据人口社会学中的"队列效应"和"年龄效应",不同年龄的人所偏好的消费结构不同。随着社会产业结构调整和老年产业发展,人口老龄化将引起居民消费结构发生变化。

假设6:人口老龄化对居民消费结构的影响效应,分城镇和农村来看具有差异性。

由于城乡二元结构的存在,城镇和农村居民在消费能力、消费偏好、消费习性、消费渠道等方面都存在较大差别,因此城镇和农村人口老龄化对居民消费结构的影响方面也存在差异。

二、 微观层面分析

老年人在生理、心理方面的特性,决定了老年人与其他年龄群体会显示不同的消费需求偏好。另外,老年人长期以来的消费惯性,以及退休以后的社会角色转换,都会使他的消费需求发生变化。与发达国家不同,中国的老年人仍然是以居家养老模式为主。所以人口老龄化带来的居民消费结构变化,不仅体现在老年人本身,还会对包含老年家庭成员的家庭的消费结构产生一定的影响。

（一）老年人基于消费惯性具有特定消费偏好

老年人从少年到中年到老年,在长期的生活过程中,形成了相对稳定的消费偏好和消费习惯,这样的消费惯性不会轻易发生变化,甚至伴随老年人一生,从而对老年个体乃至其家庭的消费结构产生影响。目前社会上 60—70 岁的老年人都是出生于 20 世纪 50 年代,70 岁以上的老年人甚至基本都出生于新中国成立之前,这些人在经济发展落后、物质较为欠缺的年代逐渐度过了少年时代,给未来的人生打下了深刻的烙印,即使亲历和见证了改革开放以来中国经济的发展浪潮,个人的收入水平和消费能力得到较大提高,仍然会保持相对节俭的消费习惯。他们钟爱于物美价廉、实用性强的商品,习惯性选择自己经常购买的商品和品牌,对商品的选择以方便、实惠为主,很少产生冲动性购买行为,一般的商品广告宣传对他们不会产生太大的影响,新商品和新服务也很难吸引他们产生购买愿望。而且由于年纪大了不再参加工作,他们有足够的时间通过不同的渠道对商品价格进行比较,然后再选择性价比最高的一款。另外,由于部分老人与子女一起居住,基本上日常生活用品、食物都是由老人进行购买,也会一定程度上影响居民家庭的消费结构。所以,从老年人消费惯性及其对微观老年个体及所在家庭产生影响的角度,家庭中老年人数量增加或者年龄结构偏老,不利于居民消费水平的提高和消费结构的升级。

（二）老年人生理机能变化引起消费结构变化

伴随年龄的增长,老年人的生理机能会发生老化,体现为身体的新陈代谢功能减慢、消化吸收能力变弱、运动功能下降,身体健康状况也因此容易出问题。老年人的生理变化会相应地引起其消费结构发生变化。比如,老年人运动量减少和消化能力下降,导致他们对食物的需求量下降,而因为老年人相对来说牙齿不好咀嚼能力变差,以及对生活质量的追求,还对食物结构及烹饪方法也提出特殊需求,一般会选择更为精致、品质更高的食品。因此,虽然老年人的食品需求量减少,但是食品内部的支出结构发生变化,食品支出费用可能因为老年人对食品的要求提高反而会增加。另外,老年人的运动能力下降,与运动相关的配套用品支出下降,但是老年人静下来的时间增加,可能相应的文化娱乐费用会增加。此外,老年人随着年纪增加而身体健康状况趋于变差,对养老医疗、保健护理方面的消费需求会急剧上升。尤其是随着人均预期寿命的延长,高龄老年人占比增加,高龄老年人相对来说身体健康水平更差,甚至在生活自理方面也逐渐没法做到,对生活照料、老年护理方面的依赖性消费需求增大。因此,随着老年人年纪增大及其生理机能出现变化,老年人对商品和服务的偏好及要求会发生改变,相应地也会由此导致老年人及其家庭消费结构发生变化。

(三) 老年人心理机能变化引起消费结构变化

老年人伴随年纪增大,不仅生理机能发生变化,心理机能也会发生变化,从而引起消费偏好发生变化,主要表现为老年人由于消费补偿心理和利他主义消费特性而引起的消费结构变化。

补偿性消费心理是老年人基于当前与过去的经济条件相比较,对过往消费经历中的缺憾希望进行弥补的一种心理。当前社会上 60 岁以上的老人多出生于 20 世纪 50 年代甚至新中国成立以前,大部分人在年轻的时候经济生活并不富裕。这一代老年人大多见证了改革开放以来中国市场经济的繁荣发展,以及物资供给从稀缺到富足的转变,并且有机会接受良好的素质教育,等到年纪增大经济条件好转的时候,原有的消费理念相应发生变化,也会引起居民消费结构的变化。一些家庭经济水平较高的老年人,会不自觉将现在的消费水平与过去的经历将比较,对于过去由于经济条件限制或者物资供给限制而未能实现的消费愿望,出于消费补偿性心理,会在有经济能力时尽量弥补以往消费经历中的缺憾和不足。比如玩具本来是儿童的专用商品,但是人到老年童心回归也会产生对玩具的需要,尤其是一些幼年时没有条件购买玩具的老年人,对老年玩具更会产生一种补偿性需要,这为消费市场提供了一片新的"蓝海"。西方一些发达国家老年文化娱乐产业发达,兼具娱乐和运动功能的老年人玩具成为一种重要的老年商品。另外,这一代老年人在年轻的时候大多经历了上有老、下有小,省吃俭用供养家庭的重任,等到儿女独立,家庭经济条件好转,也倾向于进行文化娱乐、旅游休闲等方面的一些消费尝试,以对自己过往岁月的辛苦付出进行补偿。

利他主义消费行为,是消费者作为消费个体,基于某种社会责任或义务,而做出的不以自身利益为中心,而以对群体有利为前提的一种消费行为。老年人的利他性消费行为,更多的是基于家庭血缘关系,对子女后代在经济方面的支持,说明老年人的消费效用并不只是以自己为中心,还可以通过为子女消费来获得满足。社会上经常有"啃老""傍老"现象被报道出来,一方面是指责成年子女对父母的依赖,而从另一个角度来看,其实就是老年人作为父母基于血缘关系对成年子女的一种"利他主义"消费行为。受传统文化的影响,中国人的家庭观念根深蒂固,这种家庭观念使得老年人在进行消费决策时,不仅只考虑自己的消费需要,还要兼顾子女后代以及家庭整体的消费需求,甚至有时候会为了家庭消费需要而适当牺牲自己的消费需要。即使已经与成年子女分离居住,大部分老年人还是会出于利他主义的消费动机,为子女甚至孙辈的消费需要去买单,尤其是当子女面临住房、教育等这种大额支出的不确定性时,老年人会愿意用自己的储蓄对子女进行资金支持,表现为老年人自身消费对家庭消费的转移,牺牲自己的消费需要满足家庭的某些特定需要,从而对居民消费结构产生更为复杂的影响。

(四) 老年人社会角色变化引起消费结构变化

一般来说,老年人进入 60 岁或 65 岁以后,从原来的工作岗位退出,会因为社会角色转换而引起消费结构变化,之前由于工作关系和社会交往所需的体面消费和商务应酬消费会减少,转而更多关注自身及其家庭的消费需求。比如老年人退休以后在衣服着装上不用再因为注重商务形象而购买价格较贵的商务套装,而更加注重服装的性价比和舒适度。另外,老年人退休以后,在上班出勤、商务差旅方面的交通费也会明显减少,甚至很多大城市对于70岁以上老人发放老年交通卡实行公交、地铁等公共交通免费,会体现为老年人的交通费明显减少。而且,老年人退休以后,在手机等智能电子产品的选择上少了社会交往的体面需要和炫耀性需要,会倾向于选择性价比高的电子产品。此外,老年人退休以后,由于自我提升要求下降,花费在继续教育及个人培训方面的支出会显著减少。但是,老年人由于相对来说在经济上和时间上较为宽裕,部分老年人会选择外出旅行,又会一定程度上增加他们的交通费用。此外,老年人到一定年纪以后,会从注重自我回归家庭,消费支出会从自我需求转向家庭需求,因此他们的消费结构也会发生变化,尤其是如果混合居住几代同堂的大家庭,老年人的消费结构会从母婴产品到家居用品到老年商品,商品和服务选择体现出的年龄跨度会比较大。因此,老年人由于从工作岗位退休,从岗位回归家庭,社会角色发生变化会带来消费结构相应的变化。

(五) 年轻子女为老消费引起消费结构变化

利他主义的消费行为,不仅体现为老年人对子女在大件购买上的直接经济支持或者日常消费支出补助,也同样体现为子女为孝顺父母进行的消费支出方面,子女的为老消费和老年人本身的消费特性交织,使得人口老龄化对有老年成员的家庭消费结构的作用更加复杂。比如,老年人本身由于生理机能退化和社会角色转换,对食品、服装的消费需求可能会减少。但是年轻子女出于孝顺心理和补偿心理,可能会为父母购买品质更高、价格更贵的食品和服装,从而使得家庭食品、服装消费倾向提升。另外,一般来说,老年人到一定年纪退休以后出勤通行费、通信费会由于工作需要减少而大幅下降,但是随着现代子女更多倾向于为父母购买智能手机等智能通信产品,以及带父母出门旅行并承担相应的火车票、机票费用,也可能会使得子女与父母共住的家庭消费结构与纯老年人消费结构表现出不一样的特征。此外,一般来说,老年人的文化娱乐消费倾向会增加,但如果年轻子女为了承担养老负担加大储蓄,则可能减少家庭旅行等大额支出,反映到老年家庭消费结构里面则教育文化娱乐支出占比反而可能下降。

综合以上分析,提出如下假设:

假设7:从微观层面来看,人口老龄化会影响家庭消费结构发生变化。

老年人基于生理、心理机能以及社会角色转换,商品消费偏好会发生变化。加之老年人的子女为老消费行为,两者共同作用使得人口老龄化对居民家庭消费结构产生影响。

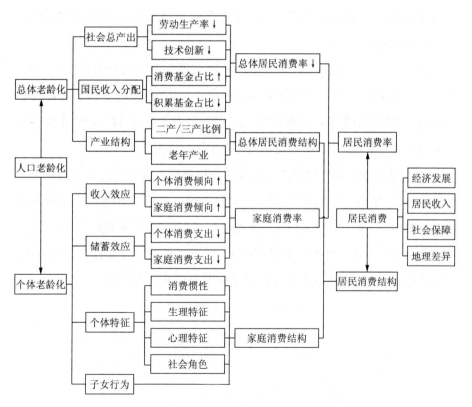

图 3-1　人口老龄化影响居民消费的作用机理

本 章 小 结

本章从生命周期假说、预防性储蓄假说、家庭储蓄假说等消费函数理论出发,结合马斯洛需求层次理论以及人口社会学的年龄效应和队列效应理论,重点剖析了人口老龄化对居民消费的影响及作用机理,认为人口老龄化对居民消费的影响包括对居民消费率的影响和对居民消费结构的影响,通过宏观和微观两个层面产生作用。

第一,人口老龄化对居民消费产生影响,主要体现在人口老龄化对居民消费率的影响和对居民消费结构的影响两个方面。人口老龄化对居民消费的影响,受到经济发展水平、国民收入分配、社会保障支出、城乡区域差异等因素的制约,由于这些因素的差异,使得人口老龄化对不同区域、不同群体的消费影响效应及作用不同。

第二,人口老龄化对居民消费率的作用机理分为宏观和微观两个层面。从宏观层面来看,人口老龄化主要通过影响社会总产出和国民收入分配比例对社会总体居民消费率形成抑制效应;从微观层面来看,人口老龄化主要通过收入效应和储蓄效应对老年家庭消费率产生综合作用。

第三,人口老龄化对居民消费结构的作用机理也分为宏观和微观两个层面。从宏观层面来看,人口老龄化主要通过倒逼产业结构调整,加强老年消费市场供给端改革来对社会总体居民消费结构产生影响;从微观层面来看,人口老龄化主要通过老年个体的生理、心理机能变化,消费惯性和社会角色转换,以及年轻子女为老消费行为等,进一步影响家庭消费需求结构。

第四章

人口老龄化影响居民消费的实证分析——基于宏观数据

本章从宏观视角就人口老龄化对居民消费的影响进行实证研究。本章选取 2000—2017 年中国大陆除西藏以外的 30 个省、自治区、直辖市的省际面板数据,在构建人口老龄化对居民消费率和居民消费结构影响的理论模型的基础上,采用固定效应模型就人口老龄化对居民消费的影响进行多维度多角度实证回归,并在此基础上进行实证结果分析及比较。

本章第一节描述了模型的构建过程以及变量设定及其数据选择;第二节着重分析人口老龄化对居民消费率影响模型的回归结果,并从非线性回归、加入收入调整项、分区域、分时间阶段的角度进一步深入研究;第三节重点分析人口老龄化对城乡居民消费结构影响模型的回归结果,同样也从非线性回归、加入收入调整项等角度展开拓展研究;本章小结根据实证分结果整理得出本章主要结论。

第一节　变量设定和模型建立

一、理论模型设定

面板数据能够基于时间和空间两个维度提供样本信息,在宏观经济研究领域应用比较广泛。本节在前文理论分析的基础上,基于 2000—2017 年中国

30个省、自治区、直辖市的省际面板数据,从宏观角度选取相关变量从人口老龄化对居民消费率的影响和对居民消费结构的影响两个角度,分别构建人口老龄化影响居民消费的面板数据理论模型。

(一)人口老龄化影响居民消费率的模型设定

根据人口转变理论,人口老龄化是人口年龄结构转变的必然模式。一个社会的人口年龄结构,对于社会经济发展和居民总体消费水平具有较大的影响。当一个国家或地区人口老龄化程度增加,意味着社会老年人口数量增多,老年人口占比增加,这将对社会总体消费水平产生直接影响。人口老龄化社会的到来,从宏观层面对居民消费率的影响来看,一方面由于老年人口占比变大劳动力年龄人口占比减小,会通过影响劳动生产率和社会创新能力进而影响社会总产出和人均产出水平,另一方面老龄化社会纯消费人口的增多会使得国民收入分配中消费基金比例增大而积累基金比例减少,这些都会影响社会经济的长远持续发展,从而对总体居民消费率的提升形成不利影响。

基于此,人口老龄化影响居民消费率的基准模型设定如下:

$$cr_{it} = \alpha_0 + \alpha_1^* er_{it} + \gamma^* X_{it} + \lambda_i + \eta_t + \varepsilon_{it} \tag{4-1}$$

其中,cr 为被解释变量居民消费率,er 为核心解释变量老年人口占比,用于衡量社会人口老龄化程度。本书还进一步对城乡人口老龄化对居民消费率的影响开展实证研究,相应的,ucr 和 rcr 分别表示城镇居民消费率和农村居民消费率,uer 和 rer 分别表示城镇老年人口占比和农村老年人口占比。X 为控制变量,具体包括可能影响居民消费率的少儿人口占比(yr)、居民可支配收入对数($lninc$)、城乡人均纯收入比值(rai)、城镇化率(ur)、通胀率(inf)、利率(r)、工业总产值占 GDP 比重($indg$)、民生性财政支出占比($pblc$)等相关指标,ε_{it} 为随机扰动项。

基于人口转变理论,人口老龄化是一个渐变的、长期的进程,人口老龄化对居民消费率的影响可能存在非线性效应。因此,进一步对基准模型进行拓展,将核心解释变量老年人口占比的二次项引入基准模型,模型拓展如下:

$$cr_{it} = \alpha_0 + \alpha_1^* er_{it} + \alpha_2^* er_{it}^2 + \gamma^* X_{it} + \lambda_i + \eta_t + \varepsilon_{it} \quad\quad (4\text{-}2)$$

其中,er_{it}^2 为老年人口占比的二次项,其余变量解释和基准模型一致。

此外,根据传统消费理论,收入是影响居民消费水平的决定因素,收入可能对人口老龄化影响居民消费率存在调节效应。因此进一步对基准模型进行拓展,引入老年人口占比和居民可支配收入对数值的交互项,分析人口老龄化对居民消费率的影响中收入所产生的作用。模型拓展如下:

$$cr_{it} = \alpha_0 + \alpha_1^* er_{it} + \alpha_2^* (er_{it}^* \ln inc_{it}) + \gamma^* X_{it} + \lambda_i + \eta_t + \varepsilon_{it} \quad\quad (4\text{-}3)$$

其中,$er_{it}^* \ln inc_{it}$ 为老年人口占比和居民可支配收入对数值的交互项,其余变量解释同基准模型一致。

(二) 人口老龄化影响居民消费结构的模型设定

人口老龄化对居民消费的影响,既包括对居民消费率的影响,也包括对居民消费结构的影响。社会总体人口老龄化的发展,使得消费市场老年消费商品和服务的需求增加,会进一步传导到市场供给端,推动社会产业结构调整,促进老年产业的发展,使得社会生产更加符合老龄化社会的消费需求,从而进一步推动社会总体居民消费结构的变化。

基于此,人口老龄化影响居民消费结构的基准模型设定如下:

$$cp_{it}^j = \alpha_0 + \alpha_1^* er_{it} + \beta^* X_{it} + \lambda_i + \eta_t + \varepsilon_{it} \quad\quad (4\text{-}4)$$

其中,cp 的上标 $j = 1, 2, \cdots, 8$ 分别表示居民消费结构中的八类消费占比,ucp 和 rcp 分别表示城镇居民和农村居民消费结构。er 为居民老年人口占比,uer 和 rer 分别表示城镇老年人口占比和农村老年人口占比。X 为控制变量,具体包括可能影响居民消费率的少儿人口占比(yr)、居民可支配收入对数($lninc$)、城乡人均纯收入比值(rai)、城镇化率(ur)、通胀率(inf)、利率(r)、工业总产值占 GDP 比重($indg$)、民生性财政支出占比($pblc$)等相变量,ε_{it} 为随机扰动项。

在人口老龄化影响居民消费结构的模型中,同样考虑人口老龄化可能对居民消费结构的影响存在非线性效应,因此将老年人口占比的二次项引入基准模型,对基准模型拓展如下:

$$cp_{it}^{j} = \alpha_0 + \alpha_1^* er_{it} + \alpha_2^* er_{it}^2 + \beta^* X_{it} + \lambda_i + \eta_t + \varepsilon_{it} \qquad (4\text{-}5)$$

其中,er_{it}^2 为老年人口占比的二次项,其余变量解释和基准模型保持一致。

此外,同样考虑收入对消费结构的重要影响,在基准模型中进一步引入老年人口占比和居民可支配收入对数值的交互项,以分析收入对人口老龄化影响居民消费结构的调节效应。对基准模型拓展如下:

$$cp_{it}^{j} = \alpha_0 + \alpha_1^* er_{it} + \alpha_2^* (er_{it}^* \ln inc_{it}) + \beta^* X_{it} + \lambda_i + \eta_t + \varepsilon_{it} \qquad (4\text{-}6)$$

其中,$er_{it}^* \ln inc_{it}$ 为居民可支配收入和老年人口占比的交互项,其他变量解释同基准模型一致。

二、 数据整理和描述

(一) 数据来源

本部分数据来源于《中国统计年鉴》、《中国人口与就业统计年鉴》、Wind 咨询数据库、choice 金融终端等,主要选取 2000—2017 年中国大陆除西藏以外(由于数据缺失原因剔除西藏)30 个省、自治区、直辖市的省际面板数据。共计得到 30 个省市 18 年的面板数据作为研究样本。

(二) 变量设定

1. 被解释变量

在人口老龄化对居民消费率的影响模型中,选取居民消费率(cr)作为被解释变量。为了同时考虑人口老龄化对居民消费影响的城乡差别,还选取城镇居民消费率(ucr)、农村居民消费率(rcr)作为被解释变量。

在人口老龄化对居民消费结构的影响模型中,城镇模型选取城镇居民食品烟酒消费占比($ucp1$)、城镇居民衣着消费占比($ucp2$)、城镇居民居住消费占比($ucp3$)、城镇居民生活用品及服务消费占比($ucp4$)、城镇居民交通通信消费占比($ucp5$)、城镇居民教育文化娱乐消费占比($ucp6$)、城镇居民医疗保健消费占比($ucp7$)、城镇居民其他用品及服务消费占比($ucp8$)作为被解释变量,农村模型选取农村居民食品烟酒消费占比($rcp1$)、农村居民衣着消费占比($rcp2$)、农村居民居住消费占比($rcp3$)、农村居民生活用品及服务消费占比($rcp4$)、农村居民交通通信消费占比($rcp5$)、农村居民教育文化娱乐消费占比($rcp6$)、农村居民医疗保健消费占比($rcp7$)、农村居民其他用品及服务消费占比($rcp8$)作为被解释变量进行研究。

2. 核心解释变量

与被解释变量的研究相一致,选取老年人口占比(er)、城镇老年人口占比(uer)、农村老年人口占比(rer)作为核心解释变量,同时选取老年人口抚养比(odr)、城镇老年人口抚养比($uodr$)、农村老年人口抚养比($rodr$)作为核心解释变量的替代变量进行稳定性检验。

3. 控制变量

为控制其他变量对居民消费率以及消费结构的影响,选取少儿人口占比(yr)、居民可支配收入对数($lninc$)、城乡人均纯收入比值(rai)、城镇化率(ur)、通胀率(inf)、利率(r)、工业总产值占 GDP 比重($indg$)、民生性财政支出占比($pblc$)等变量作为控制变量进行研究。其中民生性财政支出占比($pblc$)为医疗卫生支出、教育卫生支出、社会保障和就业支出三者之和占一般性财政支出比值。为了能与模型保持一致,研究人口老龄化对居民消费率及消费结构影响的城乡差异,加入城镇少儿人口占比(uyr)、农村少儿人口占比(ryr)、城镇居民可支配收入对数($lnuic$)、农村居民可支配收入对数($lnric$)四个变量进行研究。

（三）变量统计特征

从各个变量的描述性统计结果（见表4-1）来看，城镇居民消费率从均值、中位数、最大值及最小值四个方面都超过农村，这说明城镇居民是中国消费群体的主力军，农村地区消费仍然有很大的上升空间。

从消费的结构来看，城镇与农村居民消费类别中占比最大的均为食品烟酒消费占比，两个变量的均值分别是42.963和48.438。占比最小的类别，除了其他用品及服务占比这一变量之外，城镇与农村居民消费各个类别中，居民生活用品及服务消费占比均值最低，两个变量的均值分别是8.219和6.066。这说明，中国整体居民消费处于物质消费为主导的低水平状态，服务消费水平不高，生活质量水平有待提高。

无论是从老年人口占比变量还是从老年抚养比变量的角度来看，农村地区的人口老龄化程度都高于城镇地区。城镇地区老年人口占比均值为8.605，城镇老年抚养比均值为11.387，而农村地区老年人口占比均值为9.663，老年人口抚养比均值为13.794。中国特殊的城乡二元结构，使得中国的人口老龄化出现"城乡倒置"的现象。

表4-1　变量定义及其描述性统计

变量名称	变量含义	观测值	均值	中位数	标准差	最大值	最小值
被解释变量							
cr	居民消费率	540	35.326	34.380	6.076	55.660	26.410
ucr	城镇居民消费率	540	26.498	26.373	4.621	41.732	15.250
rcr	农村居民消费率	540	10.985	10.202	5.720	43.708	1.961
$ucp1$	城镇居民食品烟酒消费占比	540	42.963	40.655	11.967	93.461	20.117
$ucp2$	城镇居民衣着消费占比	540	13.583	12.365	6.943	64.181	4.402
$ucp3$	城镇居民居住消费占比	540	15.522	12.381	10.381	76.185	3.914
$ucp4$	城镇居民生活用品及服务消费占比	540	8.219	7.718	2.594	21.535	3.395
$ucp5$	城镇居民交通通信消费占比	540	13.998	12.570	6.084	37.879	4.569
$ucp6$	城镇居民教育文化娱乐消费占比	540	15.779	13.599	6.151	40.648	8.388
$ucp7$	城镇居民医疗保健消费占比	540	10.913	9.918	4.687	34.691	3.485
$ucp8$	城镇居民其他用品及服务消费占比	540	4.329	3.862	1.892	13.231	1.559

续表

变量名称	变量含义	观测值	均值	中位数	标准差	最大值	最小值
被解释变量							
$rcp1$	农村居民食品烟酒消费占比	540	48.438	43.809	19.394	137.915	19.702
$rcp2$	农村居民衣着消费占比	540	7.495	6.974	3.285	21.909	2.500
$rcp3$	农村居民居住消费占比	540	21.835	19.064	11.167	93.779	6.648
$rcp4$	农村居民生活用品及服务消费占比	540	6.066	5.061	3.005	20.859	2.287
$rcp5$	农村居民交通通信消费占比	540	11.883	9.847	6.330	36.365	2.095
$rcp6$	农村居民教育文化娱乐消费占比	540	10.786	9.509	6.003	42.642	2.037
$rcp7$	农村居民医疗保健消费占比	540	11.179	9.654	6.370	47.631	2.880
$rcp8$	农村居民其他用品及服务消费占比	540	2.905	2.456	1.685	11.193	0.820
解释变量							
er	老年人口占比	540	9.048	8.790	2.025	16.375	4.328
uer	城镇老年人口占比	540	8.605	8.409	1.881	16.804	4.308
rer	农村老年人口占比	540	9.663	9.252	2.896	21.525	4.142
odr	老年抚养比	540	12.478	12.063	3.053	26.106	5.695
$uodr$	城镇老年抚养比	540	11.387	11.222	2.476	22.541	5.749
$rodr$	农村老年抚养比	540	13.794	13.185	4.304	32.561	6.278
控制变量							
yr	少儿人口占比	540	18.050	17.717	3.586	27.574	8.639
uyr	城镇少儿人口占比	540	15.821	16.263	3.484	27.858	7.463
ryr	农村少儿人口占比	540	20.015	20.251	5.180	32.240	6.922
$lninc$	居民可支配收入对数	540	8.015	8.062	0.719	9.593	6.054
$lnuic$	城镇居民可支配收入对数	540	9.612	9.646	0.596	11.044	8.469
$lnric$	农村居民可支配收入对数	540	8.565	8.560	0.692	10.234	7.226
rai	城乡人均纯收入比值	540	2.904	2.791	0.592	4.759	1.797
ur	城镇化率	540	48.573	47.130	15.189	89.600	14.626
inf	通胀率	540	2.217	1.798	2.054	8.500	−1.800
r	利率	540	0.262	0.511	1.496	2.939	−2.118
$indg$	工业总产值占 GDP 比重	540	38.570	39.948	8.149	53.036	11.838
$pblc$	民生性财政支出占比	540	22.509	24.276	9.788	54.539	0.997

三、变量相关性分析

为了避免解释变量之间相关性过高而出现估计偏差,首先对面板数据变量进行相关性检验,结果显示各个解释变量之间的相关性系数较小,可以认为没有出现多重共线性的情况。

第二节 人口老龄化影响居民消费率的回归结果分析

本书样本数据时间 $T=18$,空间样本容量 $n=30$。在处理此面板数据时,为了判定面板数据模型选择固定效应还是随机效应,需要通过 BP-LM 检验和 Hausman 检验来判断选择哪一种模型。BP-LM 检验用于判断选择混合效应模型还是选择随机效应模型,而 Hausman 检验则是用于判断模型是采用固定效应还是随机效应。本书运用 STATA15.0 进行 BP-LM 检验,得到卡方统计量为 1 795.29,$P=0.000$,这说明模型存在随机效应,因此不采用混合模型。同时,Hausman 检验结果得到卡方统计量为 157.14,$P=0.000$,说明拒绝随机效应接受固定效应。因此下文将主要采用固定效应面板模型进行实证分析,同时列出随机效应模型结果作为参考。

一、基础模型回归结果分析

根据理论模型的设定,首先就人口老龄化对居民消费率的影响进行基础模型回归。表 4-2 给出了基础模型回归结果。根据回归结果可以得出,人口老龄化对居民消费率、城镇居民消费率、农村居民消费率都有显著的抑制效应,并且分城乡来看,人口老龄化对城镇居民消费率的抑制效应大于农村。

从总样本回归结果来看,人口老龄化对居民消费率具有显著的抑制效应。根据回归系数,老年人口占比每提高一个百分点,居民消费率将下降 0.606 个百分点。该回归结果与前文宏观层面"人口老龄化对居民消费率的影响为负"的理论假设一致,验证了人口老龄化由于不利于社会总产出的增长,以及会加大国民收入分配中社会消费基金比例而减小生产部门的投入,总体来说不利于经济的长远发展,从而会对居民消费率的提升形成抑制效应。

表 4-2　基础模型回归结果

变　量	cr		ucr		rcr	
	固定效应	随机效应	固定效应	随机效应	固定效应	随机效应
er/uer/rer	−0.606 ***	−0.574 ***	−0.379 ***	−0.255 **	−0.264 ***	−0.113
	(−5.061)	(−4.832)	(−3.049)	(−2.094)	(−3.091)	(−1.335)
yr/uyr/ryr	0.394 ***	0.450 ***	0.132	0.019	−0.275 ***	−0.090
	(4.564)	(5.332)	(1.382)	(0.208)	(−3.894)	(−1.443)
lninc/lnuic/lnric	15.080 ***	13.426 ***	−1.865	4.203 **	−6.598 ***	−10.204 ***
	(19.243)	(18.979)	(−0.715)	(2.447)	(−2.674)	(−6.663)
rai	2.409 ***	2.930 ***	4.591 ***	3.394 ***	−1.457 **	−1.945 ***
	(4.904)	(6.166)	(6.868)	(6.367)	(−2.113)	(−3.140)
ur	−0.093 ***	−0.115 ***	0.059 ***	0.084 ***	0.020	−0.020
	(−5.574)	(−7.175)	(2.988)	(4.430)	(1.191)	(−1.237)
inf	−0.144	−0.152	−0.235 **	−0.253 **	0.220 **	0.231 **
	(−1.475)	(−1.518)	(−1.986)	(−2.098)	(2.142)	(2.121)
r	9.878 ***	8.039 ***	−3.946 *	2.300	−0.940	−4.898 ***
	(11.899)	(11.022)	(−1.663)	(1.547)	(−0.416)	(−3.848)
indg	−0.305 ***	−0.277 ***	−0.228 ***	−0.231 ***	−0.258 ***	−0.230 ***
	(−11.081)	(−10.313)	(−7.374)	(−8.049)	(−9.551)	(−9.052)
pblc	0.002	0.014	−0.030	−0.021	−0.068 ***	−0.033
	(0.074)	(0.613)	(−1.227)	(−0.847)	(−3.166)	(−1.494)
常数项	−84.789 ***	−72.929 ***	44.353 *	−16.800	93.451 ***	123.861 ***
	(−11.998)	(−11.338)	(1.682)	(−0.952)	(3.831)	(8.012)
观测值	540	540	540	540	540	540
R 平方	0.746	0.742	0.414	0.400	0.720	0.711
时间效应	是	—	是	—	是	—
地区效应	是	—	是	—	是	—

注:*、**、*** 分别表示在 10%、5%、1%的水平上显著,括号内是 t 值。

分城乡来看,城镇和农村人口老龄化对居民消费率的影响方向虽然一致,但是影响程度并不相同。根据回归结果,城镇和农村的老年人口占比每提高一个百分点,则城镇和农村的居民消费率将分别相应下降 0.379 和

0.264个百分点。表明城镇居民消费率受人口老龄化程度的抑制影响比农村更大。这可能是由于城镇居民相对来说收入水平更高,生活质量更高,城镇居民到老年以后由于退休工资收入锐减,导致消费水平出现较大程度的下降。而农村居民的收入来源要么是进城务工,要么是种地为生,而且农村居民并不存在明显的退休时间界限,只要身体健康老年以后仍然可以种地获得收入或生活物资,相对来说农村居民老年时候与年轻时候的收入差距比城镇居民要小,所以会体现为人口老龄化对居民消费率的抑制效应城镇要大于农村。值得注意的是,根据回归数据结果,人口老龄化对城镇样本和农村样本的居民消费率抑制效应都要小于总样本。这一方面是由于总样本与分组样本回归结果之间并不存在必然的联系,另一方面也和总样本、城镇样本和农村样本在核心解释变量及相关控制变量中所采用的数据不同具有一定的关系。

从随机效应模型的回归结果来看,人口老龄化对总样本、城镇样本居民消费率的回归系数都显著为负,但是系数较固定效应回归结果略小,同时人口老龄化对农村居民消费率的抑制效应不显著。这一方面印证了固定效应模型人口老龄化对总样本、城镇样本、农村样本居民消费率具有抑制效应的回归结果,另一方面也说明,考虑随机效应的话,即考虑每个组内的分布都不同的情况下,人口老龄化对居民消费率的影响程度会减弱。

二、 非线性模型回归结果分析

假设人口老龄化对居民消费率的影响效应,不只是一个线性的过程,而是一个非线性过程,在影响过程中边际效应会发生变化。为了检验人口老龄化对居民消费率的非线性影响,在人口老龄化对居民消费率、城镇居民消费率、农村居民消费率的回归模型中,分别追加老年人口占比、城镇老年人口占比、农村老年人口占比的平方项。平方项系数的正负决定了抛物线是正 U 型还是倒 U 型,即人口老龄化对居民消费率的影响是先下降再上升还是先上升再下降。结果显示,人口老龄化平方项对居民消费率的回归系数为负,但是不显著。即从总体来看人口老龄化对居民消费率的影响可能存在倒 U 型线性回归关系,即人口老龄化对居民消费率的影响,在某个节点之前可能为正向促进效应,到达某个节点之后开始呈现负向抑制效应,但是该回归结果未能通过显著性检验。城镇人口老龄化平方项对城镇居民消费率的回归系数为 0,说明城镇人口老龄化对城镇居民消费率的影响不存在非线性效应,但是回归结果也不显著。

　　三组回归方程中,农村人口老龄化平方项对农村居民消费率的回归系数是唯一显著的,并且为正,说明农村人口老龄化对农村居民消费率的影响存在一个正 U 型的非线性关系,即农村人口老龄化对农村居民消费率的影响存在一个先负向抑制效应逐渐下降,再正向促进效应逐步提升的一个过程。表明在老年人口占比较低时,即在人口老龄化初期阶段,农村居民消费率随人口老龄化的增加而显著减少;而当人口老龄化达到一定程度之后,农村居民消费率则随之正向增加。究其原因,可能在于,农村老年消费市场本来就发育较晚,随着人口老龄化程度的加深,农村老年消费市场需求大幅度增加,农村老年消费市场也逐渐发展成熟,农村居民消费率也随之上升。

　　在农村回归模型的方程中,对农村老年人口占比求导,得到 $0.042\ rer - 0.813$ 即为农村人口老龄化对农村居民消费率的影响效应。可见当农村人口老龄化程度较低时,农村人口老龄化对居民消费率的影响以负向抑制效应为主,而当 $0.042\ rer - 0.813 = 0$ 时,$rer = 19.357$,即老年人口占比为 19.357% 为农村人口老龄化对农村居民消费率的影响拐点,在此之前,农村人口老龄化对农村居民消费率的影响以负向抑制效应为主,在此之后,农村人口老龄化对农村居民消费率的影响开始显示为正向促进效应。结合农村老年人口占比这一解释变量的描述性统计分析,样本最大值为 21.525%,最小值为 4.142%。根据图 4-1 显示的结果,大部分样本都处于拐点左边,人口老龄化对居民消费的边际影响小于 0，表现为负向抑制效应，只有较少部分样本处于拐点右边，人口老龄化对居民消费的边际影响大于 0。说明当前农村人口老龄化程度还大部分小于 19.357% 这个拐点，农村人口老龄化对农村居民消费率的影响现阶段仍然以负向抑制效应为主。

表 4-3 非线性模型回归结果

变 量	cr 固定效应	cr 随机效应	ucr 固定效应	ucr 随机效应	rcr 固定效应	rcr 随机效应
$er/uer/rer$	-0.120	0.010	-0.388	-0.504	-0.813 ***	-0.181
	(-0.249)	(0.020)	(-0.788)	(-1.010)	(-2.658)	(-0.592)
$er^2/uer^2/rer^2$	-0.023	-0.028	0.000	0.015	0.021 *	0.003
	(-1.036)	(-1.229)	(0.019)	(0.569)	(1.868)	(0.255)
$yr/uyr/ryr$	0.384 ***	0.442 ***	0.132	-0.002	-0.295 ***	-0.087
	(4.423)	(5.215)	(1.379)	(-0.027)	(-4.145)	(-1.375)
$lninc/lnuic/lnric$	15.084 ***	13.345 ***	-1.866	4.441 ***	-5.909 **	-10.109 ***
	(19.249)	(18.938)	(-0.715)	(2.726)	(-2.374)	(-6.507)
rai	2.481 ***	3.045 ***	4.590 ***	3.331 ***	-1.359 **	-1.936 ***
	(5.001)	(6.333)	(6.848)	(6.420)	(-1.970)	(-3.123)
ur	-0.091 ***	-0.115 ***	0.059 ***	0.088 ***	0.011	-0.023
	(-5.441)	(-7.101)	(2.942)	(4.574)	(0.659)	(-1.330)
inf	-0.145	-0.153	-0.235 **	-0.257 **	0.215 **	0.231 **
	(-1.485)	(-1.530)	(-1.983)	(-2.102)	(2.102)	(2.110)
r	10.065 ***	8.157 ***	-3.949 *	2.594 *	-0.657	-4.873 ***
	(11.848)	(10.981)	(-1.660)	(1.836)	(-0.291)	(-3.851)
$indg$	-0.306 ***	-0.276 ***	-0.228 ***	-0.227 ***	-0.257 ***	-0.229 ***
	(-11.100)	(-10.281)	(-7.362)	(-8.025)	(-9.550)	(-9.014)
$pblc$	-0.001	0.011	-0.030	-0.016	-0.071 ***	-0.032
	(-0.051)	(0.489)	(-1.221)	(-0.648)	(-3.280)	(-1.429)
常数项	-87.289 ***	-75.320 ***	44.397 *	-18.318	90.958 ***	123.313 ***
	(-11.690)	(-11.051)	(1.675)	(-1.071)	(3.733)	(8.024)
观测值	540	540	540	540	540	540
R 平方	0.746	0.742	0.414	0.397	0.722	0.711
时间效应	是	—	是	—	是	—
地区效应	是	—	是	—	是	—

注：* 、** 、*** 分别表示在 10%、5%、1% 的水平上显著，括号内是 t 值。

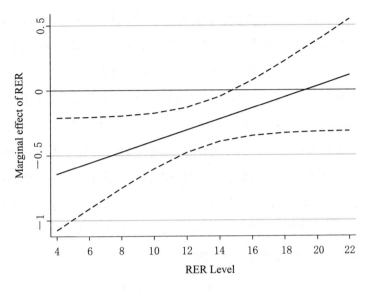

图 4-1　农村人口老龄化边际效应

三、 交互项模型回归结果分析

收入对消费具有重要影响,人口老龄化对居民消费率的影响,还会通过收入发生作用。假设随着收入的不同,人口老龄化对居民消费率的影响也不同,因此,本书在基础模型中追加人口老龄化与收入的交叉项,以考察收入在人口老龄化对居民消费率的影响中所发挥的作用。在人口老龄化对居民消费率、城镇居民消费率、农村居民消费率的回归模型中,分别追加老年人口占比与居民可支配收入对数交互项(er^*lninc)、城镇老年人口占比与城镇居民可支配收入对数交互项(uer^*lnuic)、农村老年人口占比与农村居民可支配收入对数交互项(rer^*lnric)。根据方程回归结果,在总样本和城镇样本中,交互项对居民消费率的回归系数均不显著,唯一显著的是农村组样本。

从农村样本的模型回归结果来看,农村老年人口占比与农村居民可支配收入对数交互项的回归系数为正,表明农村居民收入增加可以提高农村人口老龄化对农村居民消费率的边际影响效果,即农村居民收入每提高 1%,农村人口老龄化对农村居民消费率的边际影响效果会上升 0.152 个单位,也可以说农村人口老龄化对农村居民消费率的负向抑制效应会减少 0.152 个单位。在本模型中,对农村老年人口占比求导,得到 $-1.699+0.152\,lnric$,即为农村人口老龄化对农村居民消费率的整体影响效应。当 $-1.699+0.152\,lnric=0$,$lnric=11.178$ 时,即为农村人口老龄化对居民消费率的影响效应拐点。$lnric$ 小于11.178 时,人口老龄化对居民消费率的影响为负,反之为正。根据农村居民可支配收入对数的描述性统计分析,样本最大值为 10.234,最小值为 7.226,即所有当前农村样本居民收入水平都未到达拐点,所以当前农村人口老龄化对农村居民消费率的影响体现为负向抑制效应。

表 4-4　交互项模型回归结果

变　量	cr		ucr		rcr	
	固定效应	随机效应	固定效应	随机效应	固定效应	随机效应
er/uer/rer	0.001	0.455	0.375	0.511	-1.699 ***	-0.886
	(0.002)	(0.639)	(0.329)	(0.448)	(-2.742)	(-1.417)
er * lninc/uer * lnuic/rer * lnric	-0.070	-0.118	-0.077	-0.079	0.152 **	0.082
	(-0.880)	(-1.461)	(-0.667)	(-0.678)	(2.338)	(1.236)
yr/uyr/ryr	0.394 ***	0.456 ***	0.142	0.031	-0.305 ***	-0.106 *
	(4.569)	(5.406)	(1.473)	(0.332)	(-4.265)	(-1.670)
lninc/lnuic/lnric	15.638 ***	14.303 ***	-0.920	4.962 **	-7.085 ***	-10.778 ***
	(15.514)	(14.770)	(-0.310)	(2.373)	(-2.874)	(-6.686)
rai	2.515 ***	3.125 ***	4.629 ***	3.450 ***	-1.725 **	-2.094 ***
	(4.972)	(6.406)	(6.896)	(6.393)	(-2.478)	(-3.312)
ur	-0.091 ***	-0.112 ***	0.062 ***	0.087 ***	0.009	-0.026
	(-5.340)	(-6.840)	(3.059)	(4.454)	(0.494)	(-1.510)
inf	-0.143	-0.150	-0.235 **	-0.253 **	0.213 **	0.228 **
	(-1.462)	(-1.494)	(-1.984)	(-2.096)	(2.086)	(2.100)
r	9.959 ***	8.095 ***	-3.615	2.443	-0.384	-4.890 ***
	(11.921)	(11.059)	(-1.491)	(1.604)	(-0.170)	(-3.797)
indg	-0.306 ***	-0.277 ***	-0.233 ***	-0.235 ***	-0.251 ***	-0.228 ***
	(-11.106)	(-10.321)	(-7.339)	(-8.036)	(-9.311)	(-8.920)
pblc	0.001	0.014	-0.030	-0.021	-0.077 ***	-0.038 *
	(0.037)	(0.592)	(-1.233)	(-0.860)	(-3.520)	(-1.717)

续表

变　量	cr		ucr		rcr	
	固定效应	随机效应	固定效应	随机效应	固定效应	随机效应
常数项	−89.947 ***	−81.231 ***	34.764	−24.482	99.824 ***	130.332 ***
	（−9.797）	（−9.188）	（1.157）	（−1.144）	（4.086）	（7.956）
观测值	540	540	540	540	540	540
R 平方	0.746	0.742	0.415	0.401	0.723	0.713
时间效应	是	—	是	—	是	—
地区效应	是	—	是	—	是	—

注：*、**、*** 分别表示在10%、5%、1%的水平上显著，括号内是 t 值。

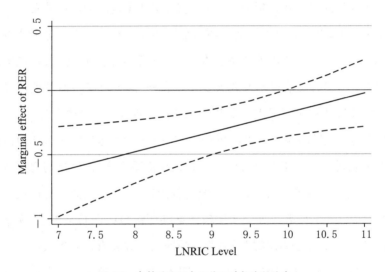

图 4-2　农村居民可支配收入对数边际效应

四、　分区域回归结果分析

　　为了进一步考察人口老龄化对居民消费率的影响效应在区域层面的异同，本部分进一步就总样本、城镇样本和农村样本按照国家统计局区域划分口径分别分成东、中、西部三个地区，考察人口老龄化对居民消费率的影响效应由于区域不同而显示的影响效应异同并将其进行比较。

　　从总样本分地区回归结果来看,东部地区人口老龄化对居民消费率的影响不显著,中部地区和西部地区人口老龄化对居民消费率的回归系数显著为负,并且西部地区的回归系数较中部地区大。这说明人口老龄化对居民消费率的抑制效应,明显地表现为西部最大、中部次之、东部最小的排序。表明从总体来看,随着区域经济发展程度越高,人口老龄化对居民消费率的抑制效应会逐渐减弱,而东部地区由于经济比较发达,该抑制效应已经转为促进效应,但是回归结果不显著。从中部地区和西部地区来看,中部地区和西部地区老年人口占比对居民消费率的回归系数分别为-0.601、-1.230,表示中部地区和西部地区老年人口占比每提升一个百分点,这两个地区的居民消费率将分别下降0.601、1.230个百分点。其中西部地区居民消费率对人口老龄化的弹性大于1,说明西部地区居民消费率对人口老龄化程度较为敏感,人口老龄化程度的加深会引起居民消费率的较大变化。另外,这也可能与西部地区经济和商业发展较为落后,供给不足导致居民消费潜力难以充分释放有关。

　　把总样本按照城乡分组以后再分别进行分区域回归,发现东部地区的城镇样本和农村样本老年人口占比的回归结果都不显著,该结果与总样本回归结果一致,进一步支持东部地区由于经济较为发达,人口老龄化对居民消费率的抑制效应已经不显著。进一步比较中部和西部地区回归结果,发现中部地区城镇老年人口占比对城镇居民消费率的回归系数和农村老年人口占比对农村居民消费率的回归系数大小相近,表明中部地区城镇和农村老年人口占比每上升1%,其城镇和农村居民消费率都将分别相应下降约一个百分点。同样西部地区城镇老年人口占比的回归系数和农村老年人口占比的回归系数也较为接近,表明西部地区城镇和农村老年人口占比每上升1%,其城镇和农村居民消费率都将分别相应下降约0.5个百分点。回归结果表明,分区域来看,各个区域内部人口老龄化对城乡居民消费率的影响差异并不大。

　　由此可见,中国人口老龄化对不同地区的影响作用不同,具有显著的地区异质性。主要是由于中国东部地区经济发展水平较高,居民可获得较高的收

表 4-5　分区域固定效应模型回归结果

变　量	cr 东	cr 中	cr 西	ucr 东	ucr 中	ucr 西	rcr 东	rcr 中	rcr 西
er/uer/rer	0.040 (0.290)	-0.601** (-2.024)	-1.230*** (-4.492)	-0.201 (-1.356)	-1.002*** (-2.721)	-0.570** (-2.527)	-0.002 (-0.033)	-0.988*** (-3.592)	-0.507** (-2.590)
yr/uyr/ryr	0.254** (2.267)	0.198 (0.920)	0.685*** (4.964)	0.032 (0.234)	0.077 (0.282)	0.307** (2.141)	0.038 (0.603)	-0.486*** (-3.947)	-0.359** (-2.495)
lninc/lnuic/lnric	16.490*** (14.292)	34.036*** (13.775)	18.031*** (12.271)	-14.107*** (-3.533)	23.601* (1.863)	-5.528 (-0.946)	3.863* (1.970)	-1.321 (-0.165)	-0.890 (-0.121)
rai	1.947** (2.269)	-1.254 (-0.931)	0.246 (0.270)	12.161*** (8.564)	-1.013 (-0.323)	3.861*** (2.944)	-1.515** (-2.481)	0.357 (0.185)	-1.885 (-1.349)
ur	-0.072*** (-4.537)	0.205 (1.295)	-0.457*** (-4.375)	0.047** (2.461)	0.832*** (2.895)	0.221** (2.027)	0.000 (0.047)	-0.756*** (-3.793)	0.009 (0.057)
inf	-0.201* (-1.662)	0.639** (2.350)	-0.206 (-1.354)	-0.113 (-0.746)	0.056 (0.117)	-0.502*** (-2.930)	-0.008 (-0.114)	0.863*** (2.609)	0.389* (1.924)
r	12.273*** (11.113)	31.470*** (8.282)	7.080*** (4.057)	-12.842*** (-3.658)	26.633** (2.420)	-5.974 (-1.149)	6.356*** (3.582)	-5.832 (-0.821)	4.120 (0.628)
indg	-0.229*** (-5.956)	-0.606*** (-12.822)	-0.137** (-2.587)	-0.416*** (-9.527)	-0.240** (-2.120)	-0.117* (-1.893)	-0.198*** (-9.519)	-0.411*** (-5.216)	0.156** (2.193)
pblc	0.139*** (4.296)	0.224*** (3.079)	-0.146*** (-3.931)	-0.047 (-1.325)	0.330*** (4.444)	-0.191*** (-4.763)	0.041** (2.481)	-0.216*** (-4.161)	-0.210*** (-4.567)
常数项	-112.014*** (-10.762)	-247.386*** (-9.231)	-81.890*** (-6.636)	164.740*** (4.118)	-250.701** (-2.060)	73.636 (1.298)	-21.804 (-1.100)	107.661 (1.448)	39.166 (0.568)
观测值	234	108	198	234	108	198	234	108	198
R平方	0.836	0.919	0.786	0.655	0.581	0.538	0.839	0.940	0.705
时间效应	是	是	是	是	是	是	是	是	是
地区效应	是	是	是	是	是	是	是	是	是

注：括号内表示估计系数对应的 t 值；*，**和***分别表示在10%、5%和1%的统计水平上显著。

入,居民在老年时也能够基本保持原有的消费水平,所以人口老龄化不会显著降低东部地区居民消费率。中部和西部地区居民由于收入水平有限,当居民进入老年之后,几乎没有经济来源,会进一步缩减消费,进而使得中部和西部地区人口老龄化对居民消费率具有显著的负向抑制作用。

五、 分时间阶段回归结果分析

根据前文现状分析部分,中国自2000年进入人口老龄化社会以后,大致可以分为两个阶段,其中2000—2009年为人口老龄化平稳发展阶段,2010—2017年为人口老龄化加速发展阶段。与此同时,总体居民消费率和城镇居民消费率在这两个阶段分别呈现持续下滑态势和反弹回升态势,农村居民消费率在这两个阶段则分别呈现快速下降和趋于平稳状态。

本部分按照时间阶段,将总体样本、城镇样本、农村样本分别分为2000—2009年,2010—2017年两个时间阶段进行回归分析,以探求不同时间阶段人口老龄化对居民消费率的影响异同。表4-6给出了分时间阶段不同样本组人口老龄化对居民消费率的回归结果。

总体来看,在2000—2009年这一时间阶段,在总样本、城镇样本、农村样本中,人口老龄化对居民消费率的影响,都显著为负,说明在这一时期人口老龄化对居民消费率具有显著的抑制作用,这也和现实中2000—2009年人口老龄化与居民消费率变动规律相吻合。而2010—2017年阶段,从总样本、城镇样本、农村样本的回归结果来看,人口老龄化对居民消费率的回归系数有正有负,但是均不显著。说明2010—2017年阶段,随着人口老龄化程度的加深,"银发市场"的加快发展,人口老龄化不再像前一阶段那样对居民消费率具有显著的抑制作用。而在现实中,随着2010年以来中国人口老龄化程度加速发展,总体居民消费率、城镇居民消费率、农村居民消费率都出现了止跌企稳、反弹回升态势。

　　从 2000—2009 年这一时间阶段的回归结果来看,在三组样本中人口老龄化对居民消费率的回归系数都显著为负,但是按照人口老龄化对居民消费率抑制效应大小的顺序排列,分别是城镇样本、总样本、农村样本,三者的回归系数分别为-0.611、-0.543、-0.384。表明总体来看,中国老年人口占比每提升一个百分点,中国的居民消费率将下降 0.543 个百分点。分城乡来看,城镇和农村的老年人口占比每提升一个百分点,城镇和农村的居民消费率将分别下降 0.611 和 0.384 个百分点。农村人口老龄化对农村居民消费率的抑制效应最小,可能是由于这一时期农村居民收入水平较低,消费支出刚性较大,所以人口老龄化对农村居民消费率的抑制效应相对较小。

表 4-6　分时段固定效应模型回归结果

变　量	cr		ucr		rcr	
	2000—2009	2010—2017	2000—2009	2010—2017	2000—2009	2010—2017
er/uer/rer	-0.543 ***	0.159	-0.611 ***	-0.080	-0.384 **	-0.015
	(-3.258)	(0.969)	(-3.722)	(-0.554)	(-2.191)	(-0.430)
yr/uyr/ryr	0.158 *	0.057	0.201	0.062	-0.530 ***	0.037
	(1.735)	(0.300)	(1.640)	(0.447)	(-4.565)	(0.861)
lninc/lnuic/lnric	14.325 ***	20.275 ***	-6.068	-6.371 *	-3.600	-3.155 **
	(11.701)	(13.185)	(-1.454)	(-1.783)	(-0.855)	(-2.343)
rai	-0.570	1.630 *	7.551 ***	4.132 ***	-6.433 ***	-0.014
	(-0.751)	(1.931)	(5.469)	(3.980)	(-5.560)	(-0.035)
ur	-0.058 ***	-0.253 **	0.040 *	0.331 ***	0.035 *	0.016
	(-3.958)	(-2.447)	(1.919)	(2.968)	(1.860)	(0.449)
inf	-0.198 ***	-0.177	-0.172	-0.258	0.239 **	-0.106
	(-2.603)	(-0.850)	(-1.447)	(-1.125)	(2.190)	(-1.371)
r	-15.259 ***	-7.915 ***	3.000	4.982 *	-4.497	2.879 ***
	(-10.214)	(-4.443)	(0.790)	(1.780)	(-1.145)	(2.712)
indg	-0.218 ***	-0.407 ***	-0.100 *	-0.433 ***	-0.205 ***	-0.144 ***
	(-5.631)	(-8.971)	(-1.799)	(-9.109)	(-3.955)	(-8.768)
pblc	-0.055 *	-0.063	-0.119 **	-0.069	0.025	-0.039 ***
	(-1.684)	(-1.586)	(-2.377)	(-1.620)	(0.547)	(-2.632)
常数项	-21.164 ***	-117.274 ***	58.349 **	82.760 **	93.042 ***	44.442 ***
	(-2.823)	(-8.950)	(2.081)	(2.368)	(3.403)	(3.379)

续表

变　量	cr		ucr		rcr	
	2000—2009	2010—2017	2000—2009	2010—2017	2000—2009	2010—2017
观测值	300	240	300	240	300	240
R 平方	0.838	0.815	0.274	0.697	0.748	0.625
时间效应	是	是	是	是	是	是
地区效应	是	是	是	是	是	是

注：*、**、*** 分别表示在 10%、5%、1%的水平上显著,括号内是 t 值。

六、稳健性检验

本书采用替换核心变量的方法来讨论模型的稳健性。在具体处理过程中,视老年人口抚养比为老年人口占比这一核心变量的工具变量,将老年人口占比变量替换为老年人口抚养比对模型重新回归,查看系数数值、系数符号、显著性水平是否有较大程度的变化。如果几乎没有变化,那么这个模型便是稳健的。

表 4-7 显示了替换核心解释变量后的模型回归结果。从回归结果来看,除了农村老年抚养比对农村居民消费率的回归系数在随机效应模型中由之前的不显著变得在 10%的水平上显著之外,核心变量的回归结果方向和基础模型回归结果保持一致,并且回归系数也都相差不大。从控制变量来看,在替换核心变量以后,控制变量的回归系数符号均未发生变化,回归系数数值和对应显著水平也没有明显变化。因此,基础模型的回归结果可以被认为是稳健的。

表 4-7　基础模型稳健性检验回归结果

变　量	cr		ucr		rcr	
	固定效应	随机效应	固定效应	随机效应	固定效应	随机效应
odr/uodr/rodr	−0.380 ***	−0.363 ***	−0.235 ***	−0.155 *	−0.181 ***	−0.091 *
	(−5.026)	(−4.821)	(−2.861)	(−1.926)	(−3.526)	(−1.795)
yr/uyr/ryr	0.457 ***	0.510 ***	0.174 *	0.049	−0.239 ***	−0.075
	(5.204)	(5.941)	(1.857)	(0.549)	(−3.386)	(−1.200)
lninc/lnuic/lnric	15.131 ***	13.481 ***	−1.938	4.151 **	−6.544 ***	−10.086 ***
	(19.243)	(18.964)	(−0.743)	(2.418)	(−2.663)	(−6.624)

续表

变　量	cr		ucr		rcr	
	固定效应	随机效应	固定效应	随机效应	固定效应	随机效应
rai	2.380 ***	2.906 ***	4.591 ***	3.395 ***	−1.487 **	−1.934 ***
	(4.841)	(6.110)	(6.859)	(6.368)	(−2.171)	(−3.140)
ur	−0.097 ***	−0.119 ***	0.060 ***	0.085 ***	0.020	−0.020
	(−5.712)	(−7.302)	(3.052)	(4.482)	(1.218)	(−1.233)
inf	−0.146	−0.153	−0.233 **	−0.252 **	0.216 **	0.227 **
	(−1.490)	(−1.534)	(−1.972)	(−2.086)	(2.105)	(2.085)
r	9.894 ***	8.052 ***	−3.947 *	2.304	−1.009	−4.907 ***
	(11.922)	(11.049)	(−1.661)	(1.550)	(−0.449)	(−3.863)
indg	−0.305 ***	−0.276 ***	−0.229 ***	−0.232 ***	−0.256 ***	−0.229 ***
	(−11.044)	(−10.286)	(−7.378)	(−8.057)	(−9.518)	(−9.036)
pblc	0.001	0.013	−0.028	−0.019	−0.070 ***	−0.034
	(0.026)	(0.559)	(−1.140)	(−0.781)	(−3.229)	(−1.549)
常数项	−86.828 ***	−74.883 ***	43.701 *	−17.282	92.309 ***	122.704 ***
	(−12.286)	(−11.614)	(1.655)	(−0.978)	(3.795)	(7.943)
观测值	540	540	540	540	540	540
R 平方	0.746	0.742	0.413	0.399	0.722	0.713
时间效应	是	—	是	—	是	—
地区效应	是	—	是	—	是	—

注：* 、** 、*** 分别表示在 10%、5%、1%的水平上显著,括号内是 t 值。

第三节　人口老龄化影响居民消费结构的回归结果分析

人口年龄结构对于居民消费结构具有重要的影响,随着社会人口老龄化程度的发展,居民的消费结构也会相应发生变化。下文依据国家统计局对消费结构的分类口径按照城乡分成食品烟酒、衣着、居住、生活用品及服务、交通通信、教育文化娱乐、医疗保健和其他用品及服务八类,应用中国大陆 30 个省、自治区、直辖市(由于数据缺失原因,去除西藏)2000—2017 年省际面板数据,从不同的角度对居民消费结构进行回归分析及比较。采用豪斯曼检验对模型进行选择,检验结果表明面板固定效应的回归结果较好,因此下文主要列示了人口老龄化对于居民消费结构影响的面板固定效应回归结果。

一、基础模型回归结果分析

（一）城镇居民消费结构基础模型回归结果分析

从人口老龄化对于城镇居民消费结构的回归结果看,城镇老年人口占比与城镇居民居住消费占比显著正相关,关于食品烟酒、生活用品及服务、交通通信、教育文化娱乐、医疗保健消费占比显著负相关,关于衣着消费和其他用品及服务消费占比影响不显著。

具体来看,人口老龄化能够显著促进城镇居民在居住消费方面的占比提升,城镇老年人口占比每上升一个百分点,城镇居民居住消费占比将上升 0.582 个百分点。这与中国特殊的"丈母娘住房市场"有关,城镇老年人口为了子女结婚一般会在买房、装修方面进行大额支出。同时,城镇老年人口占比每上升一个百分点,会分别在不同的显著水平上引起城镇居民教育文化娱乐消费占比、医疗保健消费占比、生活用品及服务消费占比、交通通信消费占比、食品烟酒消费占比分别下降 0.583、0.55、0.12、0.284、0.352 个百分点。这一方面与城镇居民在年老以后收入降低生活水平下降有关,另外一方面也与城镇居民年老以后交通出勤需求、食品消费需求下降有关,同时随着社会经济发展恩格尔系数下降也是必然趋势。而老龄化背景下城镇居民医疗保健消费占比下降,是由于城镇相对来说经济发展程度较高,在老龄化加深背景下会增强医疗保健公共消费支出,从而导致居民个人消费支出下降。

从控制变量回归系数看,城镇少儿人口占比对食品烟酒、居住和其他用品及服务消费占比影响显著,对其他类别消费占比则无显著影响。城镇居民可支配收入对多数消费结构类别的消费占比显著负相关,特别是对食品烟酒和衣着消费占比的影响最为明显。城乡人均纯收入比值用于衡量城乡人均收入差距,对食品烟酒和衣着消费占比显著正相关,对其他用品及服务消费占比则显著负相关。随着样本期间,城镇化进程不断加快,城镇化率的提高对除了居住消费之外的多数消费类别的消费占比产生了积极的促进作用,释放了居民消费潜力,而同时由于城镇化的市场集聚效应,抑制了城镇居民在居住消费方面的相对支出水平。通胀率对城镇居民消费结构内部各消费相对占比的变化无显著影响。而利率的提高则显著地对城镇居民消费结构产生了挤出效应,居民更倾向于进行储蓄性存款,以增加财富总额。工业发展水平的提高促进了城镇居民居住消费占比的增加,但对其他方面的消费形成一定的抑制效应,这也与居住消费的挤出效应有关。民生性财政支出占比的增加对城镇居民消费结构的影响,主要体现在城镇居民在食品烟酒和衣着方面的消费占比上升。

表 4-8　城镇居民消费结构基础模型回归结果

变量	ucp1	ucp2	ucp3	ucp4	ucp5	ucp6	ucp7	ucp8
uer	−0.352 **	−0.097	0.582 ***	−0.120 *	−0.284 *	−0.583 ***	−0.550 ***	−0.024
	(−2.571)	(−0.744)	(2.659)	(−1.759)	(−1.915)	(−4.570)	(−4.573)	(−0.523)
uyr	0.288 ***	0.157	−0.567 ***	0.072	−0.147	0.067	−0.092	−0.084 **
	(2.747)	(1.566)	(−3.383)	(1.376)	(−1.297)	(0.685)	(−0.999)	(−2.384)
lnuic	−14.406 ***	−8.434 ***	−4.093	−1.977	−5.377 *	−4.554 *	−5.528 **	2.033 **
	(−5.015)	(−3.073)	(−0.892)	(−1.382)	(−1.733)	(−1.702)	(−2.194)	(2.111)
rai	2.034 ***	1.201 *	−1.793	0.001	−0.034	0.052	0.695	−1.030 ***
	(2.762)	(1.707)	(−1.524)	(0.004)	(−0.042)	(0.075)	(1.075)	(−4.172)
ur	0.077 ***	0.009	−0.356 ***	0.030 ***	0.055 **	0.101 ***	0.043 **	0.044 ***
	(3.518)	(0.436)	(−10.243)	(2.776)	(2.341)	(5.006)	(2.238)	(6.081)
inf	0.069	0.137	0.034	−0.041	0.025	−0.015	0.017	−0.028
	(0.528)	(1.104)	(0.164)	(−0.635)	(0.178)	(−0.125)	(0.145)	(−0.640)
r	−19.744 ***	−9.535 ***	1.821	−3.179 **	−1.418	−4.914 **	−4.046 *	0.675
	(−7.553)	(−3.818)	(0.436)	(−2.443)	(−0.502)	(−2.018)	(−1.765)	(0.770)
indg	−0.182 ***	−0.035	0.437 ***	−0.030 *	0.047	−0.124 ***	−0.079 ***	−0.008
	(−5.355)	(−1.073)	(8.032)	(−1.745)	(1.274)	(−3.921)	(−2.650)	(−0.731)
pblc	0.144 ***	0.045 *	−0.127 ***	0.012	−0.048	−0.001	0.019	−0.019 **
	(5.293)	(1.741)	(−2.935)	(0.866)	(−1.636)	(−0.023)	(0.784)	(−2.056)
常数项	187.754 ***	94.419 ***	73.189	29.949 **	68.352 **	66.260 **	70.081 ***	−11.854
	(6.462)	(3.402)	(1.577)	(2.071)	(2.178)	(2.448)	(2.751)	(−1.217)
观测值	540	540	540	540	540	540	540	540
R 平方	0.849	0.870	0.810	0.429	0.624	0.461	0.670	0.603
时间效应	是	是	是	是	是	是	是	是
地区效应	是	是	是	是	是	是	是	是

注:* 、** 、*** 分别表示在10%、5%、1%的水平上显著,括号内是 t 值。

（二）农村居民消费结构基础模型回归结果分析

人口老龄化对于农村居民消费结构影响的基础模型回归结果见表4-9。可以看出,农村老年人口占比与农村居民衣着、生活用品及服务、医疗保健、其他用品及服务四类消费占比之间呈现显著的正相关关系,对于另外四项消费占比则影响不显著。

具体来看,农村老年人口占比对于农村居民衣着、生活用品及服务、医疗保健、其他用品及服务消费占比的回归系数分别为 0.131、0.148、0.336、0.145,表示农村老年人口占比每提升一个百分点,这四个类别的消费占比将分别提升 0.131、0.148、0.336、0.145 个百分点。农村人口老龄化对于居民各项消费支出占比具有显著的促进效应,这是因为进入新世纪以来,农村居民收入水平逐步提高,农村消费市场和流通渠道开始逐步发展,进城务工人员返乡以后把城里的生活方式和消费理念一并带回农村,使得农村的各项消费支出占比得到提高。可以发现,农村人口老龄化对农村居民医疗保健消费占比的促进效应最大,这是因为和城镇相比农村的医疗保障制度仍然不完善并且保障水平偏低,而医疗保健支出对于老年人来说是刚需,因此人口老龄化会使得农村居民的医疗保健消费占比大幅提升。

从控制变量看,农村少儿人口占比对农村居民多数类别的消费占比产生了显著的挤出效应。与城镇居民可支配收入的影响相反,除居住消费占比之外,农村居民可支配收入的增加显著提升了农村居民各类别消费占比,即农村居民的消费潜力随着收入的增加能够得到极大地释放。城乡居民人均纯收入差距主要对农村居民居住、医疗保健和其他用品及服务消费占比产生抑制效应,对其他消费类别无显著影响。城镇化率的增加,能够显著提升居民消费结构中衣着和交通通信消费占比的增加,但是会抑制居住、生活用品及服务和医疗保健消费占比的增加。同城镇居民类似通胀率对农村居民大多数类别的消费占比不产生显著性影响。但是利率的提高,会显著提高农村居民的消费积极性,除居住消费占比之外,其他各项消费占比都随着利率增加而显著

表 4-9 农村居民消费结构基础模型回归结果

变量	rcp1	rcp2	rcp3	rcp4	rcp5	rcp6	rcp7	rcp8
rer	0.250	0.131***	-0.039	0.148***	-0.052	-0.014	0.336***	0.145***
	(1.251)	(3.421)	(-0.236)	(3.422)	(-0.623)	(-0.147)	(3.217)	(4.636)
ryr	-0.880***	-0.059*	-0.583***	-0.101***	-0.081	-0.275***	-0.046	-0.031
	(-5.331)	(-1.854)	(-4.220)	(-2.842)	(-1.159)	(-3.440)	(-0.532)	(-1.215)
hnric	50.340***	9.588***	-7.954	5.201***	8.490***	31.499***	12.959***	5.959***
	(8.734)	(8.668)	(-1.647)	(4.175)	(3.490)	(11.285)	(4.291)	(6.587)
rai	1.069	-0.188	-2.385*	-0.484	0.600	0.285	-1.965**	0.521**
	(0.663)	(-0.608)	(-1.766)	(-1.391)	(0.883)	(0.365)	(-2.327)	(2.059)
ur	-0.058	0.016**	-0.229***	-0.023***	0.107***	-0.014	-0.187***	0.003
	(-1.467)	(2.100)	(-6.928)	(-2.742)	(6.441)	(-0.736)	(-9.044)	(0.453)
inf	0.041	-0.075	-0.069	-0.007	-0.266***	-0.005	-0.039	0.061
	(0.169)	(-1.620)	(-0.342)	(-0.134)	(-2.630)	(-0.047)	(-0.311)	(1.624)
r	65.264***	10.486***	-9.708***	5.258***	5.432**	27.649***	13.176***	7.168***
	(12.382)	(10.366)	(-2.198)	(4.616)	(2.442)	(10.832)	(4.771)	(8.664)
indg	-0.014	0.008	0.391***	0.067***	-0.071***	0.000	0.146***	0.021**
	(-0.220)	(0.654)	(7.408)	(4.903)	(-2.668)	(0.008)	(4.406)	(2.169)
pblc	-0.378***	-0.059***	-0.175***	-0.094***	-0.050**	-0.150***	-0.123***	-0.019**
	(-7.485)	(-6.090)	(-4.151)	(-8.627)	(-2.340)	(-6.131)	(-4.655)	(-2.356)
常数项	-418.024***	-84.185***	121.239**	-40.075***	-67.293***	-277.345***	-100.804***	-57.460***
	(-7.337)	(-7.699)	(2.539)	(-3.255)	(-2.799)	(-10.051)	(-3.376)	(-6.426)
观测值	540	540	540	540	540	540	540	540
R 平方	0.836	0.545	0.346	0.460	0.686	0.575	0.682	0.553
时间效应	是	是	是	是	是	是	是	是
地区效应	是	是	是	是	是	是	是	是

注：*、**、***分别表示在10%、5%、1%的水平上显著，括号内是 t 值。

增加。工业化发展程度会显著提高农村居民在居住、生活用品及服务、医疗保健和其他用品及服务消费方面的占比。民生性财政支出占比则会显著降低农村居民各类别消费占比,这是由于农村居民参与了各项社会保障费用的缴纳,但是能够享受的社会保障福利仍然有限,所以主要体现为费用缴纳负担带来的可支配收入减少以及各项消费支出减少。

二、 非线性模型回归结果分析

(一) 城镇居民消费结构非线性模型回归结果分析

由于人口老龄化进程是一个长期的、渐近的人口转换过程,考虑人口老龄化对城镇居民消费结构可能存在非线性影响,须进一步将核心解释变量城镇老年人口占比的平方项引入基准模型,回归结果见表4-10。从回归系数可知,城镇居民老年人口占比的平方项仅对食品烟酒消费占比和教育文化娱乐消费占比显著正相关,对其他消费类别则无显著的影响。

上述结果表明城镇老年人口占比对于城镇居民食品烟酒消费占比和城镇居民教育文化娱乐消费占比存在正U型非线性关系,即城镇老年人口占比对这两项消费占比的影响会随着城镇人口老龄化程度的增加,经历一个先负向抑制效应逐步下降到一个拐点,再正向促进效应逐步增加的一个过程。

针对食品烟酒消费占比,对模型方程的老年人口占比变量求导,即$-2.476 + 0.226^* uer = 0$,得人口老龄化影响拐点为$uer = 10.956$。即当城镇老年人口占比不超过10.956%时,城镇居民食品烟酒消费占比随着人口老龄化程度的加深而不断下降,反之,当城镇老年人口占比超过该拐点时,城镇居民在食品烟酒方面的消费占比随着人口老龄化程度的增加而上升。同理,人口老龄化对于城镇居民教育文化娱乐消费占比的拐点为$uer = 14.518$,即当城镇老年人口占比不超过14.518%时,城镇居民教育文化娱乐消费占比随人口老龄化程度的增加而减少,当城镇老年人口占比跃过该拐点后,教育文化娱乐消费占比将随着城镇人口老龄化程度的增加而增加。结合城镇老年人口占比的描述性统计分析，当前中国各省城镇老年人口占比最大值为 16.804%，最小值为 4.308%，均值为 8.605%，可知当前样本城镇老年人口占比还大部分处于拐点左方，所以总体上人口老龄化对居民食品烟酒消费占比和教育文化娱乐消费占比在现阶段体现为负向抑制效应，随着未来城镇人口老龄化程度加深，该抑制效应会逐渐减弱，甚至跃过拐点后体现为正向促进效应。从两者比较来看，人口老龄化对城镇居民教育文化娱乐消费占比的拐点位于城镇居民食品烟酒消费占比的右边，即后者拐点到来更晚。

此外，城镇老年人口占比对其他消费结构的消费占比主要体现为线性关系，非线性效应不显著，各控制变量的回归系数方向基本和基准模型保持一致。

表 4-10　城镇居民消费结构非线性模型回归结果

变量	ucp1	ucp2	ucp3	ucp4	ucp5	ucp6	ucp7	ucp8
uer	−2.476***	−0.382	1.304	−0.450*	−1.178**	−1.665***	−0.996**	−0.101
	(−4.641)	(−0.738)	(1.505)	(−1.669)	(−2.014)	(−3.309)	(−2.095)	(−0.557)
uer^2	0.113***	0.015	−0.038	0.018	0.047	0.057**	0.024	0.004
	(4.114)	(0.568)	(−0.861)	(1.265)	(1.580)	(2.222)	(0.971)	(0.439)
uyr	0.316***	0.161	−0.576***	0.076	−0.135	0.081	−0.086	−0.083**
	(3.051)	(1.598)	(−3.431)	(1.455)	(−1.194)	(0.829)	(−0.934)	(−2.348)
lnuic	−14.630***	−8.464***	−4.017	−2.012	−5.471*	−4.669*	−5.576**	2.025**
	(−5.174)	(−3.081)	(−0.875)	(−1.407)	(−1.765)	(−1.751)	(−2.213)	(2.101)
rai	1.859**	1.178*	−1.734	−0.026	−0.107	−0.037	0.658	−1.036***
	(2.561)	(1.670)	(−1.471)	(−0.070)	(−0.135)	(−0.055)	(1.017)	(−4.187)
ur	0.092***	0.011	−0.361***	0.032***	0.062**	0.109***	0.046**	0.045***
	(4.242)	(0.529)	(−10.232)	(2.957)	(2.586)	(5.338)	(2.373)	(6.058)
inf	0.050	0.135	0.040	−0.044	0.017	−0.024	0.013	−0.029
	(0.393)	(1.083)	(0.194)	(−0.679)	(0.123)	(−0.202)	(0.111)	(−0.655)
r	−20.310***	−9.611***	2.013	−3.267**	−1.656	−5.203**	−4.165*	0.654
	(−7.885)	(−3.841)	(0.481)	(−2.509)	(−0.587)	(−2.142)	(−1.814)	(0.745)
indg	−0.178***	−0.034	0.436***	−0.029*	0.049	−0.122***	−0.078***	−0.008
	(−5.314)	(−1.054)	(7.999)	(−1.706)	(1.324)	(−3.867)	(−2.619)	(−0.717)
pblc	0.153***	0.046*	−0.131***	0.013	−0.044	0.004	0.021	−0.018**
	(5.698)	(1.781)	(−2.995)	(0.967)	(−1.503)	(0.158)	(0.861)	(−2.011)
常数项	198.375***	95.844***	69.579	31.601**	72.823**	71.668***	72.316***	−11.468
	(6.911)	(3.437)	(1.493)	(2.178)	(2.315)	(2.648)	(2.827)	(−1.172)

变量	$ucp1$	$ucp2$	$ucp3$	$ucp4$	$ucp5$	$ucp6$	$ucp7$	$ucp8$
观测值	540	540	540	540	540	540	540	540
R平方	0.854	0.870	0.811	0.431	0.626	0.467	0.671	0.603
时间效应	是	是	是	是	是	是	是	是
地区效应	是	是	是	是	是	是	是	是

注: *、**、*** 分别表示在10%、5%、1%的水平上显著,括号内是 t 值。

(二) 农村居民消费结构非线性模型回归结果分析

考虑人口老龄化可能对农村居民消费占比存在非线性影响,在上述基础模型里面引入农村老年人口占比的平方项,以进一步分析人口老龄化对农村居民消费结构的非线性影响,回归结果见表4-11。可以看出,农村老年人口占比平方项除了对农村居民居住和交通通信消费占比影响不显著,对于另外六项消费占比都显著负相关。这表明农村人口老龄化和大多数类别的农村消费占比之间存在倒 U 型的非线性关系,即农村老年人口占比与除了居住和交通通信这两项之外的另六项消费占比之间,存在人口老龄化先正向促进这些类别消费占比提升,到达某一拐点之后,再负向抑制这些消费类别提升的非线性影响过程。

针对农村居民食品烟酒消费,对农村居民老年人口占比求一阶导数,即 $4.196-0.304^* rer = 0$,从而人口老龄化拐点数值为13.803,即当农村老年人口占比不超过13.803%时,农村居民的食品烟酒消费占比随人口老龄化程度的增加而增加,反之,当老龄化程度进一步加深超过拐点后,农村居民在食品烟酒方面的消费占比随着人口老龄化程度的继续加深而下降,即深度老龄化会抑制农村居民食品烟酒消费占比的增加。同理,农村人口老龄化影响农村居民衣着、生活用品及服务、教育文化娱乐、医疗保健和其他用品及服务消费占比的老年人口占比拐点分别为17%、15.345%、12.793%、16.189%、16.286%,即当农村老年人口占比数值低于相应拐点时,农村居民在相应类别的消费占比随

表 4-11　农村居民消费结构非线性模型回归结果

变量	rcp1	rcp2	rcp3	rcp4	rcp5	rcp6	rcp7	rcp8
rer	4.196***	0.578***	0.653	1.013***	-0.019	1.484***	1.716***	0.684***
	(6.061)	(4.255)	(1.088)	(6.782)	(-0.063)	(4.365)	(4.637)	(6.245)
rer^2	-0.152***	-0.017***	-0.027	-0.033***	-0.001	-0.058***	-0.053***	-0.021***
	(-5.936)	(-3.427)	(-1.202)	(-6.034)	(-0.115)	(-4.589)	(-3.882)	(-5.123)
ryr	-0.732***	-0.042	-0.558***	-0.069*	-0.079	-0.219***	0.005	-0.011
	(-4.539)	(-1.326)	(-3.988)	(-1.982)	(-1.127)	(-2.764)	(0.063)	(-0.445)
$lnric$	45.387***	9.026***	-8.823*	4.114***	8.448***	29.619***	11.228***	5.282***
	(8.058)	(8.159)	(-1.807)	(3.383)	(3.431)	(10.709)	(3.729)	(5.923)
rai	0.363	-0.268	-2.509*	-0.639*	0.595	0.017	-2.212***	0.424*
	(0.232)	(-0.874)	(-1.854)	(-1.896)	(0.871)	(0.022)	(-2.650)	(1.716)
ur	0.004	0.023***	-0.218***	-0.010	0.108***	0.009	-0.165***	0.011*
	(0.102)	(2.952)	(-6.368)	(-1.147)	(6.236)	(0.486)	(-7.824)	(1.800)
inf	0.073	-0.071	-0.063	0.000	-0.266***	0.007	-0.028	0.066*
	(0.317)	(-1.555)	(-0.313)	(0.006)	(-2.624)	(0.061)	(-0.223)	(1.788)
r	63.231***	10.255***	-10.065**	4.812***	5.415**	26.878***	12.465***	6.890***
	(12.384)	(10.227)	(-2.274)	(4.366)	(2.426)	(10.721)	(4.568)	(8.523)
$indg$	-0.019	0.007	0.391***	0.066***	-0.071***	-0.002	0.144***	0.021**
	(-0.307)	(0.615)	(7.394)	(4.996)	(-2.666)	(-0.053)	(4.417)	(2.155)
$pblc$	-0.360***	-0.057***	-0.172***	-0.090***	-0.050**	-0.143***	-0.117***	-0.016**
	(-7.378)	(-5.943)	(-4.074)	(-8.562)	(-2.327)	(-5.973)	(-4.483)	(-2.108)
常数项	-400.104	-82.153***	124.383***	-36.143***	-67.141***	-270.543***	-94.540***	-55.012***
	(-7.255)	(-7.585)	(2.602)	(-3.036)	(-2.785)	(-9.991)	(-3.207)	(-6.301)
观测值	540	540	540	540	540	540	540	540
R平方	0.847	0.556	0.348	0.497	0.686	0.592	0.691	0.576
时间效应	是	是	是	是	是	是	是	是
地区效应	是	是	是	是	是	是	是	是

注：*、**、***分别表示在10%、5%、1%的水平上显著，括号内是 t 值。

着农村人口老龄化程度的加深而增加,反之,超过拐点以后,农村人口老龄化的加深将抑制相应消费类别占比的提升。样本中农村老年占比最小值为4.142%,最大值为21.525%,均值和中位数分别为9.663%和9.252%,可知当前样本中大部分样本的老年人口占比都未达到非线性影响的拐点数值,所以人口老龄化对这些类别消费占比的影响仍处于拐点的左方,以正向促进效应为主。进行横向比较可以发现,农村居民在教育文化娱乐方面的消费占比对人口老龄化的敏感度最高(拐点值最小),衣着消费占比对人口老龄化的敏感度最低(拐点值最高)。

三、 交互项模型回归结果分析

(一) 城镇居民消费结构交互项模型回归结果分析

基于传统消费结构模型,居民可支配收入是影响居民消费率的核心变量,人口老龄化对居民消费率的影响,还会受到居民可支配收入的影响作用。因此,下文进一步对城镇居民可支配收入水平数据进行控制,引入城镇老年人口占比与城镇居民可支配收入对数的交互项,观察人口老龄化对城镇居民各项消费占比影响中收入变量的调节效应。回归结果见表4-12。

根据回归结果,城镇居民可支配收入与城镇居民老年人口占比的交互项对于城镇居民食品烟酒消费占比、生活用品及服务消费占比和教育文化娱乐消费占比三类消费占比显著正相关,对于城镇居民居住消费占比和其他用品及服务消费占比显著负相关,对于衣着、交通通信、医疗保健等三类消费占比则影响不显著。

交互项回归系数显著为正的结果表示,城镇居民可支配收入增加能够提升人口老龄化对城镇居民消费占比的边际影响。针对食品烟酒消费占比,可以得知当城镇居民可支配收入对数每提升一个百分点,老年人口占比对城镇居民食品烟酒消费占比的边际影响会正向提升0.586个单位。进一步对城镇居民老年人口占比指标求一阶导数,即$-6.058+0.586^* lnuic = 0$,可得城镇居民可支配收入对数的拐点为 10.388,即当城镇居民可支配收入的对数值不超过 10.388 时,人口老龄化对城镇居民食品烟酒消费占比的影响为负,反之,当城镇居民可支配收入对数值跃过 10.388 这一拐点值时,城镇居民食品烟酒消费占比会随着城镇人口老龄化程度加深而提高。同理,针对人口老龄化对城镇居民生活用品及服务和教育文化娱乐消费占比的影响变化,城镇居民可支配收入对数的拐点值分别为 10.466 和 12.172,即当城镇居民可支配收入的对数值分别小于 10.466 和 12.172 时,人口老龄化对城镇居民相应类别消费占比的影响为负,反之,则为正。

同时,从交互项回归系数为正的三类消费类别的横向比较看,在人口老龄化程度相同的条件下,城镇居民食品烟酒和生活用品及服务消费占比对可支配收入的敏感度接近,且都明显小于教育文化娱乐消费占比。当前样本中城镇居民可支配收入对数中位数为9.646,最小值为8.469,最大值为11.044,表示已经有部分省城镇居民可支配收入对数值跃过拐点,通过居民收入的调节效应,人口老龄化对城镇居民食品烟酒和生活用品及服务这两项消费占比体现为正向促进效应。但是关于人口老龄化对教育文化娱乐消费占比的影响,所有样本的城镇居民可支配收入对数值都未到达拐点,所以现阶段所包含的样本人口老龄化对城镇居民教育文化娱乐消费占比的影响都为负向抑制效应。

进一步,针对城镇居民居住消费占比和其他用品及服务消费占比,交互项回归系数表明城镇居民可支配收入每提升一个单位,城镇老年人口占比对城镇居民居住消费占比和其他用品及服务的边际影响会分别降低 1.139 个单位和 0.105 个单位。对城镇居民老年人口占比指标求解一阶导数,可得针对居住消费占比和其他用品及服务消费占比的城镇居民可支配收入对数的拐点分为别 10.251 和 9.543,即当城镇居民可支配收入的对数值小于拐点时,人口老龄化对城镇居民相应类别消费占比影响为正,反之为负。两者比较发现,在人口

表 4-12　城镇居民消费结构交互项模型回归结果

变量	ucp1	ucp2	ucp3	ucp4	ucp5	ucp6	ucp7	ucp8
uer	-6.058*** (-4.939)	-1.909 (-1.597)	11.667*** (6.022)	-1.706*** (-2.752)	1.576 (1.166)	-2.897** (-2.490)	-0.410 (-0.373)	1.002** (2.400)
lnuic	-21.561*** (-6.735)	-10.705*** (-3.432)	9.807* (1.939)	-3.965*** (-2.451)	-3.045 (-0.863)	-7.455** (-2.455)	-5.354* (-1.865)	3.320*** (3.045)
uer*lnuic	0.586*** (4.680)	0.186 (1.525)	-1.139*** (-5.756)	0.163** (2.574)	-0.191 (-1.384)	0.238** (2.001)	-0.014 (-0.127)	-0.105** (-2.472)
uyr	0.208** (1.994)	0.131 (1.295)	-0.410** (-2.495)	0.049 (0.940)	-0.121 (-1.052)	0.034 (0.347)	-0.090 (-0.963)	-0.069* (-1.955)
rai	1.744** (2.410)	1.109 (1.573)	-1.230 (-1.076)	-0.079 (-0.216)	0.061 (0.076)	-0.066 (-0.096)	0.702 (1.081)	-0.978*** (-3.967)
ur	0.053** (2.406)	0.001 (0.070)	-0.309*** (-8.948)	0.023** (2.117)	0.063*** (2.601)	0.092*** (4.418)	0.043** (2.204)	0.049** (6.520)
inf	0.069 (0.538)	0.137 (1.105)	0.034 (0.171)	-0.041 (-0.640)	0.025 (0.178)	-0.015 (-0.126)	0.017 (0.145)	-0.028 (-0.643)
r	-22.247*** (-8.509)	-10.330*** (-4.055)	6.684 (1.618)	-3.875*** (-2.932)	-0.602 (-0.209)	-5.930** (-2.391)	-3.985* (-1.700)	1.125 (1.264)
indg	-0.148*** (-4.325)	-0.024 (-0.718)	0.370*** (6.848)	-0.020 (-1.155)	0.036 (0.945)	-0.110** (-3.406)	-0.080*** (-2.612)	-0.015 (-1.254)
pblc	0.145*** (5.453)	0.046* (1.759)	-0.130*** (-3.089)	0.012 (0.897)	-0.048* (-1.651)	-0.000 (-0.003)	0.019 (0.782)	-0.019** (-2.092)
常数项	260.306*** (8.035)	117.454*** (3.721)	-67.763 (-1.324)	50.114*** (3.061)	44.712 (1.252)	95.678** (3.114)	68.311** (2.352)	-24.905** (-2.258)
观测值	540	540	540	540	540	540	540	540
R 平方	0.855	0.870	0.823	0.436	0.625	0.466	0.670	0.608
时间效应	是	是	是	是	是	是	是	是
地区效应	是	是	是	是	是	是	是	是

注：*、**、*** 分别表示在 10%、5%、1% 的水平上显著，括号内是 t 值。

老龄化程度相同的条件下,城镇居民其他用品及服务消费占比的拐点会比居住消费占比的拐点更早到来。结合当前样本中城镇居民可支配收入对数中位数为9.646,最大值为11.044,最小值为8.469,可知考察样本中已经有部分样本跃过了人口老龄化对城镇居民其他用品及服务以及居住消费占比的收入拐点,并且跃过其他用品及服务消费占比收入拐点的样本要比跃过居住消费占比拐点的样本数量多。

最后,衣着、交通通信和医疗保健消费占比三者的交互项回归系数不显著,表明城镇人口老龄化对这些类别的城镇居民消费占比的影响与城镇居民可支配收入水平无关。

(二) 农村居民消费结构交互项模型回归结果分析

考虑人口老龄化对农村居民消费结构的影响还会通过农村居民的可支配收入水平产生作用,进一步把农村老年人口占比和农村居民可支配收入对数的交互项纳入基础模型,回归结果见表4-13。可以看出,交互项对农村居民居住消费占比和交通通信消费占比影响不显著,对除这两项之外的其他六项消费占比都影响显著为负,即农村居民可支配收入水平的提升,会显著降低农村人口老龄化对农村居民相应消费类别的边际影响。

根据回归结果,交互项对农村居民食品烟酒、衣着、生活用品及服务、教育文化娱乐、医疗保健、其他用品及服务消费占比的回归系数都为负数,表示农村居民可支配收入对数每提高1%,农村人口老龄化对上述农村各项消费支出的边际影响将相应的分别下降1.343、0.133、0.217、0.340、0.704、0.206个单位。针对农村居民食品烟酒消费占比,对农村居民老年人口占比指标进行一阶求导,具体为 $12.904 - 1.343^* lnric = 0$,得 $lnric = 9.608$。即当农村居民可支配收入的对数值不超过9.608时,人口老龄化对农村居民食品烟酒消费占比的影响为正,反之,当农村居民可支配收入对数超过拐点时,人口老龄化对农村居民食品烟酒消费占比的影响为负。同理,计算得出人口老龄化影响农村居民

表 4-13 农村居民消费结构交互项模型回归结果

变量	rcp1	rcp2	rcp3	rcp4	rcp5	rcp6	rcp7	rcp8
rer	12.904***	1.385***	-0.292	2.190***	-0.755	3.187***	6.973***	2.086***
	(9.667)	(5.067)	(-0.240)	(7.293)	(-1.231)	(4.623)	(9.971)	(9.917)
lnric	54.633***	10.013***	-8.039*	5.893***	8.252***	32.585***	15.210***	6.617***
	(10.289)	(9.208)	(-1.657)	(4.934)	(3.381)	(11.881)	(5.468)	(7.907)
rer*lnric	-1.343***	-0.133***	0.027	-0.217***	0.075	-0.340***	-0.704***	-0.206***
	(-9.571)	(-4.632)	(0.209)	(-6.867)	(1.156)	(-4.688)	(-9.580)	(-9.315)
ryr	-0.619***	-0.033	-0.589***	-0.059*	-0.095	-0.209***	0.091	0.009
	(-4.020)	(-1.042)	(-4.186)	(-1.710)	(-1.346)	(-2.627)	(1.128)	(0.353)
rai	3.426**	0.046	-2.432*	-0.104	0.470	0.881	-0.729	0.882***
	(2.285)	(0.149)	(-1.775)	(-0.308)	(0.682)	(1.138)	(-0.928)	(3.733)
ur	0.043	0.026***	-0.231***	-0.007	0.101***	0.012	-0.134***	0.018***
	(1.147)	(3.355)	(-6.702)	(-0.831)	(5.861)	(0.591)	(-6.776)	(3.081)
inf	0.100	-0.069	-0.070	0.003	-0.270***	0.009	-0.008	0.070**
	(0.452)	(-1.523)	(-0.347)	(0.053)	(-2.663)	(0.083)	(-0.071)	(2.023)
r	60.363***	10.000***	-9.610***	4.467***	5.704**	26.409***	10.606***	6.416***
	(12.406)	(10.036)	(-2.161)	(4.081)	(2.551)	(10.509)	(4.161)	(8.367)
indg	-0.070	0.002	0.393***	0.058*	-0.068**	-0.014	0.116***	0.013
	(-1.203)	(0.197)	(7.384)	(4.412)	(-2.539)	(-0.464)	(3.811)	(1.402)
pblc	-0.304***	-0.052***	-0.177***	-0.082***	-0.054**	-0.131***	-0.085***	-0.007
	(-6.481)	(-5.377)	(-4.125)	(-7.786)	(-2.498)	(-5.413)	(-3.439)	(-1.000)
常数项	-474.208***	-89.753***	122.361*	-49.144***	-64.173***	-291.559***	-130.270***	-66.079***
	(-9.010)	(-8.328)	(2.544)	(-4.151)	(-2.653)	(-10.725)	(-4.725)	(-7.966)
观测值	540	540	540	540	540	540	540	540
R平方	0.862	0.564	0.346	0.508	0.686	0.593	0.733	0.621
时间效应	是	是	是	是	是	是	是	是
地区效应	是	是	是	是	是	是	是	是

注：*、**、*** 分别表示在 10%、5%、1% 的水平上显著，括号内是 t 值。

衣着、生活用品及服务、教育文化娱乐、医疗保健和其他用品及服务消费的可支配收入对数的拐点值分别为 10.414、10.092、9.374、9.905 和 10.126。即当农村居民可支配收入的对数值小于拐点时,人口老龄化对农村居民相应类别消费占比影响为正,反之,影响为负。结合农村居民可支配收入对数值的统计分析,样本最大值为 10.234,最小值为 7.226,样本均值和中位数分别为 8.565 和 8.56,表示大部分样本的居民可支配收入对数值都尚未到达人口老龄化影响居民各类消费结构的拐点,所以人口老龄化对农村居民相关类别消费占比的影响主要体现为正向促进效应。此外,通过比较发现,农村居民在教育文化娱乐消费方面对可支配收入水平的敏感度较高(拐点值最小),衣着消费占比对可支配收入的敏感度相对最低(拐点值最高)。

四、 稳健性检验

为了进一步检验上述回归结果的稳健性,采用城镇老年抚养比和农村老年抚养比分别替代城镇老年人口占比和农村老年人口占比指标,对人口老龄化影响居民消费结构的稳健性进行检验。回归结果分别见表 4-14、表 4-15。首先,从城镇消费结构的回归模型看,用城镇老年抚养比衡量城镇人口老龄化程度的回归系数和城镇消费结构基础模型的影响基本一致,即除对城镇居民居住消费占比影响为正之外,人口老龄化对城镇居民消费结构中的其他消费占比显著为负,即人口老龄化抑制了城镇居民除居住以外其他多项消费占比的增加。其次,从农村居民消费结构的回归模型看,用农村老年抚养比衡量农村人口老龄化程度的回归系数和农村消费结构基础模型基本一致,即人口老龄化程度加深能显著提升农村居民在衣着消费、生活用品及服务消费、医疗保健消费和其他用品及服务消费方面消费占比的提升。基于上述结果,可以认为本书构建的基准模型稳健性较高,具备较好的应用价值。

表 4-14　城镇居民消费结构基础模型稳健性检验估计结果

变量	ucp1	ucp2	ucp3	ucp4	ucp5	ucp6	ucp7	ucp8
$uodr$	-0.213**	-0.088	0.383***	-0.071	-0.161	-0.354***	-0.337***	-0.009
	(-2.355)	(-1.017)	(2.654)	(-1.574)	(-1.643)	(-4.188)	(-4.233)	(-0.306)
uyr	0.328***	0.166*	-0.630***	0.085*	-0.114	0.132	-0.031	-0.081**
	(3.179)	(1.687)	(-3.830)	(1.665)	(-1.028)	(1.374)	(-0.337)	(-2.340)
$lnuic$	-14.482***	-8.408***	-4.017	-2.005	-5.455*	-4.679*	-5.641**	2.019**
	(-5.037)	(-3.066)	(-0.876)	(-1.402)	(-1.757)	(-1.743)	(-2.233)	(2.097)
rai	2.032***	1.212*	-1.802	-0.000	-0.040	0.048	0.692	-1.032***
	(2.755)	(1.723)	(-1.531)	(-0.000)	(-0.050)	(0.070)	(1.069)	(-4.180)
ur	0.078***	0.008	-0.356***	0.031***	0.057*	0.104***	0.045**	0.045***
	(3.587)	(0.369)	(-10.270)	(2.834)	(2.422)	(5.114)	(2.342)	(6.147)
inf	0.071	0.135	0.034	-0.040	0.027	-0.012	0.019	-0.027
	(0.541)	(1.086)	(0.164)	(-0.623)	(0.195)	(-0.101)	(0.165)	(-0.626)
r	-19.733***	-9.594***	1.870	-3.172**	-1.386	-4.899**	-4.038*	0.687
	(-7.539)	(-3.843)	(0.448)	(-2.435)	(-0.490)	(-2.005)	(-1.756)	(0.783)
$indg$	-0.183***	-0.033	0.436***	-0.030*	0.045	-0.126***	-0.080***	-0.009
	(-5.371)	(-1.021)	(8.013)	(-1.766)	(1.233)	(-3.948)	(-2.676)	(-0.767)
$pblc$	0.146***	0.044*	-0.129***	0.013	-0.045	0.003	0.022	-0.018**
	(5.398)	(1.693)	(-2.988)	(0.940)	(-1.546)	(0.135)	(0.933)	(-2.002)
常数项	187.148***	94.259***	74.181	29.742**	67.861***	65.256**	69.137***	-11.897
	(6.435)	(3.398)	(1.599)	(2.056)	(2.160)	(2.403)	(2.706)	(-1.222)
观测值	540	540	540	540	540	540	540	540
R平方	0.848	0.870	0.810	0.428	0.623	0.458	0.668	0.602
时间效应	是	是	是	是	是	是	是	是
地区效应	是	是	是	是	是	是	是	是

注:*、**、***分别表示在10%、5%、1%的水平上显著,括号内是 t 值。

表 4-15　农村居民消费结构基础模型稳健性检验估计结果

变量	rcp1	rcp2	rcp3	rcp4	rcp5	rcp6	rcp7	rcp8
$rodr$	0.155	0.084***	-0.030	0.088***	-0.038	-0.009	0.215***	0.089***
	(1.290)	(3.656)	(-0.301)	(3.398)	(-0.755)	(-0.146)	(3.419)	(4.722)
ryr	-0.912***	-0.076**	-0.578***	-0.120***	-0.073	-0.273***	-0.090	-0.050*
	(-5.519)	(-2.401)	(-4.172)	(-3.361)	(-1.051)	(-3.412)	(-1.044)	(-1.935)
$lnric$	50.386***	9.595***	-7.926	5.248***	8.515***	31.494***	12.983***	5.993***
	(8.754)	(8.701)	(-1.643)	(4.218)	(3.506)	(11.298)	(4.310)	(6.639)
rai	1.122	-0.164	-2.385*	-0.448	0.598	0.281	-1.902**	0.554**
	(0.699)	(-0.534)	(-1.773)	(-1.290)	(0.883)	(0.362)	(-2.265)	(2.200)
ur	-0.058	0.016**	-0.229***	-0.024**	0.107***	-0.014	-0.187***	0.003
	(-1.477)	(2.078)	(-6.926)	(-2.766)	(6.447)	(-0.735)	(-9.080)	(0.419)
inf	0.042	-0.073	-0.070	-0.007	-0.268***	-0.006	-0.036	0.062
	(0.174)	(-1.597)	(-0.348)	(-0.131)	(-2.643)	(-0.047)	(-0.290)	(1.639)
r	65.338***	10.523***	-9.717**	5.304***	5.419***	27.645***	13.273***	7.211***
	(12.400)	(10.423)	(-2.200)	(4.656)	(2.437)	(10.832)	(4.813)	(8.726)
$indg$	-0.016	0.007	0.392***	0.066***	-0.071***	0.000	0.143***	0.020**
	(-0.250)	(0.575)	(7.418)	(4.820)	(-2.658)	(0.012)	(4.340)	(2.059)
$pblc$	-0.377***	-0.059***	-0.176***	-0.094***	-0.050**	-0.150***	-0.122***	-0.018**
	(-7.476)	(-6.065)	(-4.157)	(-8.617)	(-2.356)	(-6.130)	(-4.629)	(-2.336)
常数项	-417.636***	-83.859***	120.928**	-39.990***	-67.620***	-277.353***	-100.014***	-57.284***
	(-7.329)	(-7.681)	(2.532)	(-3.246)	(-2.812)	(-10.049)	(-3.354)	(-6.410)
观测值	540	540	540	540	540	540	540	540
R平方	0.836	0.546	0.346	0.459	0.686	0.575	0.683	0.554
时间效应	是	是	是	是	是	是	是	是
地区效应	是	是	是	是	是	是	是	是

注：*，**，***分别表示在10%、5%、1%的水平上显著，括号内是 t 值。

本章小结

本章采用固定效应面板模型就人口老龄化对城乡居民消费的影响进行了实证分析,并在基础模型中逐步增加核心解释变量的平方项及其与收入的交互项进行回归,以考察人口老龄化对居民消费的非线性影响,以及收入因素在人口老龄化对居民消费影响中的调节效应,同时也考虑分城乡、分区域、分时间阶段进行分组回归,根据实证回归结果得出以下主要结论。

一、 人口老龄化影响居民消费率的实证分析主要结论

第一,人口老龄化对居民消费率、城镇居民消费率、农村居民消费率都有显著的抑制效应,并且分城乡来看,人口老龄化对城镇居民消费率的抑制效应大于农村。这是由于农村居民老年时候与年轻时候的收入差距比城镇居民要小,城镇居民年老以后由于工资收入大幅减少而消费水平下降,但是农村居民年老时与年轻时相比收入降幅不如城镇居民,所以人口老龄化对农村居民的抑制效应比城镇居民要小。

第二,农村人口老龄化对农村居民消费率的影响存在正 U 型非线性关系,表明在农村人口老龄化初期,农村居民消费率随人口老龄化的加深而递减;而当农村人口老龄化程度达到某个拐点之后,农村居民消费率将随着农村人口老龄化程度的加深而递增。农村老年人口占比数值等于 19.357% 为农村人口老龄化对农村居民消费率的影响拐点,在此之前,农村人口老龄化对农村居民消费率的影响以负向抑制效应为主;在此之后,农村人口老龄化对农村居民消费率的影响开始显示为正向促进效应。当前农村样本人口老龄化程度还大部分小于拐点数值,所以农村人口老龄化对农村居民消费率的影响现阶段仍然以负向抑制效应为主。

第三,农村居民可支配收入增加可以提高农村人口老龄化对农村居民消

费率的边际影响效应。农村居民收入每提高 1%，农村人口老龄化对农村居民消费率的边际影响效果会正向上升 0.152 个单位，即农村人口老龄化对农村居民消费率的抑制效应会减少 0.152 个单位。农村居民可支配收入水平对农村人口老龄化影响农村居民消费率的调节效应存在拐点，该拐点值为农村居民可支配收入对数等于 11.178。当农村居民可支配收入对数值小于 11.178 时，农村人口老龄化对农村居民消费率的影响为负，反之为正。当前所有农村样本居民可支配收入水平都未到达拐点，所以当前农村人口老龄化对农村居民消费率的影响体现为负向抑制效应。

第四，分区域来看，人口老龄化对居民消费率的抑制效应，严格遵循西部最大、中部次之、东部最小的排序。表明随着区域经济发展程度越高，人口老龄化对居民消费率的抑制效应会逐渐减弱，而东部地区由于经济比较发达，抑制效应已经转为促进效应，但是回归结果不显著。进一步把总样本分成城镇样本和农村样本以后再分别进行分地区分组回归，发现各个区域内部人口老龄化对城乡居民消费率的影响差异并不大，说明在经济发展程度相同的地区，农村居民消费方式和消费水平正在逐渐向城市居民学习靠近。

第五，人口老龄化对居民消费率的影响具有鲜明的阶段性特征，人口老龄化对居民消费率的抑制效应会随着人口老龄化程度的加深而不再显著。分时间阶段来看，在 2000—2009 年人口老龄化发展初期，总样本、城镇样本、农村样本人口老龄化对居民消费率的回归系数均显著为负；但是在 2010—2017 年人口老龄化加速发展时期，总样本、城镇样本、农村样本人口老龄化对居民消费率的回归系数有正有负，但是均不显著。表明随着人口老龄化程度的加深，银发市场加快发展，人口老龄化对居民消费率的抑制作用将逐渐减弱。

二、 人口老龄化影响居民消费结构的实证分析主要结论

第一，人口老龄化对城乡居民消费结构的影响具有异质性。城镇人口老

龄化与城镇居民居住消费占比显著正相关,与城镇居民食品烟酒、生活用品及服务、交通通信、教育文化娱乐、医疗保健消费占比显著负相关。表明人口老龄化对城镇居民各类消费占比的影响以抑制效应为主,不利于城镇居民消费结构升级。农村人口老龄化与农村居民衣着、生活用品及服务、医疗保健、其他用品及服务消费占比显著正相关,对其他消费占比影响不显著。表明人口老龄化对农村居民各类消费支出占比以促进效应为主,有利于促进农村居民生活水平的提升。这是因为近年来农村消费市场及流通渠道加快发展,以及进城务工的农民把城里的消费观念和方式带回农村,从而对生活品质类农村消费占比形成了促进效应。

第二,人口老龄化对居民消费结构具有非线性影响关系。在基础模型中引入人口老龄化指标平方项进行回归,发现城镇人口老龄化关于城镇居民食品烟酒和教育文化娱乐消费占比存在正 U 型非线性关系,即当城镇人口老龄化程度较低时,这两项城镇居民消费占比会随着城镇人口老龄化程度的加深而逐步降低,而当城镇人口老龄化程度到达某一拐点之后,这两项城镇居民消费占比会随着城镇人口老龄化程度的继续提升而逐步上升。农村人口老龄化关于农村居民食品烟酒、衣着、生活用品及服务、教育文化娱乐、医疗保健和其他用品及服务消费占比存在倒 U 型非线性关系,即当农村人口老龄化程度较低时,这六项农村居民消费占比会随着农村人口老龄化程度的加深而上升,而当农村人口老龄化程度到达某一拐点之后,这六项农村居民消费占比会随着农村人口老龄化程度的继续加深而逐步下降。

第三,居民可支配收入水平对于人口老龄化对居民消费结构的影响具有显著的调节效应。在基础模型中引入居民可支配收入和人口老龄化指标的交互项进行回归,发现城镇居民可支配收入的提高能够显著减小城镇人口老龄化对城镇居民食品烟酒、生活用品及服务和教育文化娱乐消费占比的负向抑制效应,也能够显著降低城镇人口老龄化对城镇居民居住和其他用品及服务消费占比的正向促进效应。另外,农村居民可支配收入提高会显著降低农村人口老龄化对农村居民食品烟酒、衣着、生活用品及服务、教育文化娱乐、医疗保健、其他用品及服务消费占比的正向促进效应。这说明围绕人口老龄化对居民消费结构的影响,收入的调节效应城镇主要体现为正向促进效应,农村主要体现为负向抑制效应。这与城乡二元结构的收入差距和社会养老医疗保障制度有关,城镇居民收入提高主要用来消费,农村居民出于谨慎动机和对未来养老的担忧则会选择把提高的收入进行储蓄。

第五章
人口老龄化影响家庭^①消费的实证分析——基于微观数据

本章利用 2011 年、2013 年、2015 年中国健康与养老追踪调查(China Health and Retirement Longitudinal Study, CHARLS)数据库中截取出的非平衡面板数据,以至少包含一位 60 岁以上老年人成员的家庭为研究对象,采用稳健最小二乘法和分位数模型,从微观家庭层面就人口老龄化对家庭消费的影响展开实证研究。以往研究人口老龄化影响居民消费的文献多从宏观面板数据出发,近年来随着国内大规模调查数据库的建立和完善,基于微观数据的实证研究逐渐增多。如王萌迪(2013)使用 1995—2013 年 CHIP 城镇调查数据,以家庭为研究单位,计算剔除年龄效应的基尼系数,考察人口老龄化对城镇居民消费不平等的影响。李林、赵昕东(2015)使用 CHIP 数据对中国城镇居民人口老龄化与消费和收入不平等之间的关系进行了实证分析。但上述研究总体而言都缺乏对老年群体本身的研究,他们的消费特征受家庭成员、个人特征甚至消费层级等因素的影响。基于此,展开本章的分析和论述。

本章章节布局如下:第一节为人口老龄化对家庭消费影响的理论模型设定和数据整理描述;第二节进行人口老龄化对家庭消费率的实证分析,并按照样本所在城乡、区域进行分组回归;第三节进行人口老龄化对家庭消费结构的实证分析,分别分析人口老龄化对八大类消费结构的影响;本章小结根据实证

---

① 本章所指的家庭指至少包含一位 60 岁以上老年人成员的家庭。

分析结果得出本章主要结论。

第一节　变量设定和模型建立

一、理论模型设定

人口老龄化除了从宏观层面影响整个社会的居民消费水平,还会从微观层面影响家庭的消费水平。基于前文微观层面人口老龄化影响家庭消费的理论分析,下文重点设定人口老龄化影响家庭消费率和家庭消费结构的理论模型,为后文的实证分析做准备。

(一)人口老龄化影响家庭消费率的模型设定

根据生命周期理论,人在老年时没有收入,依靠过去的储蓄进行消费,表现出较高的消费倾向。一般来说,老年人退休以后工资性收入会大幅下降,从而根据生命周期假说其个体消费倾向趋于提高,而且对于家庭而言家庭养老负担加重而家庭成员收入减少,家庭消费倾向也会趋于提高。但是由于预防性储蓄动机和遗赠动机的存在,使得现实生活中老年人可能会倾向于增加储蓄以应对不确定性风险或者遗赠给下一代,而不是正好在生命结束时花光所有的储蓄不留任何遗产,偏离生命周期假说的理论预期轨迹。根据家庭储蓄需求假说,老年人会把子女视作财富的一部分,会由于家庭子女的数量及表现对其储蓄和消费决策产生影响,从而老年人与其子女间的经济往来会对家庭消费倾向产生更加复杂的影响。因此,人口老龄化基于收入效应和储蓄效应会对家庭消费率产生影响,影响方向由二者的相互作用程度决定。

为了从微观层面研究以家庭为单位的人口老龄化对家庭消费率的影响,本章利用CHARLS 2011、2013、2015三年的截面数据,并采用最小二乘法进行回归分析。回归分析理论模型设定为：

$$\ln consumatio_{it} = \beta_0 + \beta_1 \ln laoratio_{it} + \beta_2 medical_{it} + \beta_3 pension_{it} + \beta_4 education_{it}$$
$$+ \beta_5 single_{it} + \beta_6 nojob_{it} + \sum_t year + \sum_j province + \varepsilon_{it}$$

$$(5\text{-}1)$$

其中，被解释变量 $\ln consumratio$ 为家庭消费率（家庭年消费支出占家庭年收入的比值）的对数值，核心解释变量 $\ln laoratio$ 为家庭老年人口占比（家庭 60 岁以上老年人口占家庭总人口的比值），控制变量包括 $medical$（居民医疗保险）、$pension$（居民养老保险）、$education$（受教育水平）、$single$（受访者是否有伴侣）、$nojob$（家庭失业人数），$year$ 和 $province$ 分别为年份和省份，分别用于控制时间效应和地区效应，ε_{it} 为随机扰动项。

鉴于基准模型（5-1）所给出的回归结果本质上是一个均值回归，难以反映整个条件分布的全貌，故进一步采取分位数回归，使用残差绝对值的加权平均作为最小化的目标函数。选取被解释变量在 25、50、75 分位数，以便具体考察处于这三种不同消费水平的居民，其家庭消费率对各个自变量边际消费倾向的差异。分位数回归不仅能更好地反映回归的全貌，更有利于减少回归模型对个别极端值的敏感性，而且能够对基准模型回归结果的稳健性进行识别。人口老龄化对家庭消费率影响的分位数回归模型设定如下：

$$\ln consumatio_{it}(\tau) = \beta_0 + \beta_1 \ln laoratio_{it} + \beta_2 medical_{it} + \beta_3 pension_{it} + \beta_4 education_{it}$$
$$+ \beta_5 single_{it} + \beta_6 nojob_{it} + \sum_t year + \sum_j province + \varepsilon_{it}$$

$$(5\text{-}2)$$

其中，$\tau = 0.25$、0.50、0.75，控制变量和基准模型保持一致。

（二）人口老龄化影响家庭消费结构的模型设定

人口老龄化不仅会对家庭消费率产生影响，还会影响家庭消费结构发生变化。根据马斯洛需求层次理论,以及人口社会学中的"队列效应"和"年龄效应",人在不同的生命阶段所偏好的商品需求和服务不同,消费层次也会发生变化。老年人由于处于特殊的人生阶段,个体生理、心理机能发生变化,以及消费惯性的保留和社会角色的转换,老年人消费需求偏好与其他年龄阶段相比会产生变化,加上家庭中年轻子女为老消费行为等特征,会共同作用于家庭消费结构,使得人口老龄化对家庭消费结构产生影响。

基于计量模型(5-1),将人口老龄化对家庭消费结构影响的模型设定如下:

$$\ln cateratio_{it} = \beta_0 + \beta_1 \ln laoratio_{it} + \beta_2 medical_{it} + \beta_3 pension_{it} + \beta_4 education_{it}$$
$$+ \beta_5 single_{it} + \beta_6 nojob_{it} + \sum_t year + \sum_j province + \varepsilon_{it}$$

$$(5\text{-}3)$$

其中,$\ln cateratio$ 为家庭各项消费支出占家庭总消费支出的比值的对数,消费结构参照国家统计局八大类分类标准,具体共分为食品烟酒、衣着、居住、生活用品及服务、交通通信、教育文化娱乐、医疗保健、其他用品及服务八个类别。

二、 数据整理和描述

(一) 数据来源与筛选

中国健康与养老追踪调查(China Health and Retirement Longitudinal Study,CHARLS)是北京大学国家发展研究院中国经济研究中心主持的项目,样本对象主要面对中国年龄在 45 岁及以上的中老年个人及其家庭,致力于提供高质量的微观数据样本以推动中国人口老龄化问题研究。CHARLS 全国基线调查自 2011 年以来每隔 2 年开展一次,覆盖区域范围涵盖中国 150 个县级单位和

450 个村级单位,样本数量大概包含约 1 万户家庭中的 1.7 万人。

居民消费最基本单元为家庭消费,本部分从微观家庭层面入手研究人口老龄化对家庭消费的影响,研究数据选取 CHARLS 于 2011 年、2013 年、2015 年所开展的三轮追踪调查所搜集的个体、家庭数据,筛选并构造出家庭消费支出数据、家庭年收入数据、家庭消费率、家庭老龄化率、受访者年龄、参加医疗保险和养老保险情况、受教育水平、伴侣情况、失业情况、家庭人口数量,家庭中 60 岁以上老年人数等若干指标,以进行研究。

(二) 变量整理和设定

1. 家庭消费支出数据(Consumption):根据追踪调查数据中家庭各项消费支出剔除捐赠数据以后加总得到。本书采用样本调查中关于家庭消费支出 13 个变量的 ge010_1 到 ge010_12 一共 12 个消费数据之和作为家庭消费支出。

表 5-1   家庭消费支出变量说明

ge010_1	Clothing and Bedding	衣服和床上用品
ge010_2	Long Distance Travelling Expenses	长途旅行费
ge010_3	Heating	加热
ge010_4	Furniture and Consumption of Durable Goods	家具与耐用品消费
ge010_5	Education and Training	教育和培训
ge010_6	Medical Expenditure	医疗费用
ge010_7	Fitness Expenditure	健身支出
ge010_8	Beauty	美容
ge010_9	Automobiles	汽车
ge010_10	Purchase, Maintenance and Repair	采购、维护和维修
ge010_11	Property Management Fees	物业管理费
ge010_12	Taxes and Fees Turned Over to the Government	上缴政府税费
ge010_13	Donations to the Society	社会捐赠

2. 家庭年收入数据(HH_total):家庭年收入共包括 5 个部分:家户工资收入+个人转移收入+农业收入+个体经营收入+政府转移收入。其中,工资收入的计算分两部分:家户受访者及其配偶的工资(个人收入数据)+其他家户成员

的工资收入(家户收入数据);农业收入包含三部分:农林产品+牲畜水产品+农副产品。其中个人年收入数据=工资性收入+个人转移收入。

3. 家庭消费率:家庭消费/家庭收入,用于衡量家庭消费水平变化。

4. 家庭老龄化率:家庭中60岁以上老年人口数量(pop60)/家庭规模(population)。

5. 被调查者年龄数据(Age)。

6. 参加医疗保险情况(Medical),未参加=0,参加=1。

7. 参加养老保险情况(Pension),未参加=0,参加=1。

8. 伴侣情况(Single),有伴侣=0,没伴侣=1。

9. 家庭失业人数(Nojob)。判断标准为:有工资或者从事农业的为就业;18岁以上没就业也没上学的为失业。

10. 受访者受教育水平(Education)。

11. 家中同住人数:即与被调查者居住在同一个家庭的人数。包括父母人数、子女人数、调查者本人及其配偶。

12. 家庭中60岁以上老年人数(pop60)。

(三)变量统计特征

表5-2给出了本章所用统计数据的描述性统计。观察样本年龄数值,最大值为101岁,最小值为45岁,均值为约59岁,可知样本中人口总体年龄结构偏老,家庭人口年龄结构也总体偏老。同时从家庭规模人数及家庭中60岁以上老年人数来看,最小规模的家庭仅有一人,而规模最大的家庭有16人,老年人最多的家庭有9位老年人。由于以60岁退休年龄为界限,本章将家庭中60岁以上人口占比设定为家庭老龄化率指标,可知样本中家庭老龄化率水平会相对偏高,从样本均值来看家庭老年人口占比均值达到47.8%,远高于一般意义上衡量一个国家或地区步入人口老龄化社会的7%指标。

根据第三章实证结果,农村老年人口占比数值等于19.357%为农村人口老龄化对农村居民消费率的影响拐点,超过该拐点后人口老龄化对农村居民消费率的影响将由负转正。由于微观家庭层面的人口老龄化样本均值大幅高于宏观数据实证分析的拐点值,可知微观家庭层面人口老龄化对居民消费率的影响可能显著为正。这是由微观数据家庭样本容量特性决定的,而 CHARLS 微观数据库选取 45 岁以上个体及家庭为调查样本,进一步提高了样本的家庭老龄化率。

观察样本家庭在家庭消费、家庭收入、家庭消费率等核心变量方面的最小值、最大值及均值,可知样本家庭在家庭消费率方面也存在巨大的差距。据此可分析不同家庭人口老龄化程度对家庭消费率的影响效应。

表 5-2　基本变量描述性统计

变量名称	变量含义	观测值	均值	标准差	最小值	最大值
consumption	家庭消费	38 897	12 267.51	32 094.7	1	1 338 000
HH_total	家庭收入	43 255	26 580.47	48 066.69	1	3 032 000
conratio	家庭消费率	24 997	0.281 284 2	0.248 375 7	1.84e−06	0.997 442 5
laoratio	家庭老龄化率	55 621	0.477 571 1	0.385 257 7	0	1
age	年龄	43 231	58.957 32	9.899 584	45	101
medical	医疗保险	28 752	0.917 258	0.275 497	0	1
pension	养老保险	43 097	0.584 147	0.492 874	0	1
education	受教育程度	28 203	3.422 756	1.960 069	1	11
single	是否有伴侣	43 255	0.134 782	0.341 495	0	1
nojob	家庭失业人数	43 255	1.116 703	1.127 91	0	9
population	家庭规模	43 255	3.417 547	1.662 623	1	16
pop60	60 岁以上老人	40 096	1.815 792	0.524 150 3	1	9

三、 变量相关性分析

为了避免解释变量之间相关性过高而出现估计的偏差,本书首先对截面数据变量进行相关性检验。表 5-3 给出了解释变量的相关系数矩阵。从表中可以看出,各个变量间不存在显著相关,故可以排除回归中的多重共线性等问题。基于此,下文基于理论模型假设进行实证分析。

表 5-3　解释变量的相关系数矩阵

	ln conratio	ln laoratio	edu	medical	pension	nojob	single
ln conratio	1.000						
ln laoratio	−0.029	1.000					
edu	−0.101	−0.002	1.000				
medical	0.044	−0.109	0.054	1.000			
pension	−0.010	−0.019	0.051	0.071	1.000		
nojob	−0.049	0.013	0.151	−0.341	−0.236	1.000	
single	0.061	−0.024	−0.151	−0.085	−0.053	−0.096	1.000

第二节　人口老龄化影响家庭消费率的回归结果分析

一、总体回归结果分析

（一）总样本回归结果分析

由于 CHARLS 调查数据为非连续性数据,考虑变量可能存在的异方差问题,主要采用稳健最小二乘法和分位数模型对计量模型进行估计。表 5-4 给出了全样本及不同分位数水平条件下家庭人口老龄化率对家庭消费率的回归结果。

第一,从回归结果看,家庭老年人口占比和家庭消费率之间呈现显著的正相关关系,表明家庭人口老龄化会促进家庭消费率的增加,且家庭中老年人口占比每提升一个百分点,家庭消费率将增加 0.518 个百分点。这是因为,当前社会上 60 岁以上人口基本处于退休状态,对家庭收入的贡献较少,老年人的消费倾向较高,而家庭中老年人比重增加,直接导致家庭整体的消费倾向变高,家庭消费率也因此提高。

第二,从各分位数水平家庭老年人口占比的回归系数看,家庭老年人口占比和不同分位数的家庭消费率水平呈现稳健的正相关关系,并且回归系数基本稳定在 0.4—0.5 之间,表明对于不同分位数家庭消费率的家庭而言,人口老龄化对他们家庭消费率的影响差距并不大。随着分位数水平的提高,家庭老年人口占比的回归系数呈现先上升后下降的特征。这一结果可能源于低分位数家庭消费率人群和高分位数家庭消费率人群对家庭人口老龄化的敏感度要稍微低于中等分位数家庭消费率人群,这可能是由于低分位数的家庭收入水平较低消费刚性较大,而高分位数家庭经济条件较好,对老年人的养老费用相对不敏感。

第三,从控制变量看,居民医疗保险、养老保险和家庭消费率之间显著正相关,表明随着社会保障制度的完善,家庭在养老方面的预防性储蓄减少,能够有效促进家庭消费倾向的提升。居民受教育程度、家庭失业人数和居民消费率呈现显著的负相关。是否有伴侣对家庭消费率的回归系数为负但是不显著。从各分位数水平的控制变量看,系数显著性基本和全样本方向一致。其中,参与医疗保险对消费率的促进作用随着分位数水平的提高而增大,表明医疗保险制度越完善,对居民消费的促进作用越大。养老保险则对中高分位数的家庭消费率系数为正但是不显著,这可能是对于家庭消费率较高的家庭而言,经济收入条件较好,老年人的养老保险收入对家庭消费水平的影响不敏感。受教育程度随着分位数水平的提高对家庭消费率的挤出效应逐渐减小,这是因为家庭消费率越高的家庭收入条件越好,教育支出费用在家庭收入中的占比相对越小。家庭失业人数对中等分位数家庭消费率的抑制作用最高,表明中等分位数消费率水平的家庭与中、高分位数消费率家庭相比,失业人数造成家庭消费减少的影响最为敏感。

表 5-4　总样本回归结果

	全样本	P25	P50	P75
ln *laoratio*	0.518 ***	0.432 ***	0.500 ***	0.485 ***
	(9.92)	(6.97)	(6.80)	(6.27)
medical	0.350 ***	0.288 **	0.417 ***	0.547 ***
	(3.26)	(2.30)	(2.81)	(3.49)
pension	0.144 **	0.240 ***	0.079	0.094
	(2.21)	(3.30)	(0.92)	(1.04)

续表

	全样本	P25	P50	P75
edu	−0.030 **	−0.050 ***	−0.047 **	−0.033 *
	(−2.14)	(−3.17)	(−2.49)	(−1.65)
single	−0.113	−0.105	−0.205 *	−0.148
	(−1.43)	(−1.10)	(−1.80)	(−1.24)
nojob	−0.146 ***	−0.121 ***	−0.174 ***	−0.153 ***
	(−5.96)	(−4.26)	(−5.16)	(−4.31)
常数项	−1.874 ***	−2.588 ***	−2.516 ***	−0.646
	(−6.24)	(−4.68)	(−3.84)	(−0.93)
时间效应	是	是	是	是
地区效应	是	是	是	是

注：* 、** 、*** 分别表示在 10%、5%、1% 的水平上显著，括号内是 t 值。

（二）总样本分组回归结果分析

上文分析了家庭老年人口占比对家庭消费率的影响，但是不同的家庭老年人口占比对家庭消费率的影响可能不同，人口老龄化对家庭消费率的影响，除了与家庭中老年人口占比的影响有关，应该还与家庭中老年人口数量有关，另外对于家庭成员来说，60 岁以上老年人口和 60 岁以下的家庭成员也会体现出不同的消费特征，这些都会从总体上构成人口老龄化对家庭消费率的综合影响。

为了探究人口老龄化对家庭消费率影响的全貌，本书进一步对总样本按照不同的人口老龄化指标分成三组，分别是按照家庭中 60 岁以上老年人数（pop60）分组（家庭中老年人数等于 1，家庭中老年人数大于 1），按照家庭中老年人口占比高低分组（取总样本家庭老年人口占比中位数 0.478，按照中位数以上、以下分组），按照受访者年龄（age）分组（年龄小于等于 60 岁，年龄大于60 岁）。具体回归结果见表 5-5。

从不同分组回归结果可以看出，除了低老年比分组不显著外，其他各组回归结果显示，人口老龄化对家庭消费率的影响显著为正，进一步佐证了表 5-2总样本回归结果的稳健性。具体到各分组内部，人口老龄化对家庭消费率的回归系数存在差异。

　　按家庭中 60 岁以上老年人数分组显示,家庭中仅有一位 60 岁以上老年人时,人口老龄化回归系数为 0.506,而当家庭中 60 岁以上老年人口增加时,人口老龄化的回归系数达到 0.987,后者是前者的将近 2 倍,表明家庭消费率随着家庭中老年人口的绝对数量增加而明显提高。

　　按照家庭中老年人口占比分组,回归结果显示两组人口老龄化指标对家庭消费率的影响都为正,但是低老年比组系数较小且结果不显著,即人口老龄化对家庭消费率的促进效应主要是由老年人口占比较高的家庭决定的,这也与按照家庭中老年人口数量分组,家庭老年人口数量越多家庭消费率越大的回归结果一致。

　　另外,按照受访者年龄分组的结果显示,60 岁以上年龄组人口老龄化对家庭消费率的影响要明显低于 60 岁及以下年龄组,表明当老年人达到退休年龄以后,其个人消费敏感度有所降低,也表明人口老龄化对家庭消费率的影响主要是通过影响家庭中年轻成员的消费行为在发挥作用,说明人口老龄化对家庭消费率的影响大于对老年个体消费率的影响。

表 5-5　总样本分组回归结果

	按老年人数分组		按老年比分组		按年龄分组	
	pop60 = 1	pop60 > 1	低老年比	高老年比	age ≤ 60	age > 60
ln *laoratio*	0.506 ***	0.987 ***	0.065	0.901 ***	0.836 ***	0.156 *
	(4.82)	(11.42)	(0.37)	(8.94)	(11.13)	(1.69)
medical	0.240	0.390 ***	0.103	0.411 ***	0.331 ***	0.353
	(1.32)	(3.00)	(0.50)	(3.39)	(2.79)	(1.46)
pension	0.066	0.176 **	0.139	0.156 **	0.176 **	−0.096
	(0.55)	(2.28)	(1.05)	(2.09)	(2.44)	(−0.60)
edu	−0.010	−0.037 **	0.014	−0.035 **	−0.018	−0.084 ***
	(−0.37)	(−2.30)	(−0.48)	(−2.19)	(−1.14)	(−2.89)
single	−0.376 ***	−0.798 ***	0.071	−0.234 **	−0.250 **	0.173
	(−3.06)	(−4.01)	(0.45)	(−2.53)	(−2.48)	(1.28)
nojob	−0.113 **	−0.106 ***	−0.064	−0.176 ***	−0.147 ***	−0.089 *
	(−2.08)	(−3.74)	(−1.51)	(−5.75)	(−5.10)	(−1.77)

续表

	按老年人数分组		按老年比分组		按年龄分组	
	pop60=1	pop60>1	低老年比	高老年比	age≤60	age>60
常数项	-1.065**	-2.128***	-2.018***	-1.845***	-1.830***	-1.773***
	(-2.07)	(-6.99)	(-2.98)	(-5.48)	(-5.07)	(-3.70)
时间效应	是	是	是	是	是	是
地区效应	是	是	是	是	是	是

注：*、**、***分别表示在10%、5%、1%的水平上显著,括号内是 t 值。

二、分城乡回归结果分析

(一) 城乡总体回归结果分析

由于中国典型的城乡二元化特征,城乡居民的消费特征也存在差异。从下表5-6的回归结果可以看出,人口老龄化对于城乡居民家庭消费率都有显著的正向促进作用,且城镇人口老龄化对家庭消费率的正向促进作用明显高于农村。

根据回归系数,城镇家庭老年人口占比每提高一个百分点,其家庭消费率会提高0.7个百分点;而农村家庭老年人口占比每提高一个百分点,其家庭消费率会提高0.262个百分点;城镇家庭人口老龄化对家庭消费率的促进作用要比农村高出0.438个百分点。一般而言,城镇家庭平均收入水平高于农村家庭,城镇老年居民享受的医疗、养老等社会保障福利也优于农村老年居民,另外城镇的商贸流通渠道、消费环境设施等也都优于农村不少,各种因素综合作用导致城镇家庭人口老龄化对家庭消费率的正向影响程度要高出农村许多。

从控制变量看,居民医疗保险对城镇家庭消费率影响显著为正,但是对农村家庭消费率影响不显著。这是由于农村的医疗保障体系完备度明显落后于城镇,享受较完善的医疗保障体系的城镇居民能有效促进总体消费水平的提升。同样,养老保险变量对城镇家庭消费率有显著的正向影响,对农村影响为负且不显著,不完善的农村养老保险制度抑制了农村老年家庭消费率的提升。受教育程度对城镇家庭消费率的影响不显著,对农村家庭消费率的影响为负但是系数较小。没有伴侣会抑制城镇家庭消费率的提升,但是会促进农村家庭消费率上升。家庭失业人数对城镇家庭消费率的影响为负,对农村居民家庭消费率则无显著影响。

表 5-6　城乡总体回归结果

	城镇	农村
ln *laoratio*	0.700 ***	0.262 ***
	(11.09)	(2.80)
medical	0.314 ***	0.474
	(2.77)	(1.64)
pension	0.209 ***	−0.270
	(2.97)	(−1.61)
edu	−0.005	−0.064 *
	(−0.33)	(−1.86)
single	−0.213 **	0.232 *
	(−2.21)	(1.68)
nojob	−0.519 ***	0.057
	(−5.45)	(1.26)
常数项	−1.883 ***	0.072
	(−5.52)	(0.17)
时间效应	是	是
地区效应	是	是

注:* 、** 、*** 分别表示在 10%、5%、1%的水平上显著,括号内是 *t* 值。

(二)城乡按家庭老年人口数量分组回归结果分析

按照家庭中 60 岁以上老年人口的绝对数量对城乡样本进一步进行分组回归,结果见表 5-7。

第一,从城镇和农村两组回归结果对比来看,两者特征基本一致,都是随着家庭中 60 岁以上老年人口绝对数量增加,家庭老年人口占比对城乡家庭消费率的正向促进作用会进一步提高,即老年人数量大于 1 的家庭,与老年人数量等于 1 的家庭相比,家庭老年人口占比对家庭消费率的正向促进作用更大。

且总样本中如果城乡分别按照老年人口数量分组,则同样口径的分组中,家庭老年人口占比对家庭消费率的促进作用,城镇要明显高于农村。

具体来看,当家庭中仅有一位 60 岁以上的老年人时,城镇和农村家庭老年人口占比对家庭消费率的回归系数分别为 0.782、0.337,城镇人口老龄化对家庭消费率的促进作用是农村的 2 倍多;而当家庭中 60 岁以上老年人口数量大于 1 时,城镇和农村家庭老年人口占比对居民家庭消费率的回归系数分别为 1.222、0.418,城镇人口老龄化对家庭消费率的促进作用是农村的将近 3 倍。由此可见,城镇人口老龄化程度对家庭消费率的影响,要明显比农村高出许多。

第二,从城镇和农村各自按照家庭老年人数量分组进行回归的结果对比来看,对于老年人数量大于 1 的家庭和老年人数量等于 1 的家庭,城镇家庭老年人口占比对家庭消费率的回归系数分别是 1.222、0.782,农村家庭老年人口占比对家庭消费率的回归系数分别是 0.418、0.337。可以看出,农村家庭按照老年人口数量进行分组以后,人口老龄化对家庭消费率的影响差距不大;城镇则两者差距较大,老年人数量大于 1 的家庭与老年人数量等于 1 的家庭相比,前者人口老龄化对家庭消费率的回归系数比后者要高出 0.44 个百分点,即城镇家庭老年人口数量增加带来的家庭老年人口占比对家庭消费率的促进效应要高于农村。

表 5-7　城乡按家庭老年人口数量分组回归结果

	城　　镇		农　　村	
	pop60 = 1	pop60 > 1	pop60 = 1	pop60 > 1
ln *laoratio*	0.782 ***	1.222 ***	0.337 **	0.418 ***
	(5.45)	(11.57)	(2.19)	(2.87)
medical	0.254	0.325 **	−0.105	0.952 ***
	(1.32)	(2.39)	(−0.25)	(3.29)
pension	0.188	0.201 **	−0.284	−0.152
	(1.35)	(2.47)	(−1.19)	(−0.63)

续表

	城　镇		农　村	
	pop60 = 1	pop60 > 1	pop60 = 1	pop60 > 1
edu	0.022	−0.006	0.030	−0.136 ***
	(0.70)	(−0.33)	(0.52)	(−3.42)
single	−0.571 ***	−0.732 ***	0.256	−1.118 ***
	(−3.94)	(−2.99)	(0.98)	(−3.56)
nojob	−0.049	−0.134 ***	0.076	0.074
	(−0.74)	(−3.95)	(0.72)	(1.39)
常数项	−0.792	−2.289 ***	−0.417	−0.235
	(−1.19)	(−6.79)	(−0.87)	(−0.90)
时间效应	是	是	是	是
地区效应	是	是	是	是

注：* 、** 、*** 分别表示在 10%、5%、1%的水平上显著，括号内是 t 值。

（三）城乡按家庭老年人口占比分组回归结果分析

进一步对城乡家庭按照家庭老年人口占比高低分别进行分组，分析人口老龄化程度对城乡家庭消费率的影响，回归结果见下表 5-8。

从表中结果可以看出，家庭老年人口占比对城乡居民家庭消费率都为正向促进作用，但是仅对城镇高老年比分组样本显著，城镇高老年比样本家庭老年人口占比每提高一个百分点，家庭消费率将提高 1.013 个百分点，表明在老年人口占比较高的城镇家庭，对家庭消费率将形成较大的正向促进作用，也表明城镇家庭老年人口占比对家庭消费率的影响，主要是由老年占比较高的家庭决定的。

根据回归结果，家庭老年人口占比对家庭消费率的影响，对于农村低老年比、农村高老年比分组样本均不显著。这表明，家庭老年人口占比可能不是影响农村家庭消费率的人口老龄化核心指标，这可能是由于农村一般几代同堂一起居住，家庭规模较大，削弱了老年人口数量增加在家庭老年人口占比中的影响程度。

表 5-8　城乡按家庭老年人口占比分组回归结果

	城　　镇		农　　村	
	低老年比	高老年比	低老年比	高老年比
ln *laoratio*	0.225	1.013 ***	0.059	0.243
	(0.99)	(9.17)	(0.21)	(0.94)
medical	0.182	0.357 ***	−0.261	0.815 **
	(0.79)	(2.83)	(−0.54)	(2.19)
pension	0.224	0.214 ***	0.030	−0.574 **
	(1.39)	(2.72)	(0.12)	(−2.40)
edu	−0.008	−0.008	0.036	−0.126 ***
	(−0.23)	(−0.48)	(0.68)	(−2.80)
single	−0.045	−0.285 ***	0.345	0.126
	(−0.20)	(−2.67)	(1.58)	(0.68)
nojob	−0.061	−0.184 ***	0.002	0.066
	(−1.09)	(−5.40)	(0.03)	(0.94)
常数项	−2.057 **	−1.846 ***	−0.453	−0.545 *
	(−2.54)	(−4.97)	(−0.98)	(−1.82)
时间效应	是	是	是	是
地区效应	是	是	是	是

注：* 、** 、*** 分别表示在 10%、5%、1% 的水平上显著，括号内是 *t* 值。

（四）城乡按居民年龄分组回归结果分析

进一步对城乡居民按照年龄进行分组，分析不同年龄阶段的居民其家庭消费率受到家庭人口老龄化程度的影响，回归结果见下表 5-9。从回归结果可以看出，对于城乡不同年龄分组的居民，其家庭老年人口占比对家庭消费率影响都显著为正，具体分城乡来看，又有所不同。

从城镇分组来看，60 岁及以下城镇家庭老年人口占比对家庭消费率的回归系数明显高于 60 岁以上城镇居民，这意味着，60 岁及以下年龄人口与 60 岁以上老年人与相比，家庭消费率对家庭人口老龄化程度的敏感度要高。这与总样本按居民年龄分组的回归结果一致，表明城镇家庭老年人口占比对家庭消费率的影响，主要是通过影响城镇家庭非老年成员的消费决策产生作用，即在含有老年人口的家庭中，关于家庭消费率对家庭人口老龄化程度的敏感度，非老年成员比老年成员更为敏感。

从农村分组来看,对于农村 60 岁以上老年人组,其家庭老年人口占比对家庭消费率的影响在 10% 的水平上显著为正,即如果该组家庭老年人口占比提高一个百分点,家庭消费率会相应提高 0.253 个百分点。但是对于农村 60 岁及以下居民组,其家庭老年人口占比对家庭消费率的影响并不显著,且其回归系数要小于 60 岁以上年龄居民组。这说明农村与城镇相反,对于农村居民来说,家庭老年人口占比对家庭消费率的影响,家庭中老年成员比非老年成员敏感度更高。这可能是由于农村家庭收入水平较低,刚性消费支出弹性较小,家庭老年人口占比对家庭消费率的促进作用,主要是由于与老年人本身紧密相关的医疗、护理等费用上升而造成的。这也和前面按照农村老年人数量分组进行回归结果一致,显示农村老年人数量越多家庭老年人口占比对家庭消费率的正向促进作用越高。

此外,将城乡 60 岁以上年龄组的回归结果进行比较得出,关于家庭老年人口占比对家庭消费率的影响,农村老年人组比城镇老年人组的回归系数略高,但是差距较小基本可以等同。这一方面表明,农村老年人由于养老、医疗等社会保障水平距离城镇的差距而导致家庭消费倾向较高,另一方面也再次印证,城镇家庭老年人口占比对家庭消费率的正向促进作用大于农村,主要是由于城镇老年家庭中 60 岁及以下成员对家庭老年人口占比的敏感程度更高有关。这可能是因为城镇家庭中 60 岁及以下成员收入水平相对比农村 60 岁及以下成员更高,因而城镇家庭 60 岁及以下成员花费在赡养老人方面的费用相对更高。

表 5-9　城乡按居民年龄分组回归结果

	城　　镇		农　　村	
	age≤60	age>60	age≤60	age>60
ln *laoratio*	0.992***	0.249*	0.172	0.253*
	(11.83)	(1.85)	(1.04)	(1.96)
medical	0.310**	0.192	0.353	0.670**
	(2.56)	(0.60)	(0.74)	(1.97)

续表

	城　　镇		农　　村	
	age≤60	age>60	age≤60	age>60
pension	0.215 ***	0.041	−0.268	−0.250
	(2.83)	(0.21)	(−1.17)	(−0.91)
edu	−0.014	0.022	−0.029	−0.104 *
	(−0.81)	(0.60)	(0.65)	(−1.95)
single	−0.239 **	0.059	0.038	0.211
	(−2.17)	(0.29)	(0.16)	(1.17)
nojob	−0.153 ***	−0.160 **	−0.058	0.169 **
	(−4.69)	(−2.27)	(−0.94)	(2.32)
常数项	−1.834 ***	−2.011 ***	−0.549 *	−0.224
	(−4.53)	(−3.56)	(−1.85)	(−0.73)
时间效应	是	是	是	是
地区效应	是	是	是	是

注:*、**、*** 分别表示在10%、5%、1%的水平上显著,括号内是 t 值。

三、 分区域回归结果分析

(一) 东、中、西部地区总体回归结果分析

中国区域经济环境复杂,不同地区经济发展水平及社会保障制度等存在不同程度的差异,不同地区家庭老年人口占比对家庭消费率的影响作用也不一样。CHARLS 调查样本分布区域包括中国 28 个省市,根据国家统计局口径按照地理位置将之划分为东、中、西部三个地区,分析不同区域家庭人口老龄化对家庭消费率的影响,回归结果见下表 5-10。

从核心变量家庭老年人口占比对家庭消费率的回归系数看,东、中、西部三个地区都呈现出家庭老年人口占比正向促进家庭消费率提升的特征。进一步将三个地区进行横向比较可以看出,家庭老年人口占比对家庭消费率的促进效应呈现出东部地区最大、西部地区次之、中部地区最小的排序特征。根据回归结果来看,东部、西部、中部地区如果家庭老年人口占比每提升一个百分

点,相应的东部、西部、中部地区家庭消费率将分别上升 0.838、0.484、0.242 个百分点。

根据区域经济发展进程,东部地区经济发展水平在三个地区中最高,居民收入水平和消费水平都相对更高,随着家庭人口老龄化程度提升,老年人对老年商品和服务的需求增加,表现为家庭老年人口占比对家庭消费率的促进作用最大。而西部地区相对来说经济发展水平和居民收入水平最低,养老、医疗等社会保障福利水平也相对东、中部地区更低,所以遵循低收入者高消费倾向原则,家庭老年人口占比的提升使得家庭在养老费用增加而劳动力收入减少的条件下家庭消费倾向进一步提高,这可能是西部地区家庭老年人口占比对家庭消费率的促进效应仅次于东部地区的原因。中部地区经济发展水平介于东部和西部之间,居民收入水平和消费水平也都介于东部和西部之间,但是东、中部地区的收入差距高于中、西部地区的收入差距,由此导致中部地区家庭老年人口占比对家庭消费率的提升效应最弱。

从控制变量来看,医疗保险主要对中部和西部地区家庭消费率产生显著影响,对东部地区家庭消费率影响不显著。养老保险则主要对东部和中部地区家庭消费率产生弱显著促进作用,对经济发展水平低的西部地区则不显著。受教育程度仅对中部地区家庭消费率弱显著为负,但是系数较小,而对东部和西部地区则不显著。没有伴侣对中部地区家庭消费率形成抑制作用。家庭失业人数对东部和中部地区家庭消费率有显著的抑制作用,对西部地区家庭消费率抑制作用不显著。

表 5-10　东、中、西部地区总体回归结果

	东部地区	中部地区	西部地区
ln *laoratio*	0.838 ***	0.242 ***	0.484 ***
	(8.67)	(2.65)	(5.73)
medical	0.270	0.465 ***	0.293 *
	(1.25)	(2.64)	(1.75)

续表

	东部地区	中部地区	西部地区
pension	0.217*	0.212*	0.017
	(1.82)	(1.83)	(0.16)
edu	−0.040	−0.042*	−0.006
	(−1.57)	(−1.76)	(−0.25)
single	−0.117	−0.318**	0.043
	(−0.77)	(−2.28)	(0.35)
nojob	−0.213***	−0.171***	−0.063
	(−4.78)	(−4.10)	(−1.52)
常数项	−1.395***	−1.421***	−0.598***
	(−4.00)	(−7.34)	(−3.53)
时间效应	是	是	是
地区效应	是	是	是

注：*、**、*** 分别表示在10%、5%、1%的水平上显著，括号内是 t 值。

（二）东、中、西部地区按家庭老年人口数量分组回归结果分析

进一步将东、中、西部样本按照家庭中60岁以上老年人口的绝对数量进行分组回归，结果见下表5-11。结果显示不同区域皆呈现家庭老年人口占比对家庭消费率具有正向促进作用，且促进效应随着家庭中60岁以上老年人口数量增加而增大，即家庭中老年人口的数量增加显著促进了家庭消费率的提升。

按照家庭老年人口数量分组的回归结果对东、中、西三个地区进行横向比较，发现无论是有一位60岁以上老年成员的家庭还是大于一位60岁以上老年成员的家庭，家庭老年人口占比对家庭消费率的促进效应，均遵循东部最大、西部次之、中部最小的排序原则，即按照家庭老年成员数量分组以后，每组回归结果系数大小在三大地区的排序保持与总样本回归结果一致。

此外，如果按照每个地区内部根据老年人数量不同进行分组的回归结果差距进行比较，发现关于家庭老年人口占比对家庭消费率的促进效应，东部地区有一位60岁以上成员的家庭比有大于一位60岁以上成员的家庭回归系数

要低出 0.702 个百分点,而中部、西部地区按家庭老年人口数量分组进行回归的系数差值分别是 0.58 和 0.2 个百分点,表明随着家庭中老年人口数量增加,家庭老年人口占比对家庭消费率促进效应的变化程度遵循东部最大、中部次之、西部最小的排序,体现了人口老龄化引致的消费倾向变动程度与区域经济发达程度成正比的变化规律。

表 5-11　东、中、西部地区按家庭老年人口数量分组回归结果

	东部地区		中部地区		西部地区	
	pop60 = 1	pop60 > 1	pop60 = 1	pop60 > 1	pop60 = 1	pop60 > 1
ln *laoratio*	0.689 ***	1.391 ***	0.188	0.768 ***	0.625 ***	0.825 ***
	(3.33)	(8.59)	(1.14)	(5.09)	(3.53)	(5.85)
medical	−0.317	0.400	0.685 ***	0.335	0.157	0.365 *
	(−0.83)	(1.61)	(2.70)	(1.46)	(0.54)	(1.81)
pension	0.545 **	0.122	−0.155	0.415 ***	−0.088	0.024
	(2.30)	(0.88)	(−0.78)	(2.97)	(−0.45)	(0.19)
edu	0.024	−0.059 *	0.033	−0.081 ***	−0.077	0.021
	(0.48)	(−1.99)	(0.79)	(−2.84)	(−1.69)	(0.80)
single	−0.231	−0.847 ***	−0.626 ***	−1.396 ***	−0.286	−0.575 **
	(−0.95)	(−2.78)	(−3.03)	(−2.60)	(−1.44)	(−2.12)
nojob	−0.276 ***	−0.152 ***	−0.148	−0.120 **	0.032	−0.051
	(−2.67)	(−2.94)	(−1.62)	(−2.48)	(0.35)	(−1.06)
常数项	−1.068	−1.573 ***	−1.345 ***	−1.164 ***	−0.030	−0.488 **
	(−1.53)	(−4.29)	(−2.93)	(−5.48)	(−0.07)	(−2.47)
时间效应	是	是	是	是	是	是
地区效应	是	是	是	是	是	是

注:*、**、*** 分别表示在 10%、5%、1% 的水平上显著,括号内是 t 值。

(三) 东、中、西部地区按家庭老年人口占比分组回归结果分析

按照家庭老年人口占比高低对各区域样本进一步分组,回归结果见表 5-12。与表 5-11 核心变量的回归结果不同,不同区域样本中,仅高老年比组家庭老年人口占比对家庭消费率的回归系数在 1% 的水平上显著,而三个地区低老年比组的回归系数均不显著,即家庭中老年人口占比达到一定水平时,家庭老年人口占比才会显著促进家庭消费率的提升,这也与总样本按照家庭老年人口占

比分组回归结果一致。

　　从核心变量的回归结果来看,东、中、西部地区高老年比样本组关于家庭老年人口占比对家庭消费率的回归系数分别为 1.16、0.818、0.755,即这三个分组的家庭老年人口占比每提高一个百分点,其家庭消费率分别上升 1.16、0.818、0.755 个百分点。可以看出,关于不同地区高老年比组家庭老年人口占比对家庭消费率的促进效应强度,遵循东部、中部、西部依次递减的排序规律,且东、中部地区影响程度差距要大于中、西部地区影响程度差距,表明经济发展程度越高的地区,高老年比组家庭消费率越大。这可能是由于经济发展程度越高的地区,一般家庭经济条件越好,医疗、养老等社会保障水平也越高,老年家庭应对不确定性冲击所需要的储蓄更少,从而导致更高的家庭消费倾向。

表 5-12　东、中、西部地区按家庭老年人口占比分组回归结果

	东部地区		中部地区		西部地区	
	低老年比	高老年比	低老年比	高老年比	低老年比	高老年比
ln *laoratio*	0.107	1.160 ***	−0.460	0.818 ***	0.193	0.755 ***
	(0.34)	(5.88)	(−1.38)	(4.90)	(0.71)	(4.57)
medical	0.221	0.271	0.816 **	0.378 *	−0.358	0.485 **
	(0.66)	(1.11)	(2.16)	(1.93)	(−1.12)	(2.54)
pension	0.272	0.217	−0.020	0.288 **	0.082	−0.006
	(1.12)	(1.61)	(−0.08)	(2.19)	(0.41)	(−0.05)
edu	0.050	−0.068 **	−0.023	−0.045 *	−0.058	0.007
	(1.08)	(−2.32)	(−0.41)	(−1.74)	(−1.27)	(0.26)
single	0.345	−0.259	−0.603 **	−0.334 **	0.317	−0.135
	(1.02)	(−1.53)	(−2.23)	(−1.99)	(1.35)	(−0.92)
nojob	−0.048	−0.259 ***	−0.114	−0.203 ***	−0.032	−0.078
	(−0.65)	(−4.64)	(−1.60)	(−3.81)	(−0.40)	(−1.53)
常数项	−2.163 ***	−1.282 ***	−2.365 ***	−1.287 ***	−0.692	−0.653 ***
	(−3.01)	(−3.26)	(−3.94)	(−6.14)	(−1.55)	(−3.33)
时间效应	是	是	是	是	是	是
地区效应	是	是	是	是	是	是

　　注:*、**、*** 分别表示在 10%、5%、1% 的水平上显著,括号内是 t 值。

（四）东、中、西部地区按居民年龄分组回归结果分析

下面进一步分析不同区域样本按居民年龄分组以后，家庭老年人口占比对家庭消费率的影响效应，结果见下表5-13。

表 5-13　东、中、西部地区按居民年龄分组回归结果

	东部地区		中部地区		西部地区	
	age≤60	age>60	age≤60	age>60	age≤60	age>60
ln *laoratio*	1.293 ***	0.256	0.520 ***	0.105	0.764 ***	0.093
	（9.25）	（1.44）	（4.01）	（0.70）	（6.28）	（0.59）
medical	0.304	−0.474	0.435 **	0.622	0.216	0.709
	（1.29）	（1.15）	（2.23）	（1.59）	（1.16）	（1.95）
pension	0.266 **	−0.041	0.301 **	−0.140	0.011	−0.178
	（2.03）	（−0.14）	（2.36）	（−0.49）	（0.09）	（−0.70）
edu	−0.047	−0.025	−0.047 *	−0.071	0.032	−0.167 ***
	（−1.60）	（−0.47）	（−1.70）	（−1.50）	（1.25）	（−3.39）
single	−0.259	0.310	−0.414 **	−0.151	−0.098	0.293
	（−1.30）	（1.31）	（−2.23）	（−0.65）	（−0.66）	（1.27）
nojob	−0.167 ***	−0.262 ***	−0.199 ***	−0.016	−0.066	−0.019
	（−3.24）	（−2.67）	（−4.07）	（−0.20）	（−1.35）	（−0.23）
常数项	−1.156 ***	−1.607 ***	−1.393 ***	−1.130	−0.499 **	−0.691 **
	（−2.67）	（−2.86）	（−6.39）	（−2.70）	（−2.42）	（−2.15）
时间效应	是	是	是	是	是	是
地区效应	是	是	是	是	是	是

注：*、**、*** 分别表示在10%、5%、1%的水平上显著，括号内是 t 值。

首先，从整体回归结果可以看出，尽管不同区域按年龄分组的家庭老年人口占比回归系数都为正，但是这一结果仅对各区域60岁及以下居民组的家庭消费率有显著正向影响，而对60岁以上居民组的家庭消费率影响均不显著，而且60岁及以下居民组的家庭消费率回归系数明显大于60岁以上居民组，这和总样本按照居民年龄分组的回归结果基本一致，表明人口老龄化对居民消费率的影响主要是通过影响家庭成员中60岁及以下居民的消费倾向产生作用，在包含老年人的家庭中，相对于老年人口，60岁及以下人口才是居民消费的主力军。

其次，从东、中、西部地区60岁及以下居民分组的回归结果来看，家庭老年

人口占比对家庭消费率的回归系数与按照总样本分成东、中、西部三大地区进行总体回归的结果一致,呈现东部最高、西部次之、中部最弱的特征,这一结果再次验证了家庭老年人口占比对家庭消费率的促进效应在东、中、西部三大地区呈现"两头大中间小"的特征。具体来看,东、中、西部地区 60 岁及以下居民分组家庭老年人口占比对家庭消费率的回归系数分别为 1.293、0.52、0.764,表明这些分组中家庭老年人口占比每提高一个百分点,家庭消费率将相应地分别提升 1.293、0.52、0.764 个百分点。其中,东部地区家庭消费率变动的程度超过家庭老年人口占比的变动程度,表明东部地区由于发达的经济条件、完善的社会养老保障体系,家庭人口老龄化程度能够较大促进家庭消费率的提升。

第三节　人口老龄化影响家庭消费结构的回归结果分析

消费结构是反映居民消费水平高低的重要指标,结合国家统计局发布的居民消费结构分类方式,将总样本中各项家庭消费细分类别进行整理形成食品烟酒、衣着、居住、生活用品及服务、交通通信、教育文化娱乐、医疗保健和其他用品及服务八类,并分别计算各类消费支出占比。在对不同消费结构进行整体回归分析的基础上,进一步对各消费类别样本按照老龄化特征进行分组回归比较。

表 5-14　家庭消费结构指标计算方法

统计局消费分类	CHARLS 消费细分类别
食品烟酒	食品购买费用
	香烟、酒水购买费用
	外出就餐费用
	家里人消费的自家生产的农产品市场价格
衣着	衣着消费
	水费、电费
居住	燃料费
	家庭取暖支出
	物业费(包括车位费)

统计局消费分类	CHARLS 消费细分类别
生活用品及服务	日用品购买费用
	家具、耐用消费品及电器支出
	保姆、小时工、佣人等支出
	邮电、通信支出
交通通信	交通费
	各种交通工具（不包括汽车）、通信工具的购买、维修及配件费用
	购买汽车费用
教育文化娱乐	文化娱乐支出
	教育和培训支出
	家庭旅游支出
医疗保健	医疗支出
	保健费用
其他用品及服务	其他支出

一、 食品烟酒

针对食品烟酒消费支出类别，从表 5-15 整体样本回归结果可以看出，家庭老年人口占比会显著提升家庭在食品烟酒方面的消费支出占比。总体来看，家庭老年人口占比提高一个百分点，家庭食品烟酒支出占比就会相应提高 0.264 个百分点。

从各分组情况来看，按家庭老年人口数量分组进行回归，发现对于有一位老人和一位以上老人的家庭，核心变量家庭老年人口占比的回归系数都显著为正，但是有一位老人的家庭回归系数更高，表明家庭老年人口占比会显著促进家庭食品烟酒支出占比的提升。但是随着家庭中老年人个数增加，家庭食品烟酒支出占比增加的幅度会相对下降。按家庭老年人口占比分组回归结果显示，家庭老年人口占比会显著促进高老年比组家庭的食品烟酒消费支出占比，而对低老年比组影响不显著。此外，按照总样本个体年龄阶段分组来看，60 岁及以下和 60 岁以上年龄组的家庭核心变量家庭老年人口占比的回归系数都显著为正,但是 60 岁以上年龄组的回归系数较 60 岁及以下年龄组的回归系数更高,说明在家庭老年人口占比促进家庭消费支出占比提升方面,60 岁以上老年人的促进效应比 60 岁及以下家庭成员的促进效应更强。这和老年人由于身体健康和生理机能发生变化,对老年食品在易消化、易咀嚼、精细化等功能和品质方面提出特殊要求有关。

表 5-15　家庭食品烟酒消费占比回归结果

	整体	按老龄人口分组		按老年比分组		按年龄分组	
		pop60＝1	pop60＞1	低老年比	高老年比	age≤60	age＞60
ln *laoratio*	0.264 ***	0.549 ***	0.336 ***	−0.102	0.214 ***	0.308 ***	0.388 ***
	(7.41)	(7.38)	(6.15)	(−0.70)	(3.57)	(6.45)	(5.29)
medical	−0.098	−0.031	−0.113	0.077	−0.138 *	−0.106	−0.018
	(−1.43)	(−0.23)	(−1.41)	(0.42)	(−1.88)	(−1.47)	(−0.08)
pension	−0.109 ***	−0.130	−0.113 **	−0.184 *	−0.096 **	−0.099 **	−0.161
	(2.83)	(−1.61)	(−2.59)	(−1.96)	(−2.27)	(−2.37)	(−1.52)
edu	−0.032 ***	−0.015	−0.033 ***	−0.050 **	−0.028 ***	−0.043 ***	0.018
	(−3.76)	(−0.90)	(−3.38)	(−2.43)	(−2.94)	(−4.50)	(0.90)
single	0.047	−0.324 ***	0.225	−0.077	0.066	0.014	0.242 **
	(0.86)	(−3.82)	(1.41)	(−0.66)	(1.07)	(0.20)	(2.49)
nojob	−0.032 **	0.080 **	−0.045 ***	0.011	−0.041 **	−0.040 **	0.025
	(−2.01)	(1.97)	(−2.62)	(0.33)	(−2.22)	(−2.32)	(0.62)
常数项	1.409 ***	1.350 **	1.964 ***	−0.392	1.829 ***	1.327 ***	1.353 **
	(4.26)	(2.37)	(6.11)	(−0.54)	(5.51)	(3.33)	(2.42)
时间效应	是	是	是	是	是	是	是
地区效应	是	是	是	是	是	是	是

注:* 、** 、*** 分别表示在 10%、5%、1%的水平上显著,括号内是 *t* 值。

二、衣着

针对衣着消费支出类别,从表 5-16 整体样本回归结果可以看出,家庭老年人口占比对家庭衣着方面的消费支出占比在 5%的水平上显著为正,但是系数相对较小,即家庭老年人口占比提升一个百分点,家庭衣着消费支出占比会提升 0.073 个百分点。

　　按家庭老年人口数量分组进行回归,发现有一位老人的家庭其家庭老年人口占比对家庭衣着消费支出占比的回归系数在5%的水平上显著为正,随着家庭中老年人数量增加,该影响效应变得不显著。按家庭老年人口占比分组回归结果显示,家庭老年人口占比会在10%的水平上显著促进高老年比组家庭的衣着消费支出占比,而对低老年比组影响不显著。此外,按照居民年龄阶段分组的回归结果显示,家庭老年人口占比会在5%的水平上显著促进60岁及以下组成员的家庭衣着消费支出占比,而60岁以上年龄组则影响效应不显著。这表明家庭老年人口占比对家庭衣着消费支出占比的促进作用,主要是由家庭中非老年成员在支撑,而非老年人本身。这可能是由于60岁以上老人由于多数退出工作岗位,通勤着装需求减少,过去基于社交性和体面性需求对着装的支出需求下降,这个阶段老年人的服装支出可能更多由子女出于孝顺主动买单。

　　总体来看,家庭老年人口占比对家庭衣着消费支出占比有弱促进效应,但是效应显著性不太高,回归系数显示促进效应也相对较小,可以认为老年家庭的衣着消费支出占比受家庭老年人口占比的影响较小。

表 5-16　家庭衣着消费占比回归结果

	整体	按老龄人口分组		按老年比分组		按年龄分组	
		pop60=1	pop60>1	低老年比	高老年比	age≤60	age>60
ln *laoratio*	0.073 **	0.164 **	0.038	0.099	0.094 *	0.097 **	0.031
	(2.37)	(2.51)	(0.77)	(0.89)	(1.79)	(2.47)	(0.46)
medical	−0.048	0.018	−0.072	−0.076	−0.043	−0.056	0.083
	(−0.83)	(0.15)	(−1.07)	(−0.50)	(−0.69)	(−0.91)	(0.44)
pension	−0.082 **	−0.123 *	−0.063	−0.168 **	−0.057	−0.051	−0.214 **
	(−2.42)	(−1.77)	(−1.63)	(−2.01)	(−1.54)	(−1.44)	(−2.01)
edu	0.003	0.020	−0.005	−0.012	0.006	−0.005	0.029
	(0.43)	(1.36)	(−0.57)	(−0.69)	(0.68)	(−0.60)	(1.51)
single	0.042	−0.065	0.129	−0.058	0.074	0.041	0.110
	(0.90)	(−0.88)	(1.03)	(−0.58)	(1.36)	(0.75)	(1.07)
nojob	0.011	0.001	0.014	0.054 **	0.002	0.028 *	−0.058 *
	(0.82)	(0.05)	(0.90)	(1.98)	(0.10)	(1.84)	(−1.79)

续表

	整体	按老龄人口分组		按老年比分组		按年龄分组	
		pop60 = 1	pop60 > 1	低老年比	高老年比	age ≤ 60	age > 60
常数项	−1.746 ***	−1.933 ***	−1.333 ***	−2.909 ***	−1.443 ***	1.754 ***	−1.641 **
	(−5.33)	(−3.65)	(−4.28)	(3.41)	(−4.81)	(−4.73)	(−2.51)
时间效应	是	是	是	是	是	是	是
地区效应	是	是	是	是	是	是	是

注：* 、** 、*** 分别表示在 10%、5%、1% 的水平上显著，括号内是 t 值。

三、居住

针对居住消费支出类别，从表 5-17 整体样本回归结果可以看出，家庭老年人口占比对家庭居住方面的消费支出占比具有显著的正向促进作用，即家庭老年人口占比提升一个百分点，家庭居住消费支出占比会提升 0.216 个百分点。

从各分组回归结果显示，除了低老年比分组不显著之外，其他分组中家庭老年人口占比对家庭居住消费支出占比的回归系数都显著为正。按家庭老年人口数量分组的回归结果显示，随着家庭中老年人口数量增加，家庭老年人口占比对家庭居住消费支出占比的影响效应有所降低，对于有一位老人和一位以上老人的家庭分组而言，他们的家庭老年人口占比提升一个百分点，家庭居住消费支出占比会分别提高 0.502、0.337 个百分点。这是由于家庭居住费用一般可以由家庭成员平均承担，因此在固定支出以外，不会因为需要使用的老年人数增加而费用剧增。按家庭老年人口占比分组的回归结果显示，家庭老年人口占比对家庭居住消费支出占比的影响主要作用于高老年比家庭，低老年比家庭影响不显著。对于高老年比家庭而言，家庭老年人口占比提升一个百分点，其家庭居住消费支出占比会相应上升 0.195 个百分点。此外，按照居民年龄分组的回归结果显示，在家庭老年人口占比对家庭居住消费支出占比的影响方面，60 岁以上年龄组比 60 岁及以下年龄组正向促进效应更强，这表明60岁以上老年人对家庭居住消费支出占比敏感度更高,大部分原因是中国老年人一般都会为下一代买房做出自己的经济贡献,还有就是老年人由于生理机能变化对居住条件如供暖等具有特定要求,也会一定程度上导致家庭居住消费支出占比上升。

表5-17　家庭居住消费占比回归结果

	整体	按老龄人口分组		按老年比分组		按年龄分组	
		pop60 = 1	pop60>1	低老年比	高老年比	age≤60	age>60
ln *laoratio*	0.216 ***	0.502 ***	0.337 ***	0.127	0.195 ***	0.264 ***	0.329 ***
	(6.32)	(6.90)	(6.23)	(0.94)	(3.38)	(5.81)	(4.58)
medical	−0.206 ***	−0.190	−0.190 ***	−0.295 *	−0.187 ***	−0.212 ***	−0.168
	(−3.38)	(−1.64)	(−2.75)	(−1.74)	(−2.89)	(−3.27)	(−0.94)
pension	−0.122 ***	−0.143 *	−0.120 ***	−0.212 **	−0.104 **	−0.120 ***	−0.124
	(−3.25)	(−1.86)	(−2.78)	(−2.36)	(−2.51)	(−2.95)	(−1.19)
edu	−0.021 **	−0.013	−0.020 **	−0.016	−0.021 **	−0.033 ***	0.041 **
	(−2.59)	(−0.83)	(−2.08)	(−0.83)	(−2.32)	(−3.60)	(2.21)
single	0.139 ***	−0.244 ***	0.402 **	−0.016	0.189 ***	0.126 *	0.252 **
	(2.60)	(−3.00)	(2.42)	(−0.14)	(3.05)	(1.93)	(2.55)
nojob	0.054 ***	0.135 ***	0.050 ***	0.063 **	0.051 ***	0.047 ***	0.084 **
	(3.53)	(3.54)	(2.96)	(1.97)	(2.90)	(2.78)	(2.18)
常数项	−0.420	−0.553	0.072	−1.675 **	−0.111	−0.551	−0.385
	(−1.33)	(−1.00)	(0.21)	(−2.11)	(0.34)	(−1.50)	(−0.69)
时间效应	是	是	是	是	是	是	是
地区效应	是	是	是	是	是	是	是

注:* 、** 、*** 分别表示在10%、5%、1%的水平上显著,括号内是 *t* 值。

四、 生活用品及服务

针对生活用品及服务消费支出类别,从表5-18整体样本回归结果可以看出,家庭老年人口占比对家庭生活用品及服务方面的消费支出占比具有显著的正向促进作用,即家庭老年人口占比提升一个百分点,家庭生活用品及服务消费支出占比会提升0.199个百分点。

从各分组回归结果显示,除了低老年比分组为负向影响并且不显著之外,其他分组中家庭老年人口占比对家庭生活用品及服务消费支出占比的影响效应都显著为正。按家庭老年人口数量分组的回归结果显示,随着家庭中老年人口数量增加,家庭老年人口占比对家庭生活用品及服务消费支出占比的促进效应有所降低。按家庭老年人口占比分组的回归结果显示,高老年比家庭其家庭老年人口占比对家庭生活用品及服务消费支出占比具有显著的正向促进作用,低老年比家庭则影响不显著。对于高老年比家庭而言,家庭老年人口占比提升一个百分点,其家庭生活用品及服务消费支出占比会相应上升 0.135 个百分点。此外,按照居民年龄分组的回归结果显示,在家庭老年人口占比对家庭生活用品及服务消费支出占比的影响方面,60 岁以上年龄组比 60 岁及以下年龄组正向促进效应更强,这说明家庭中由于家庭老年人口占比变动导致的家庭生活用品及服务消费支出占比变动,家庭中老年人本身比非老年成员所产生的作用更大,这可能是老年人对家政服务、养老服务等方面的依赖性消费需求更高。

表 5-18　家庭生活用品及服务消费占比回归结果

	整体	按老龄人口分组		按老年比分组		按年龄分组	
		pop60 = 1	pop60 > 1	低老年比	高老年比	age ≤ 60	age > 60
ln *laoratio*	0.199 ***	0.327 ***	0.238 ***	−0.102	0.135 **	0.177 ***	0.304 ***
	(5.36)	(4.26)	(4.11)	(−0.71)	(2.19)	(3.63)	(3.94)
medical	−0.147 **	−0.088	−0.161 **	−0.242	−0.115	−0.171 **	0.045
	(−2.18)	(−0.69)	(−2.01)	(−1.28)	(−1.60)	(−2.34)	(0.25)
pension	−0.124 ***	−0.246 ***	−0.085 *	−0.204 **	−0.108 **	−0.107 **	−0.246 **
	(−3.08)	(−2.95)	(−1.85)	(−2.08)	(−2.41)	(−2.45)	(−2.12)
edu	−0.019 **	−0.017	−0.018 *	−0.053 **	−0.013	−0.030 ***	0.025
	(−2.16)	(−1.00)	(−1.75)	(−2.56)	(−1.26)	(−3.02)	(1.22)
single	0.111 *	−0.121	0.294	−0.156	0.177 ***	0.124 *	0.142
	(1.89)	(−1.34)	(1.40)	(−1.27)	(2.61)	(1.73)	(1.28)
nojob	−0.030 *	0.012	−0.034 *	0.017	−0.042 **	−0.023	−0.060
	(−1.82)	(0.28)	(−1.89)	(0.50)	(−2.20)	(−1.29)	(−1.43)
常数项	−1.276 ***	−0.709	−1.392 ***	−1.251 **	−1.432 ***	−1.182 ***	−1.443 ***
	(−4.88)	(−1.63)	(−4.25)	(−2.19)	(−5.00)	(−4.07)	(−2.77)
时间效应	是	是	是	是	是	是	是
地区效应	是	是	是	是	是	是	是

注:*、**、*** 分别表示在 10%、5%、1%的水平上显著,括号内是 *t* 值。

五、 交通通信

针对交通通信消费支出类别,从表 5-19 回归结果可以看出,从总体样本来看家庭老年人口占比对家庭交通通信方面的消费支出占比影响不显著。按老年比进行分组以后回归结果也都不显著。

表 5-19　家庭交通通信消费占比回归结果

	整体	按老龄人口分组		按老年比分组		按年龄分组	
		pop60＝1	pop60＞1	低老年比	高老年比	age≤60	age＞60
ln *laoratio*	0.027	0.130*	0.040	−0.119	0.078	0.144***	−0.204***
	(0.82)	(1.79)	(0.77)	(−0.89)	(1.40)	(3.36)	(−2.72)
medical	−0.069	−0.036	−0.069	−0.207	−0.044	−0.064	−0.042
	(−1.14)	(−0.29)	(−1.00)	(−1.23)	(−0.68)	(−1.00)	(−0.22)
pension	−0.063*	−0.128*	−0.035	−0.081	−0.058	−0.048	−0.030
	(−1.77)	(−1.79)	(−0.86)	(−0.96)	(−1.48)	(−1.26)	(−0.28)
edu	−0.007	−0.017	−0.006	−0.036	−0.002	−0.018**	0.017
	(−0.90)	(−1.11)	(−0.67)	(−1.85)	(−0.26)	(−2.04)	(0.85)
single	−0.040	−0.160*	0.102	−0.124	−0.028	−0.034	0.004
	(−0.78)	(−2.04)	(0.59)	(−1.14)	(−0.46)	(−0.55)	(0.04)
nojob	−0.069***	0.018	−0.089***	0.012	−0.092***	−0.060***	−0.064
	(−4.70)	(0.47)	(−5.56)	(0.39)	(−5.41)	(−3.76)	(−1.59)
常数项	−0.933***	−0.801	−0.796**	−1.140	−0.897***	−1.203***	−0.784
	(−2.82)	(−1.43)	(−2.26)	(−1.32)	(−2.68)	(−2.89)	(−1.57)
时间效应	是	是	是	是	是	是	是
地区效应	是	是	是	是	是	是	是

注:*、**、*** 分别表示在 10%、5%、1%的水平上显著,括号内是 *t* 值。

按照家庭老年人数量进行分组,回归结果显示,对于有一位老人的家庭组,家庭老年人口占比对家庭交通通信方面的消费支出占比在 10%的水平上具有弱显著促进效应,家庭老年人口占比提升一个百分点,家庭交通通信消费支出占比会相应上升 0.13 个百分点。而按照居民年龄分组的回归结果显示,60 岁以上年龄组与 60 岁及以下年龄组在家庭老年人口占比对家庭交通通信消费支出占比的影响方面效应相反。具体看,60 岁及以下年龄组居民其家庭老年人口占比对家庭交通通信消费支出占比具有显著的促进作用,家庭老年人口占比上升一个百分点,家庭交通通信消费支出占比会相应上升 0.144 个百分点;60 岁以上年龄组居民其家庭老年人口占比对家庭交通通信消费支出占比具有显著的抑制作用,家庭老年人口占比上升一个百分点,家庭交通通信消费支出占比却会因此下降 0.204 个百分点。这可能是由于 60 岁以上老年人大部分退休以后上班通勤和商务出差类别的交通通信费用明显下降,而家庭成员中年轻子女由于关心照顾老人很多会为父母购买智能手机,并且老人和子女一起出门时交通费用也大多一并由子女承担。进一步对按年龄分组的回归结果进行分析,60 岁以上年龄组居民其家庭老年人口占比对家庭交通通信消费支出占比的抑制效应要超出 60 岁及以下年龄组居民的促进效应,所以也可以理解为总体上家庭老年人口占比对家庭交通通信消费支出占比为抑制效应。

六、 教育文化娱乐

针对教育文化娱乐消费支出类别,从表 5-20 回归结果可以看出,从总体样本来看,家庭老年人口占比对家庭教育文化娱乐方面的消费支出占比为负向抑制效应,但是影响不显著。按老年比进行分组以后回归结果也都不显著。

按照家庭老年人数量进行分组,回归结果显示,对于有一位老人的家庭组,家庭老年人口占比对家庭教育文化娱乐方面的消费支出占比在 5% 的水平上具有显著抑制效应,家庭老年人口占比提升一个百分点,家庭教育文化娱乐消费支出占比会反向下降 0.259 个百分点。当家庭中老年人口数量超过一位,回归结果的显著性消失。而按照居民年龄分组的回归结果显示,60 岁以上年龄组与 60 岁及以下年龄组在家庭老年人口占比对家庭教育文化娱乐消费支出占比的影响方面效应相反,但是 60 岁及以下年龄组的回归系数不显著,主要表现为 60 岁以上年龄组居民在家庭老年人口占比对家庭教育文化娱乐消费支出占比方面具有显著的抑制效应,家庭老年人口占比提升一个百分点,其家庭教育文化娱乐消费支出占比会反向下降 0.403 个百分点。所以可以认为,总体上家庭老年人口占比对家庭教育文化娱乐方面的消费支出占比具有抑制效应,并且家庭中的老年人口是主要因素。CHARLS 数据库中教育文化娱乐支出项目主要包括文化娱乐支出、教育培训支出、家庭旅游支出三项,老年人引起家庭教育文化娱乐消费支出占比下降,主要是由于老年人退出职业生涯,教育培训大幅减少引起的,另外 70 岁以上的中高龄老年人由于身体状况原因旅游出行需求减少,也会引起家庭教育文化娱乐消费支出占比下降。

表 5-20　家庭教育文化娱乐消费占比回归结果

	整体	按老龄人口分组		按老年比分组		按年龄分组	
		pop60 = 1	pop60>1	低老年比	高老年比	age ≤ 60	age>60
ln *laoratio*	−0.059	−0.259 **	−0.098	−0.241	0.115	0.096	−0.403 ***
	(−1.06)	(−2.09)	(−1.16)	(−1.56)	(1.10)	(1.36)	(−3.20)
medical	0.108	0.114	0.082	0.142	0.062	0.048	0.422
	(1.03)	(0.53)	(0.69)	(0.68)	(0.52)	(0.44)	(1.43)
pension	−0.176 ***	−0.076	−0.195 ***	−0.314 ***	−0.122 *	−0.159 **	−0.163
	(−3.01)	(−0.58)	(−2.96)	(−2.61)	(−1.80)	(−2.57)	(−0.87)
edu	−0.059 ***	−0.078 ***	−0.056 ***	−0.059 **	−0.067 ***	−0.057 ***	−0.089 ***
	(−4.47)	(−3.27)	(−3.57)	(−2.27)	(−4.44)	(−3.93)	(−2.82)
single	0.108	0.310 **	0.875 ***	−0.047	0.219 **	0.035	0.535 **
	(1.20)	(2.46)	(4.77)	(−0.31)	(1.99)	(0.35)	(2.54)
nojob	−0.152 ***	−0.250 ***	−0.139 ***	−0.164 ***	−0.110 ***	−0.123 ***	−0.190 **
	(−5.86)	(−4.39)	(−4.76)	(−3.00)	(−3.64)	(−4.39)	(−2.59)
常数项	−3.560 ***	−4.137 ***	−2.965 ***	−4.501 ***	−2.926 ***	−3.343 ***	−3.987 ***
	(−6.43)	(−4.70)	(−12.13)	(4.27)	(−11.07)	(−6.42)	(−3.18)
时间效应	是	是	是	是	是	是	是
地区效应	是	是	是	是	是	是	是

注:*、**、*** 分别表示在 10%、5%、1%的水平上显著,括号内是 t 值。

七、 医疗保健

针对医疗保健消费支出类别,从表 5-21 整体样本回归结果可以看出,家庭老年人口占比对家庭医疗保健方面的消费支出占比具有显著的正向促进作用,即家庭老年人口占比提升一个百分点,家庭医疗保健消费支出占比会提升0.189 个百分点。

表 5-21　家庭医疗保健消费占比回归结果

	整体	按老龄人口分组		按老年比分组		按年龄分组	
		pop60 = 1	pop60 > 1	低老年比	高老年比	age ≤ 60	age > 60
ln *laoratio*	0.189 ***	0.455 ***	0.411 ***	0.060	0.065	0.147 ***	0.584 ***
	(6.03)	(6.91)	(7.89)	(0.46)	(1.22)	(3.48)	(8.62)
medical	0.051	0.004	0.097	0.039	0.046	0.088	−0.233 *
	(0.85)	(0.04)	(1.37)	(0.27)	(0.69)	(1.35)	(−1.90)
pension	0.010	−0.033	0.003	−0.016	0.017	0.004	−0.080
	(0.27)	(−057)	(0.07)	(−0.21)	(0.43)	(0.11)	(−1.04)
edu	−0.087 ***	−0.091 ***	−0.069 ***	−0.071 ***	−0.085 ***	−0.087 ***	−0.063 ***
	(−10.78)	(−6.30)	(−7.26)	(−3.42)	(−9.65)	(9.57)	(−3.54)
single	0.024	−0.311 ***	0.261 *	−0.001	−0.006	0.059	−0.057
	(0.47)	(−4.61)	(1.71)	(−0.01)	(−0.10)	(1.01)	(−0.57)
nojob	0.007	0.072 **	0.000	0.073 *	−0.033 *	−0.020	0.080 **
	(0.44)	(2.56)	(0.00)	(2.43)	(−1.84)	(−1.14)	(2.60)
常数项	−3.162 ***	−3.729 ***	−1.752 ***	−5.399 ***	−2.358 ***	−2.968 ***	−3.362 ***
	(−5.93)	(−4.59)	(−9.47)	(−5.75)	(−4.94)	(−4.42)	(−3.69)
时间效应	是	是	是	是	是	是	是
地区效应	是	是	是	是	是	是	是

注:*、**、*** 分别表示在 10%、5%、1% 的水平上显著,括号内是 *t* 值。

从各分组回归结果显示,除了按老年比分组两组回归系数均不显著之外,其他分组中家庭老年人口占比对家庭医疗保健消费支出占比的影响效应都显著为正向促进作用。按家庭老年人口数量分组的回归结果显示,随着家庭中老年人口数量增加,家庭老年人口占比对家庭医疗保健消费支出占比的促进效应会略为降低但是变化不大。对于有一位老人和一位以上老人的家庭分组而言,他们的家庭老年人口占比提升一个百分点,家庭医疗保健消费支出占比会分别提高 0.455、0.411 个百分点。这是由于医疗保健费用中比如运动保健器材、老年看护费用等并不是完全按照老年人数量的乘数效应,甚至有些可以共用分摊,所以会出现有多位老年人的家庭其家庭老年人口占比对医疗保健消费支出占比的促进效应比只有一位老年人的家庭要略低。此外,按照居民年龄分组的回归结果显示,60 岁以上年龄组在家庭老年人口占比对家庭医疗保健消费支出占比的促进效应方面要高于 60 岁及以下年龄组。60 岁以上年龄组、60 岁及以下年龄组的家庭老年人口占比提高一个百分点,他们的家庭医疗保健消费支出占比会分别提高 0.584、0.147 个百分点。这表明 60 岁以上老年人是家庭中医疗保健消费支出占比提高的主导力量,这和老年人身体健康状况随着年龄变大而变差,对医疗保健具有较大需求有紧密关联。

八、 其他用品及服务

针对其他用品及服务支出类别,表 5-22 回归结果显示,从总体样本来看家

表 5-22　家庭其他用品及服务消费占比回归结果

	整体	按老龄人口分组		按老年比分组		按年龄分组	
		pop60 = 1	pop60 > 1	低老年比	高老年比	age ≤ 60	age > 60
ln *laoratio*	0.165	0.599	−0.034	0.512	0.801 **	0.011	−0.180
	(1.06)	(1.11)	(−0.13)	(1.28)	(2.31)	(0.06)	(−0.28)
medical	−0.250 **	0.016	−0.291 *	0.258	−0.503 ***	−0.236 **	0.546
	(−2.12)	(0.02)	(−1.89)	(0.81)	(−3.24)	(−2.04)	(0.44)
pension	0.127	−0.254	0.044	0.476	0.154	0.156	0.381
	(0.91)	(−0.69)	(0.30)	(1.57)	(0.347)	(1.27)	(0.48)
edu	−0.027	−0.106 *	0.006	−0.015	−0.041	−0.034	−0.069
	(−0.81)	(−1.95)	(0.15)	(−0.32)	(−0.97)	(−0.97)	(−0.65)
single	0.929 ***	0.073	−0.121	0.945	1.074 **	0.409	1.917 **
	(2.75)	(0.14)	(−0.33)	(1.23)	(2.54)	(1.02)	(2.37)
nojob	−0.051	−0.171	−0.072	−0.276 **	−0.090	−0.061	−0.337
	(−0.79)	(−0.79)	(−0.91)	(−2.05)	(−1.08)	(−0.90)	(−1.26)
常数项	−0.159	3.239 ***	−1.606 ***	0.760	−1.585 ***	0.475	−0.443
	(−0.23)	(3.12)	(−7.66)	(1.27)	(−6.82)	(1.43)	(−0.46)
时间效应	是	是	是	是	是	是	是
地区效应	是	是	是	是	是	是	是

注:*、**、*** 分别表示在 10%、5%、1% 的水平上显著,括号内是 t 值。

庭老年人口占比对家庭其他用品及服务方面的消费支出占比影响不显著。按老年人口数量分组、按居民年龄分组回归结果也都不显著。按老年比分组低老年比家庭回归系数也不显著,高老年比家庭在5%的水平上家庭老年人口占比对家庭其他用品及服务消费支出占比具有显著的促进效应,表现为高老年比组家庭老年人口占比提高一个百分点,其家庭其他用品及服务消费支出占比将相应地提高0.801个百分点。

总体来看,家庭老年人口占比对家庭其他用品及服务消费支出占比影响不显著,主要通过高老年比家庭对家庭其他用品及服务消费支出占比产生正向促进效应,表明家庭构成中老年人数量占家庭总人口比重是促进家庭其他用品及服务消费支出占比提升的原因。这可能是如果家庭中老年人占比过大,年轻子女没法照顾过来,对各种服务类需求尤其是与老年人有关的服务需求会上升。

本章小结

本章主要基于CHARLS 2011年、2013年、2015年三年的微观数据,以家庭为单位,就人口老龄化对家庭消费的影响进行实证分析,具体包括家庭老年人口占比对家庭消费率的影响和家庭老年人口占比对家庭消费结构的影响两部分。在实际分析过程中,又将总样本根据家庭老年人口占比、家庭老年人口数量、居民年龄阶段等不同家庭人口老龄化指标进行分组,并进一步根据城镇和农村,东、中、西部地区的划分对样本进行分组,力求多维度解析家庭人口老龄化对家庭消费的影响效应。得出主要结论如下:

第一,从总样本来看,家庭老年人口占比对家庭消费率有显著的正向促进效应,并且随着家庭消费率分位数由低到高,家庭老年人口占比对家庭消费率的促进作用具有先上升后下降的特征。这可能是由于低分位数家庭收入水平较低,消费刚性较大,而高分位数家庭经济条件较好,对老年人养老费用相对不敏感,所以中等分位数家庭的家庭老年人口占比对家庭消费率的敏感度要高于其他两个分位。

第二,对总样本根据不同的人口老龄化指标进行分组回归,结果显示随着家庭中老年人口数量增加,老年人口占比增加,家庭人口老龄化对家庭消费率的正向促进效应显著增强。人口老龄化对家庭消费率的影响,主要通过家庭中60岁及以下家庭成员对家庭消费率产生影响。对总样本按照家庭老年人口数量、家庭老年人口占比进行分组,结果均支持人口老龄化对家庭消费率有显著的正向促进效应,而且高老年比家庭影响显著,低老年比家庭影响不显著。进一步将总样本按照家庭成员年龄阶段分组以后,发现60岁以上年龄组家庭人口老龄化对家庭消费率的影响要明显低于60岁及以下年龄组,说明人口老龄化对家庭消费的影响,主要通过家庭中60岁及以下年轻成员的消费行为对家庭消费率产生影响。

第三,分城乡来看,家庭人口老龄化对于城乡家庭消费率都有显著的正向促进效应,并且城镇促进效应高于农村。把城乡样本根据家庭老年人口数量、家庭老年人口占比进行分组,回归结果基本也仍然支持这一结论。进一步对各分组结果进行对比分析,发现城镇家庭老年人口占比对家庭消费率的影响,主要是由老年占比较高的家庭决定,农村家庭老年占比这一指标影响不显著,说明家庭老年人口占比可能不是人口老龄化影响农村家庭消费率的核心因素。进一步把城乡样本按照年龄阶段进行分组,结果显示城镇家庭人口老龄化影响家庭消费率,主要是通过城镇家庭非老年成员产生影响;农村与城镇相反,农村家庭老年成员是家庭人口老龄化对家庭消费率产生影响的主要力量。进一步按照城乡居民年龄分组回归结果进行对比,发现对于60岁以上年龄组,城乡家庭老年人口占比对家庭消费率的影响相近;对于60岁及以下年龄组,城镇家庭老年人口占比对家庭消费率具有较大的促进效应,但是农村家庭影响不显著。这表明城镇家庭人口老龄化对家庭消费率的正向促进作用大于农村,主要是由城乡家庭成员中年轻成员消费倾向差异造成的,而不是老年人本身造成的。

　　第四,分区域来看,东、中、西部三个地区都呈现出家庭人口老龄化正向促进家庭消费率提升的特征,并且促进效应呈现出东部最大、西部次之、中部最小的排序特征。按照家庭老年人口数量和居民年龄进行分组,三个地区家庭人口老龄化对家庭消费率的促进效应依然符合上述排序特征。但是根据家庭老年人口占比进行分组,显示家庭老年人口占比对家庭消费率的促进效应遵循东部、中部、西部依次递减的规律。这表明一个地区的家庭人口老龄化变动程度对家庭消费率的影响效应与该地区的经济发展程度严格成正比。

　　第五,分析家庭人口老龄化对家庭八大类消费结构各项支出占比的影响,结果表明:家庭人口老龄化对食品烟酒、居住消费、生活用品及服务、医疗保健消费支出占比都有显著的促进效应,对衣着消费支出占比也有促进效应但是程度较小。其中,家庭人口老龄化对家庭食品烟酒消费支出占比的影响程度最高(0.264);对居住消费支出占比的影响程度次之(0.216);对生活用品及服务和医疗保健消费支出占比的影响程度较为接近,分别为0.199和0.189;对衣着消费支出占比的影响程度最小(0.073)。另外,虽然从总样本来看家庭人口老龄化对家庭交通通信、教育文化娱乐、其他用品及服务三项消费支出占比影响不显著,但是根据分组回归结果来看,家庭人口老龄化在一定分组条件下对家庭交通通信、教育文化娱乐两项消费支出占比形成抑制效应,对其他用品及服务消费支出占比形成促进效应。

第六章
人口老龄化背景下
促进居民消费的国际经验

从世界主要发达国家的经验来看,人口老龄化程度随着经济水平的提高而加深是一个必然趋势。从美国、英国、法国、日本等主要发达国家的经验来看,纵然处于深度老龄化社会甚至超老龄化社会,只要政府采取适当的消费促进举措,依然可以保持总体较高的居民消费水平。中国目前正经历从人口老龄化社会向深度老龄化社会的过渡期,人口老龄化程度与美国、英国、法国、日本等其他国家相比依然程度较轻,但是居民消费水平却较其他国家存在较大差距。本章在将中国的人口老龄化程度与居民消费水平与美国、英国、法国、日本等几个主要发达国家进行比较的基础上,进一步归纳人口老龄化背景下扩大消费的美国模式、欧洲模式、日本模式三种模式,希望为当前中国走出人口老龄化困境扩大消费提振内需提供国际经验借鉴。

第一节 中国人口老龄化的国际比较

目前,人口老龄化已经成为全球范围的普遍态势,并且呈现经济发达程度越高,人口年龄结构越老的特征。下文在分析全球人口年龄变动趋势特征的基础上,将中国与美国、英国、法国、日本等发达国家的人口年龄结构变动历程进行比较,以对中国人口老龄化的阶段特征和横向比较进行判断。

一、全球人口老龄化变动情况

20 世纪 50 年代,世界的人口总量约为 25 亿,21 世纪初的人口则翻了一倍多,总量已超过 60 亿。①短短 50 年间,除了人口总量的显著变化外,人口年龄结构也在发生前所未有的巨大变化,人口老龄化日益成为全球性问题,且随着经济的发展而日益加剧。

从总体来看,世界人口年龄结构趋于老化,即少年儿童的人口占比下降,老年人口比例上升。根据联合国统计,2018 年人类历史上第一次出现全球 65 岁或以上的人口总数,超过了 5 岁以下儿童的人口总数,形成人口倒金字塔结构,这种人口年龄结构的变化也是世界人口史上从未出现的。当前,世界人口的平均年龄不断增长,各年龄阶段相比,老年人口的增速最快,到 2050 年,全球约 1/6 的人口将会达到 65 岁以上,高于 2019 年的 1/11。2019 年到 2050 年,全球 65 岁以上人口占比将从 9.1% 上升到 15.9%,从而整体迈进老龄化社会。同时,预计在 2019—2050 年期间,65 岁或以上的人数将增加一倍以上,而 5 岁以下儿童的人数基本维持不变。②诚如日本著名人口学家黑田俊夫所言,1950 年至 2050 年为“人口世纪”,是人类人口史上前所未有的 100 年,前 50 年是世界人口数量增长最快的时期,后 50 年则是人口年龄结构变化最迅速的时期。③

伴随着全球人口老龄化程度的加深,劳动力年龄人口与 65 岁以上老年人口的比值也在全球范围内下降。其中,日本劳动力年龄人口与 65 岁以上老年人口的比值是 1.8,是世界上最低的。到 2050 年,预计 48 个国家(主要在欧洲、北美、东亚和东南亚)劳动力年龄人口与 65 岁以上老年人口的比值的比例将低于 2。这些数值凸显了人口老龄化对劳动力市场和经济的重大影响,未来数十年这些国家将面临维持人口老龄化背景下医疗保障、养老金等公共体系的

① 联合国官网:https://www.un.org/zh/sections/issues-depth/population/index.html.
② 《2019 世界人口展望报告》。
③ [日]黑田俊夫:《基本战略和倒三角形的理论》,《人口与开发》1999 年第 2 期。

财政压力。

从洲际层面进行比较,可以发现,全球老龄化还表现出明显的洲际差异。2019 年全球 65 岁以上老年人口占比较高的国家主要集中在北美、欧洲等北半球国家。但随着时间的推移,到 2050 年老龄化将越来越成为全球范围内的普遍性现象。分洲际来看,到 2050 年,除非洲和中东地区,全球大多数地区都将进入老龄化社会。2019 年至 2050 年,预计 65 岁以上人口占比翻番的地区包括北非和西亚、中亚和南亚、东亚和东南亚以及拉丁美洲和加勒比。到 2050 年,欧洲和北美的常住人口中将有 1/4 年龄在 65 岁以上,年龄在 80 岁或以上的人数预计将增加两倍。欧洲和北美洲由于高度发达的经济水平和特殊的人口结构,其社会结构一直以来都是老龄化程度最高的,2019 年 65 岁以上人口占比已经高达 18.0%,而到 2030 年这一占比将继续提升到将近 22.1% 的水平。澳洲和新西兰的人口老龄化水平也相对较高,2019 年 65 岁以上人口占比15.9%。中亚和南亚 2019 年的人口老龄化水平略低于世界平均水平,但是到2100 年将超过全球平均水平,表明中亚和南亚的人口老龄化速度已经高于世界人口老龄化平均速度。北非和西亚一直低于世界平均水平,与之相反,东亚和东南亚则始终高于世界平均水平,保持稳定增速。而撒哈拉以南的老年人口占比始终最小,这一方面是由于医疗卫生的水平提高延长了非洲老年人口的寿命,而经济趋于发展条件下的高生育率将使非洲未来的人口年龄结构更加年轻化,带来更多的人口红利。当前老龄化水平的差异基本反映了各大洲之间经济发展水平的差异。

表6-1   各大洲 65 岁及以上人口占比   （单位:%）

区　　域	2019	2030	2050	2100
世界	9.1	11.7	15.9	22.6
撒哈拉以南非洲	3.0	3.3	4.8	13.0
北非和西亚	5.7	7.6	12.7	22.4
中亚和南亚	6.0	8.0	13.1	25.7
东亚和东南亚	11.2	15.8	23.7	30.4

续表

区　域	2019	2030	2050	2100
拉丁美洲和加勒比地区	8.7	12.0	19.0	31.3
澳大利亚/新西兰	15.9	19.5	22.9	28.6
大洋洲	4.2	5.3	7.7	15.4
欧洲和北美洲	18.0	22.1	26.1	29.3

数据来源:联合国《2019 世界人口展望报告》。

　　根据世界银行公布的数据,2019 年全球进入老龄化社会的国家共有 13 个,分别是日本、意大利、德国、法国、英国、加拿大、澳大利亚、美国、俄罗斯、中国、巴西、土耳其和墨西哥。其中,中国人口老龄化程度排在全球第十,老龄化程度最高的是日本,其老龄化程度高达 27%。此外,印度以 6% 的老龄化程度居于老龄化程度排名第 14 位,是全球距离进入深度老龄化社会最近的国家。可见,世界范围内,老龄化程度较高的国家一般经济也较发达。

　　20 世纪 50 年代开始,发达国家已经进入老龄社会,截至目前,发达国家的老年人口占比已超过 14%,预测到 21 世纪 50 年代,这一比例将攀升至 26%,与之相对少年儿童人口比例下降至不足 17%,发达国家的人口年龄结构大多呈现倒金字塔状态。与发达国家不同,不含中国的发展中国家的老年人口占比不足 5%,预测到 2025 年左右,发展中国家才将整体进入老龄化社会,老年人口占比达 7%。但是到 2050 年,发展中国家老年人口比例将上升至 12%,世界人口老龄化速度正在加快,并且变化趋势逐渐由发展中国家主宰。

　　表 6-2 给出了 2019 年联合国发布的 2019—2100 年世界人口数量与年龄结构变化。根据联合国预测,2030 年,全球 65 岁以上人口占到 11.7%,2050 年这一比例进一步攀升到 15.9%,总体进入深度老龄化社会。无论发达国家还是发展中国家,均经历了老年人口占比不断增加的过程。但相比而言最发达的国家老龄化水平远远高出其他国家。而最欠发达的国家和地区,他们的 65 岁以上人口占比最低,预计到 2050 年,65 岁以上老年人口占比也仅为 6.4%,仍然处于年轻型社会。这与欠发达地区经济发展、生活水平、医疗卫生条件、社

会安定程度较差导致其人口预期寿命较低有关。

表6-2   不同发展程度国家65岁及以上人口占比   （单位：%）

	2019 年	2030 年	2050 年	2100 年
世界	9.1	11.7	15.9	22.6
最不发达国家	3.6	4.2	6.4	15.3
内陆发展中国家	3.7	4.5	6.4	16.8
小岛屿发展中国家	8.7	11.9	16.1	23.7

数据来源：联合国《2019世界人口展望报告》。

二、 中国人口老龄化变动的国际比较

中国的人口老龄化总体上经历了一个逐渐加速的过程。2019 年，中国 65 岁以上人口占比达到 11.9%，且仍在以至少 0.3% 的年均增速继续增加。人口老龄化与低出生率、低死亡率和预期寿命的延长有关。中国的人口老龄化，带有独特的计划生育政策烙印，与 20 世纪 80 年代以来长期施行的独生子女计划生育政策有关。

将中国与同属于发展中国家且发展水平相差不大的印度、印度尼西亚相比，20 世纪 90 年代中期，印度、印度尼西亚人均 GDP 分别为 322、920 美元，中国为 670 美元，可以看出中国的经济发展水平居中且相差不大。三国都属于亚洲的人口大国，且都主张实行计划生育政策，但方法、力度和效果有所不同，如果仅以生育政策和社会经济的发展水平作为指标去比较，中国的人口老龄化水平应当与亚洲这两个国家相差不大。但事实是中国较其他两个国家提前 20 年进入老龄化社会，与这两个国家的人口年龄结构变动差异较大。因此可以得出结论，特殊的计划生育政策对中国进入人口老龄化社会起到了明显的推动和加速作用。

西欧发达国家的渐进老龄化大多是建立在工业化、现代化完成的基础之上，与中国特殊的人口政策背景所导致的人口老龄化不相同，因此两者的经济

社会条件也有较大差异。由于二战后日本所采取的经济政策,在日本向老龄化社会迈进时伴随的是雄厚的经济基础和稳定增长的人均 GDP,日本 65 岁及以上人口比例达到 7% 时人均 GDP 为 1 967 美元,达到 14% 时人均 GDP 也上升至 38 555 美元,但中国的人口老龄化则发生在经济基础相对薄弱的情况下,当中国 2000 年 65 岁及以上人口比例达到 7% 时,人均 GDP 仅为 850 美元。尽管中国和日本的人口老龄化在演变过程中有不少相似之处,但中国的更为特殊。"未富先老"型的人口老龄化往往表现为老年人口总量大,伴随着较低的经济发展水平。同时这种"未富"是多方面、全方位的,不仅体现在人均 GDP 较低,而且还表现为卫生、教育等社会发展方面的不足。

图 6-1 给出了美国、英国、法国、日本、中国 65 岁以上老年人口占总人口的比例数据。从收集的资料和数据来看,法国是世界范围内最早进入老龄化的国家。按照联合国 7% 的老龄化标准,法国于 1865 年已经越过这一标准线。英国则是于 1930 年开始进入老龄化社会,美国是在 20 世纪 40 年代开始也成为老龄化国家的一员。随着生产方式的效率不断提升,世界经济发展不断加速。与此同时,老龄化速度也开始增加。

日本则是后来居上,二战后的日本人口出生率低下,同时战后医疗保障体系的完善使得日本人口平均寿命升高,日本的人口老龄化在战后发展迅速,20 世纪 50 年代前呈现缓慢增长趋势,1950 年 60 岁及以上老年人口在总人口中的比例为 7.7%,在此之后老年人口占比的增长速度大大加快,1970 年老年人口超过 10%,从 1998 年追上英国的人口老龄化进程以后,一路保持五国中人口老龄化领先的态势。随着日本人口老龄化程度的不断发展,日本人口老龄化形势日益严峻,已逐渐成为世界上人口老龄化程度最高的国家。根据日本 1999 年的厚生白皮书统计,65 岁以上老龄人口占总人口的比例从 10% 上升到 20%,美国需要 61 年时间,英国需要 78 年,法国则是 86 年,而日本仅需 21 年时间。

老龄化问题不仅会带来市场上有效劳动力的直接短缺问题,也会显著增加抚养比,家庭养老和社会养老的负担将会加重,同时加剧国民健康保险的财政赤字风险。按照14%的深度化老龄社会标准,英国、法国、日本三个国家现阶段都已经进入深度老龄社会范畴。其中,日本最为严重,2017年其老龄化人口比高达27.05%,已经进入超老龄社会。2018年,中国老龄化比例为11.9%,正在以年均0.3的增速向超老龄国家演进。

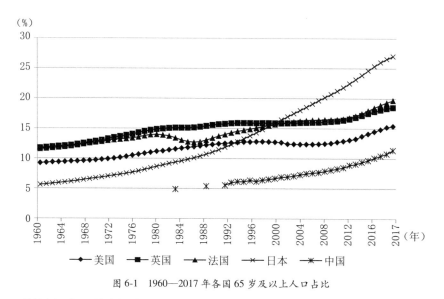

图 6-1   1960—2017 年各国 65 岁及以上人口占比

数据来源:《国际统计年鉴》。

截至目前,中国是老龄化程度相对最轻的国家。从图中也可以看出,五个国家中,日本老龄化曲线最陡峭,表明日本无论是在老龄化程度还是老龄化速度方面都排在第一。美国、英国、法国的人口老龄化增长趋势基本一致,保持相对消费平稳增长态势。中国是这几个国家里面人口老龄化程度相对最轻的国家,但是近年来也呈现人口老龄化加速度趋势。

第二节   中国居民消费变动的国际比较

改革开放以来,中国经济高速发展,经济发展成果举世瞩目,但是居民消费水平却没有跟上经济发展的步伐,甚至居民消费率一度走低。本节通过将中国与美国、英国、法国、日本几个国家的居民消费率和消费结构的历史进程进行比较分析,研究探索发达国家居民消费变动的一般规律,并对中国与其他国家的居民消费变动异同进行比较。

一、 中国居民消费率变动的国际比较

居民消费率是最终消费率的一部分,与政府消费率共同构成最终消费率。在市场经济环境下,一国居民是主要的消费群体,政府消费则更多消费在基础设施建设方面。改革开放40多年以来,中国经济实现了跨越式发展,经济增长长期处于中高速区间,其中消费作为增长引擎之一,起到了重要的推动作用。然而,相比发达经济体,中国现阶段消费对经济增长的贡献份额仍较低。本书选择了美国、英国、法国、日本和中国5个国家,进行消费率的对比分析,同时分析老龄化背景下,消费率的变动趋势,以期为中国应对人口老龄化背景下的消费率提升探讨有效且可行的方案。

自1978年来,中国的最终消费率与居民消费率均呈下降趋势。2000年到2017年,中国最终消费率和居民消费率分别从63.49%、46.9%下降到53.6%、38.4%。而这一时期美国、英国、法国、日本等国家的最终消费率和居民消费率却基本保持平稳甚至小幅上升的态势。如2000年到2017年,美国和英国的最终消费率都始终处于80%—85%的区间内小幅缓慢上行,而法国和日本则处与70%—80%的区间内小幅上升。同时,这一时期,美国、英国的居民消费率都始终处于66%—70%的区间内小幅缓慢上升,而日本和法国则保持在55%的水平左右附近小幅波动。

（一）最终消费率比较

最终消费率是最终消费支出占当年GDP的份额。从图6-2给出的几个发达经济体和中国最终消费率变动趋势看,在消费对GDP的贡献度层面,中国和

其他国家的差距还较大。从图中可以看出,美、英、法、日近年来的最终消费率基本在 80% 左右波动,其中,四国 2017 年的最终消费率分别为 82.38%、84.02%、77.64%、75.16%,而中国 2017 年最终消费率仅为 53.62%,比法国和日本低出 20 多个百分点,比英国和美国低出近 30 个百分点,与其他国家之间存在较大的差距。

从发展阶段看,英国、法国是进行工业革命较早的发达国家,从可得的数据看,20 世纪 40 年代以来,英国的最终消费率波动明显于法国,但两国皆是在较高消费率水平上波动。美国的最终消费率也长期在 80% 左右浮动。2000 年以来,中国最终消费率呈现了大幅度下降,自 2009 年之后最终消费率开始回升。从曲线图 6-2 看,中国这一阶段的特征和中国 1955—1970 年之间最终消费率的变化趋势雷同。一定程度上表明,追赶型经济在发展过程中,可能存在同质性发展阶段。

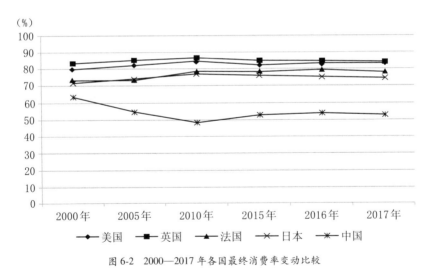

图 6-2　2000—2017 年各国最终消费率变动比较

数据来源:世界银行 WDI 数据库。

(二)居民消费率比较

居民作为市场经济的消费主体,居民消费率高低可以直接反应一国市场经济的繁荣和活跃程度。与其他国家相比,中国的居民消费率不仅偏低,而且在其他国家居民消费率保持平稳甚至上行态势的同时,中国居民消费率却走出了大幅下滑的态势,近年来呈现相对止跌企稳变动特征。

　　从5个国家的居民消费率比较来看,英、美两国的居民消费率排在前列,在65%以上;日本、法国的居民消费率处于中间,在55%左右;相比之下,中国居民消费率最低,处于40%以下。2017年中国居民消费率为38.5%,但是对比同一时期主要发达国家的居民消费率如美国、英国、法国、日本分别为68.4%、65.7%、54.1%、55.5%,远低于世界主要发达国家水平。由此可见,同样是经历了老龄化加深的过程,中国的居民消费率偏低且呈现持续下降趋势,这一方面表明中国居民消费需求还存在较大的增长潜力,另一方面也折射出随着居民收入水平的不断提高,现有的供给侧产品还不能满足需求端的消费需求。而从日本和英国、美国来看,居民消费率基本稳定且处在高位,这与这些国家在推进老年消费市场发展方面做出的努力有关(见图6-3)。

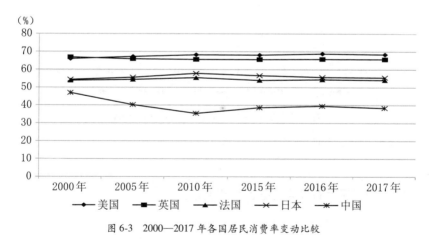

图 6-3　2000—2017 年各国居民消费率变动比较

数据来源:世界银行 WDI 数据库。

（三）政府消费率比较

　　从这几个国家的政府消费率方面来看,大致可以分为高、中、低三个层次水平。其中,法国从 1953 年以来一直稳居高政府消费率水平,英国、日本位于中等水平,中国和美国政府消费率则处于较低水平。

近年来,英国和美国的政府消费率表现出下降趋势,日本和中国的政府消费率则表现为上升态势。政府消费率持续增加,表现了政府财政政策的趋强。美国、英国、法国、日本、中国五国中,英国和美国的政府消费率下降主要体现了他们"小政府"自由主义传统;而法国自 20 世纪以来就是世界左翼和社会主义运动的策源地之一,具有很深的调节主义传统,政府对市场干预较多,从而客观上增加了政府消费的比率。日本和中国国情相似之处较多,均存在着政府干预市场的传统,从而也反映为政府消费率的上升(见图 6-4)。

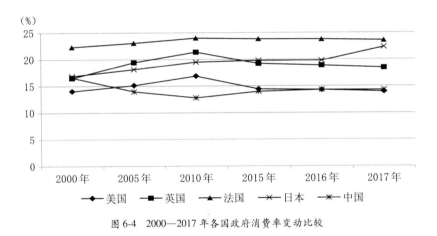

图 6-4　2000—2017 年各国政府消费率变动比较

数据来源:世界银行 WDI 数据库。

二、 中国居民消费结构变动的国际比较

上文对美国、英国、法国、日本和中国 2000 年以来的居民消费率变动进行了细致比较,为了更深入地将中国与其他几个国家的居民消费进行更为全面的比较,下文将对美国、英国、法国、日本和中国 5 个国家的消费结构进行更加深入的比较,以对中国的消费结构变动予以借鉴及启示。

（一）发达国家消费结构变动的一般规律

美国、法国、英国和日本都是经济发达程度和居民消费水平相对较高的国家，对于中国的居民消费结构变动有着一定的借鉴意义。由于数据的可获得性，下文对不同国家消费结构变动进行分析的时间长度并不一致，在数据获取范围内尽量延长时间长度，但是这不影响对各国消费结构变动一般规律的观测。本书根据八大类消费结构分类法对各国的消费结构占比进行分析。通过将各国的消费结构数据进行比较，可以发现各国在消费结构变化的阶段特征、消费结构细分类别的变动趋势等方面存在以下特征。

从各国消费结构变化的阶段特征来看，恩格尔系数不断下降，居民消费由生存型向发展型、享受型转变是必然趋势。通过近年来的数据可以看出，美国、英国、法国和日本的恩格尔系数逐步下降是共同趋势，与之相对应的是交通通信、医疗保健、教育休闲娱乐等发展型享受型消费支出占比不断增加，成为消费结构的主体内容，并且在未来一段时间内呈现持续上升的趋势。由于经济社会体制的差异，不同国家消费结构的具体升级方式和升级阶段存在一定差异，但总体来看恩格尔系数不断降低是普遍趋势，而服务消费、居住消费则呈现持续上升趋势。

从消费结构来看，服务消费超过商品消费的占比并占据主导地位是必然趋势。以美国为例，美国"大萧条"至二战期间，由于战争动乱导致经济衰退，人口减少，服务消费需求并不旺盛，由50%降低到40%以下。战争结束后，美国采取促进经济发展的各项措施以刺激居民消费，服务消费的占比迅速回升，到2017年已经达到71.81%，占据居民消费的绝对主导地位。英国和法国进入21世纪后，服务性消费占比始终维持在60%左右，相对较为稳定。日本作为亚洲最早的发达经济体，消费升级过程由崇尚西化转变为重视本土化，服务消费份额长期超过50%，虽然近年来由于人口老龄化、经济动力减弱等因素略有降低，但服务消费的总占比仍维持在50%的水平左右波动。

从消费细分品类来看，食品和服装等维持基本生活的消费占比持续下降，教育休闲娱乐、交通和通信、医疗保健等发展型、享受型消费呈现上升趋势。通过各国的历史消费数据分析,教育休闲娱乐消费都保持稳定上升趋势,在20%的水平左右波动。交通和通信消费在经过较长时间缓慢上升以后,上升空间缩小,在近几年呈现出小幅度的回落趋势,美国近几年维持在约10%的

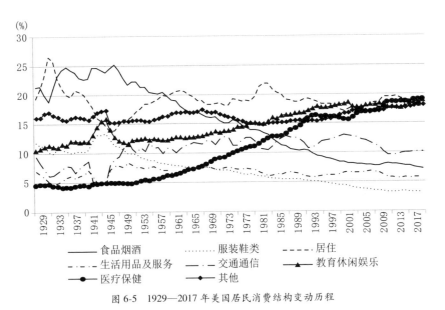

图 6-5　1929—2017 年美国居民消费结构变动历程

数据来源:wind 数据库。

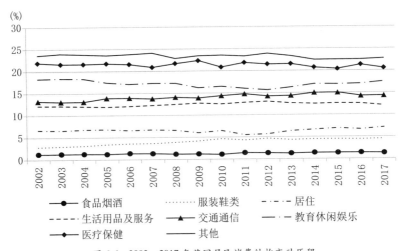

图 6-6　2002—2017 年英国居民消费结构变动历程

数据来源:《国际统计年鉴》。

水平,英国、法国和日本的消费占比约为 17%。医疗保健消费受各国医疗体系制度的影响有所差异,其中美国由于实施医疗市场化制度导致医疗保健消费占比较高,基本维持在 19% 左右。法国和日本的医疗保险制度由政府提供财政保障支持,近年来有所上升但相对幅度较低,医疗保健消费占比约为 4%。英国实行公共医疗保障体系,医疗保健消费水平基本保持不变,2017 年占比约为 1.3%。

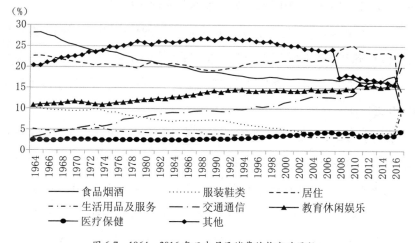

图 6-7　1964—2016 年日本居民消费结构变动历程

数据来源:《国际统计年鉴》。

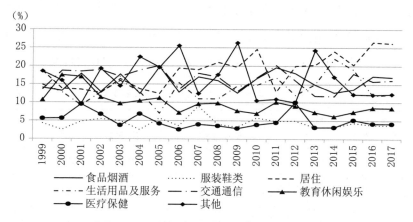

图 6-8　1999—2017 年法国居民消费结构变动历程

数据来源:法国国家统计局。

（二）中国消费结构变动的国际比较

2013 年中国国家统计局开始进行城乡一体化住户收支与生活状况的调查,城乡一体的中国居民消费数据开始具有可获得性。下文将近几年中国城乡一体的居民消费结构数据与美国、英国、法国、日本的同时期消费结构数据进行对比分析,对中国的消费结构变动历程及现状特征进行国际比较。

1. 中国 2013 年到 2017 年居民消费结构变动分析

2013 年至 2017 年期间,伴随经济发展水平的提高,中国居民消费结构持续优化,恩格尔系数不断下降,交通通信、教育休闲娱乐、医疗保健等享受型消费支出增速加快,服务类消费保持稳定,居住类消费快速增长,总体呈现消费结构升级特征。

根据中国 2013—2017 年居民消费结构数据分析,居民消费结构中占比下降最为明显的是食品烟酒和服装鞋帽类等与居民基本生活密切相关的消费类别,其中居民食品烟酒消费占比从 2013 年的 31.2% 下降至 2017 年的 29.3%,服装鞋帽消费占比从 2013 年的 7.8% 下降至 2017 年的 6.8%。与此相反,居民消费中交通通信、教育文化娱乐和医疗保健等享受型消费支出占比不断上升,三者占比之和由 2013 年的 29.8% 上升至 2017 年的 32.9%,已经超过居民基本型消费支出占比,成为居民消费的最大开支项。另外,服务类消费支出占比相对呈现稳定趋势,生活用品及服务、其他用品及服务两项消费支出占比之和在居民消费结构中的总占比基本保持不变,维持在 8.5%—8.6% 区间。

表 6-3　2013—2017 年中国居民细分消费结构　　　　　（单位:%）

年份	食品烟酒	服装鞋帽	居住	生活用品及服务	交通通信	教育文化娱乐	医疗保健	其他用品及服务
2013	31.20	7.80	22.70	6.10	12.30	10.60	6.90	2.50
2014	31.00	7.60	22.10	6.10	12.90	10.60	7.20	2.50
2015	30.60	7.40	21.80	6.10	13.30	11.00	7.40	2.50
2016	30.10	7.00	21.90	6.10	13.70	11.20	7.60	2.40
2017	29.30	6.80	22.40	6.10	13.60	11.40	7.90	2.40

数据来源:《中国统计年鉴》。

2. 中国与其他国家消费结构变动比较

当前,中国消费结构仍然处于消费升级进程之中,与发达国家相比仍存在一定的差距。这既与中国经济社会生产的发展阶段及水平有关,也与中国地域辽阔、人口众多导致的多元消费结构特征有关。中国与其他国家在消费结构方面的差距主要体现在以下几个方面。

根据与美国、英国、法国和日本居民消费结构的数据对比,在服务类消费占比方面,中国仍落后于发达国家。总体来看,服务消费占比超过商品消费并居于居民消费支出首位,是各发达国家居民消费结构变动的一般趋势与规律。美国从 1970 年就进入了居民服务消费占主导的阶段,2017 年居民服务消费占比为 71.82%;1977 年日本居民服务消费占比为 51.06%,首次超过商品消费并居于居民消费的主导地位,2017 年日本居民服务消费占比达到 61.19%,创下新高。由于数据可获得性,缺乏英国、法国 21 世纪前的居民消费结构数据,但是从 21 世纪以来居民消费结构变动的数据来看,英国居民服务消费占比始终维持在 60% 左右小幅波动,法国服务消费始终大于商品消费,2017 年法国居民服务消费占比为 53.10%。中国的统计体系中尚无专门的服务消费统计板块,但从近几年中国居民细分消费结构八大类数据来看,2013 年至 2017 年中国的食品烟酒、服装鞋帽加上居住三个类别的消费总额占比从 61.7% 逐步下降到 58.5%,但另外五大类消费中,除去服务类消费还包括了部分生活用品、其他用品等商品类消费,无法得出确切的服务类消费占比的数据,但可以推断目前中国的居民服务消费占比仍然低于 40%,与美国、英国、法国和日本相比,具有较长的历史时间差距。

与其他国家相比,目前中国生存型消费依然占比较大,具有较大的下降空间。近几年,中国居民食品烟酒消费占比约为 30%,而美国消费结构稳定后的食品烟酒消费份额较低,近 5 年约为 7%,法国和日本的食品烟酒消费份额仅占 15%,英国的食品烟酒消费占比稍高但始终维持在 22% 左右。因此,伴随居民可支配收入增加和恩格尔系数下降,中国食品烟酒消费支出占比进一步降低是消费升级的必然趋势。从服装鞋帽消费占比来看,2017年美国、法国、日本和英国的服装鞋帽消费占比分别为3.16%、2.8%、4.2%和4.53%,而中国居民服装鞋帽消费占比为7%,是美国的两倍多,远高于法国、日本和英国。

　　从教育休闲娱乐、交通和通信、医疗保健等具体类别的居民消费数据比较来看,当前中国居民的发展型、享受型消费水平相对较低,具有较大的增长潜力。教育休闲娱乐消费方面,近几年中国居民消费支出占比约为11%,同期美国约为18%,相差7%左右。交通和通信消费方面,近几年中国居民消费支出占比约为13%,同期美国约为10%,英国和法国都约为17%,高于美国,但与英国和法国相比,仍具有一定的增长空间。医疗保健方面,2017年美国居民医疗保健消费份额为20.77%,而中国2017年居民医疗保健消费份额不足8%,随着人口老龄化和"二胎政策"的全面落实,医疗保健消费市场需求将进一步扩大,居民医疗保健消费占比将进一步提升。

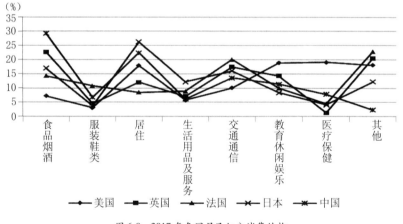

图 6-9　2017年各国居民细分消费结构

数据来源:英国和日本数据来自《国际统计年鉴》,美国数据来自 wind 数据库,中国数据来自《中国统计年鉴》,法国数据来自法国国家统计局。

3. 中国消费结构存在差距的原因分析

　　当前,中国消费结构的发展阶段与发达国家相比仍存在一定的差距,这既与中国经济社会生产的发展阶段及水平有关,也与中国地域辽阔、人口众多导致的多元消费结构特征有关。

现阶段,我国经济分布的重要特征之一是经济总量大而人均水平低,在一定程度上制约了居民消费水平的提升。2018 年,中国 GDP 总量约为 13.6 万亿美元,位居世界第二,占世界比重的 15.9%。同期,我国人均 GDP 水平约为 1 万美元,仅是美国人均 GDP 水平的 15.6%(美国 2018 年人均 GDP 水平为 62 641 美元),经济发展存在明显差距。2012 年以来,我国进入经济发展新常态阶段,不再只单纯地追求经济高速增长,以往粗放式高速经济发展遗留的大量问题,如产能过剩、技术外向依赖度高、供需资源错配等等都亟待解决。因此,尽管我国经济总量已经位居世界第二,对世界经济的重要性日益凸显,但是我国仍属于发展中国家,如何打破经济发展新常态的瓶颈,促进居民收入水平进一步提升,是现阶段消费升级的基础和前提。

当前我国消费市场在中高端商品和服务供应方面不足,滞后于我国的居民美好生活需求,制约了我国居民消费升级进程。改革开放以来,大量外资和技术设备的引进,使我国迅速依靠劳动力成本优势跻身制造大国行列。但我国产品制造长期处于全球价值链的低端位势,众多企业主要负责产品基础零件的加工组装环节,产品的附加值和技术复杂度低。此外,出口导向型政策的实施,使得流通到国内市场的主要是低加工制品,高端加工制品多输出国外,这在一定程度上减少了国内产品质量和类别的丰富性。随着知识经济的到来和资源的流动性加强,居民对消费产品的质量属性更加关注。但是,我国制造业长期以来技术对外依赖性较严重,自主核心技术水平低,造成中高端商品和服务供给不足。同时,消费升级也意味着居民消费结构从物质消费向服务消费转移。受制于现阶段我国市场环境的不完善,我国高端服务消费供给依然处于相对匮乏阶段,这也造成部分中高端收入阶层的消费外流,从而推动消费持续升级的动力机制不足。

我国居民消费结构与发达国家相比存在一定的差距,还与我国区域经济结构复杂,人口众多,消费分层化、多元化现象有关。首先,区域经济水平分布差异明显。东部地区受改革发展先行和地理位置优势,经济资源集中度较中西部地区明显更高,居民消费层次相应更高。其次,城乡二元结构突出。尽管近年来,农民工大量进城务工,释放了大量劳动红利,提高了农村家庭收入,但是人力、教育等资源流动障碍在省际之间仍然明显,居民收入和消费差距依然在扩大。根据国家统计局公布的数据,2018 年,城镇居民人均可支配收入是农村居民的 2.7 倍,而城镇居民人均消费支出水平是农村居民的 2.2 倍,城镇居民在收入水平和消费能力上具有明显优势。此外,由于区域地理和经济分布的复杂性,造成我国收入分配差距不断扩大,近年来我国基尼系数连年超过 0.4,表明当前我国收入差距较大。收入分配差距的不断拉大和物价水平的高涨,给不同收入阶层的居民带来不同的影响,使得我国居民消费升级由于收入水平不同而呈现不平衡发展特征,并且由于低收入人群仍然占比较大而拉低了整体消费升级水平。

另外,我国城乡居民居住消费份额相对较高,对居民服务消费和升级类消费形成了挤出效应,也是制约我国消费升级进程的重要因素。长期以来,我国农村居民居住消费份额一直排在第二,仅次于食品烟酒消费,对农村居民扩大发展型消费和享受型消费形成挤压效应。2013 年以来,全国重点城市房价普遍大幅上涨,楼市火热带动了居民居住消费的繁荣,导致 2013 年以来我国居民居住消费份额始终保持在 22% 左右的高位。从 2017 年的数据来看,中国居民的居住消费占比,除了略低于日本,远高于美国、英国和法国。因此,当前我国人均 GDP 水平和人均收入水平与其他发达国家差距较大,而居民居住消费份额却与发达国家持平甚至还更高,在一定程度上对我国加快消费升级进程形成较大的制约。

第三节　人口老龄化背景下提升居民消费的国际经验

当前,人口老龄化已经成为全球态势,尤其是一个国家的老龄化程度基本呈现与经济发达程度成正比的规律特征。从美国、英国、法国、日本的案例来看,各国基本都处于深度老龄化阶段,其中日本已经到达超老龄社会,与此同时,各国的居民消费率也远高于中国,包括居民消费结构方面也明显优于中国。当前,中国正处于经济新常态阶段,转变经济发展方式、扩大内需促进消费是经济平稳增长的重要手段。中国正处于从人口老龄化社会向深度老龄化社会迈进的阶段进程中,在人口老龄化背景下进一步扩大居民消费潜力,成为未来中国经济发展的关键。由于美国、英国、法国、日本等发达经济体都面临着人口老龄化加深进程,并且先于中国已经向消费主导型经济模式转变,积极借鉴美国、日本、欧洲在人口老龄化背景下的扩大消费模式,对于中国积极发展老年消费市场,提升居民消费水平,促进经济长远发展具有重要的借鉴意义。

一、 美国模式

从美国消费率数据看,其市场化程度较之日本更深,经济增长类型是典型的消费主导型。截至目前,从最终消费率的构成来看,政府消费率不足 20%,居民消费率占比超过 80%。自 20 世纪 40 年代美国进入老龄化社会后,尽管最终消费率经历了一段时间的下行趋势,但总体呈现上升趋势,并且伴随着居民消费率的持续上升和政府消费率不断下降。美国在人口老龄化背景下居民消费率仍然一路走高并且居高不下,与美国成熟的信贷消费体系和完善的社会保障制度有关。

(一) 促进老年产业创新发展

美国是进入老龄化较早的国家,美国的老年消费市场不是一蹴而就的,而是美国老年消费产业伴随人口老龄化进程逐渐萌芽、发展、膨胀,通过反复摸索,最后得以理性发展的过程。美国老龄产业在 20 世纪 80 年代之前并未受到政府和社会的重视和关注,直到 80 年代期间市场才开始关注老龄人口消费需求。20 世纪 90 年代以来,美国的老年市场规模不断发展壮大,逐步进入理性发展阶段。

美国老年消费市场的建立健全,与老年产业的加快发展紧密相关,而这主要基于市场化为主导的产业发展,以及政府提供产业配套政策。从事老年产业的企业在与市场的碰撞中不断积累经验,优化供给端产品。例如,积极扩展老年消费需求,老年市场细分领域不断得到填补;将科技创新技术应用于老龄市场,一方面为老年人的基本生活提供技术支持,另一方面拓展老年人技术接受度,优化产品和服务供给。除了市场自发机制外,美国政府对涉老企业,特别是科创型涉老企业提供产业政策的扶持。同时一些非营利性民间组织,如美国退休人员协会,通过为退休老人代言,和市场或政府相关结构协调,不仅优化了老龄市场的供需匹配,同时也提高了老年人口的生活质量。

(二)积极开发老年劳动力资源

美国的老年人仍具有较好的工作能力和积极的工作意愿,喜欢工作以实现自我价值,因此美国鼓励企业雇佣老年人口,并向雇佣老年人口的企业给予优惠和补贴,以积极开发老年人力资源,健全老年人口劳动力市场。同时为提高老年人的信息技术而开办学习中心,应对老年劳动力创新供给不足的问题,为老年人口就业提供政府指导和有效帮助。

(三)积极发展信贷消费

美国作为市场经济国家,消费信贷是支撑美国居民消费不断扩张的关键机制。美国的消费信贷市场高度发达,深入到居民生活的各个方面。美国信贷消费支出占 GDP 的份额从 1945 年的 0.25% 上升到 2018 年的 2.29%,增长了近 10 倍。从经济学角度,消费金融的出现,是搭建在居民收入(或财富)和居民消费之间进行时间和空间调整的工具。当居民现期收入无法负担支出时,可以通过消费信贷机制进行即期消费和远期收入的平滑。

信贷消费不仅是平滑消费者消费的良好机制，也存在一定的违约风险。美国有高度发达的金融市场，建立了较为完善的金融体制机制。20世纪80年代，美国积极放宽对金融市场的管制，金融市场在资产证券化和金融杠杆原理的推动下，活跃起来，吸引了多种多样的民间资本进入到消费信贷市场中。为了防范信贷过度消费带来金融危机的风险，美国实行了以银行为主导，同时多种信贷结构并存的信贷消费体系，这种银行为主导，专业化金融公司、信用互助机构、非营利机构和企业及联邦政府等共同组成的信贷体系，构成了相对稳定而安全的消费信贷框架机制，不仅能够促使美国信贷消费市场稳健发展，不同机构还能够根据自身特色为消费者提供多元化的信贷产品，丰富消费信贷供给种类。

（四）建立完善的社会保障体系

在美国，老年人养老一般会选择在自家养老、集中养老等方式安度晚年。自家养老会有家庭护理服务为居家老人提供辅助性生活保障，集中养老则是政府投入的覆盖公立和私立的保障机制，老人可以生活在社区或者公寓，并参加社区老年中心的各项活动。美国自1935年出台《社会保障法》后，逐渐建立起完备的社会养老体制，其保险养老体制覆盖政府、公共部门、雇主和个人在内的全方位保障系统。美国的社会养老体系主要分为三个方面，第一是政府主导的社会保障，主要是由普及型的强制方案构成；第二是公共部门的养老计划以及私人计划，构成对社会保障补充；第三是个人层面的退休保障，主要为老年人自己的财富收入或者私人储蓄。美国的社会保障资金筹集渠道主要由保险费的形式完成，并且缴纳费用也会根据保障机制的发展不断变化。在横向层面，美国社会保障体系的覆盖范围正在逐渐完善，从工薪劳动者逐渐向各行业拓展，美国的退休养老保障参与度已经实现覆盖全部在业人员的96%。完善的社会养老保障体系，让美国人没有后顾之忧，消费潜力和消费欲望得到充分释放。

二、 日本模式

1970 年日本 65 岁以上人口占总人口的 7.1%,标志着日本已经进入老龄化社会。截至 2017 年,日本的老龄化程度已达 27%,进入了深度老龄化社会。即使近年来日本的人口老龄化程度和速度居于世界第一,但日本的居民消费仍然只是小幅波动,基本维持在 55% 左右的水平。20 世纪 70 年代末 80 年代初期,日本居民消费率经历了一个明显的下降阶段,之后的很长一段时间,居民消费率止住了快速下跌态势,基本保持平稳水平,这与日本政府积极发展老年消费市场,努力扩大内需的各种举措有紧密关联。

(一) 出台税负减免政策,提升居民消费能力

日本经济奇迹增长阶段的重要引擎之一就是国民消费需求旺盛。1973 年前后,日本国内需求发生了巨变,出现消费市场供需不匹配、不完善特征凸显等问题。1991 年,日本"泡沫经济"崩盘,经济开始急剧下滑。日本政府为了发展经济,拉动国民内需,采取了许多宏观政策对市场进行调节。比如,日本政府通过减免税收,提升最低工资水平,增加国民收入等方式,提升居民消费能力和消费意愿。

促进居民消费,最重要的是提高居民收入水平,增强居民消费能力。为此,日本相继出台了减免个人税赋的相关政策举措。例如,为了缓解低收入家庭负担,1998 年日本提出 4 万亿日元的削减个人所得税和居民税的措施,到了1999 年,日本进一步制定税制改革新法案,将个人所得税从 50% 降到 37%,居民税从 15% 降到 13%,最高税率合计从 65% 降到 50%。2018 年日本税制改革调整个人所得税,将工资基金所得扣除额和公共年金所得扣除额分别降低 10万日元,而将基础扣除额增加 10 万日元,使得灵活就业人员由于基础扣除额

下调而减轻税收负担,激发经济活力。

为了激发市场活力,日本还出台了系列降低企业税赋和降低贷款利率水平的措施。自2015年起,日本提出"成长型法人税改革"的方针,分阶段下调法人税税率,同时在员工加薪、设备投资和研发投资等方面予以一定的税收优惠,通过对企业减免税负,在激发企业活力的同时,进一步增加员工福利和就业机会,促进市场复苏。

此外,日本还建立了最低工资体系,并且规定最低工资水平随经济发展形势和物价变动水平动态调整。2008年全球金融危机,日本政府向60岁以上老人和18岁以下的未成年人发放金额2万日元的购物券,向其他年龄群体发放1.2万日元的购物券,用于刺激居民消费,促使消费市场回暖。2015年,日本政府颁布措施将全国最低工资的平均值上调至798日元,这意味着日本自2002年来采用现行最低工资标准后,此次调整幅度是最大的,此举有助于改善兼职、小时工等非正式劳动者的待遇,提高居民收入,提升消费能力。

(二)健全信贷消费市场,激发消费市场活力

信贷消费是促进国内消费的重要因素,日本通过发展完善信贷模式,促进居民的消费意愿,拉动经济发展。由于日本消费信贷市场相对于西方其他发达经济体起步较晚,相关法制体系尚未充分完善,日本政府主要通过积极的手段干预信贷市场的发展运营,促使其迅速规范化,因此日本消费信贷模式具有明显的"政府主导型"特征。

日本的信贷消费市场在政府干预下迅速成型,并且具有以下特征:第一,个人信用中介服务体系健全,由全国银行个人信用信息中心、消费信贷公司、全国信用信息中心联合会、跨行业外资企业为主的多家机构共同组成,为消费信贷市场的健康发展提供信用体系支持。第二,出台有关消费信贷的法律法规,完善消费信贷体系,确保市场的正常运营。第三,发展行业组织为信贷市场提供保障。日本消费信贷产业发展过程中,行业组织的强大功能对于管理

市场和促进产业发展方面的作用不可或缺。

(三) 扩大老年消费市场,扶持涉老企业发展

得益于二战后高速发展的日本经济,日本政府在 20 世纪 60 年代开始构建社会保障体系,社会保障体系日渐完善,日本居民的老年生活得到充足的保障。根据日本居民消费率和政府消费率的趋势变化,可以得出当日本初步进入老龄化社会时,日本政府的消费率不断上升,这是因为老年人口的规模扩大造成公共医疗费用增加,给国家财政造成严重负担。为了缓解政府的养老压力,日本政府开始大力扶持老年消费市场,鼓励民间资本注入老年产业。

日本消费率平稳变动得益于日本人口的丰富储蓄,在 20 世纪 60 年代末,90%的日本群体已经步入中产阶级,当 70 年代日本进入老龄化社会后,老年人口有充足的储蓄进行消费。由于老年居民可以领取社会保障金,并不存在与年轻人相似的购房、还贷压力,他们的消费方式与消费领域也会发生相应的变化,主要消费支出多以享受型消费为主。老年人口规模扩大,对生活的质量要求也越来越高,老年人的消费需求已经不仅仅局限于饮食、居住与医疗方面,很多老年人也选择外出旅游等享受型消费,对疗养院、老年学校等服务设施的需求也与日俱增。

老年消费市场需求旺盛,带动了日本老年产业在一定时间内快速发展。日本政府制定了一系列政策促进涉老企业发展,主要体现在 4 个方面:第一,完善相应法规,出台政策保证老年市场的健康运行。为应对老龄化,日本相继制定《黄金计划》《21 世纪黄金计划》等政策,并按步骤有序实施;第二,针对涉老企业出台一系列优惠政策,主要体现在财政补贴和税收优惠上,为涉老企业提供贷款利率优惠,扶持涉老企业的发展,倡导社会资本注入养老产业;第三,培育健康老龄化市场,为了更好地服务老年市场,日本要求涉老企业员工持证上岗;第四,通过立法扶持涉老消费品的开发,日本制定并颁布了《促进福利用具器具机械研究、开发和使用》法律,并在"日本再生战略"中将健康医疗作为

今后的重点投资领域。

三、 欧洲模式

欧洲是世界上最早进入老龄社会的地区,同时也是目前世界上人口老龄化程度最高的地区,老年人口占比已达 20% 以上。人口老龄化所带来的内需紧缩、国家社会保障负担过重、劳动力不足的情况,是欧洲当前经济发展所面临的重大问题。充分挖掘老年消费市场,扩大消费对经济增长的驱动力,成为欧洲促进总体经济发展的重要因素。

(一)大力发展老年旅游业

欧洲大多数国家经济发达,并提供高福利的社会保障,因此多数老年人拥有充足的储蓄,闲暇时间充裕,旅游已经成为老年人生活的最重要组成部分,欧洲旅游市场上最主要的消费者群体便是老年人。

根据近年来统计数据,欧洲旅游业总体上保持平缓增长势头,欧洲是当今世界旅游业最为发达的地区。根据世界旅游组织《2019 全球旅游报告》中的数据,2018 年,欧洲地区接待入境旅游人数达到 7.10 亿人次,占世界总接待国际旅游人数的 39.2%。同时欧洲地区的国际旅游收入占比也相当高,2019 年欧洲的国际旅游占世界旅游总收入的 39%,旅游收入达 5 700 亿美元。

为了促进老年旅游业的发展,欧盟发起了系列针对老年人旅游的促进计划。2012 年欧盟发起"老年旅游计划",2013 年欧盟开始实施促进欧洲老年人在旅游淡季旅行的计划方案,2014 年欧盟又陆续推出 4 个老年旅游项目并获得基金支持,这 4 个项目包括:促进欧洲老年人口转变旅游方式项目、欧洲老年乡村游和促进淡季旅游交流项目、欧洲老年人口铁路旅行项目以及鼓励老年人在欧洲旅游项目。同时欧盟在欧洲各国推广社会福利游项目,该项目主要针对经济困难人群,为他们制定外出旅游计划,其中包括对老年人的外出旅游资助。以英国为例,英国设立面向老年人的国家慈善基金项目,用于鼓励并支持老年人参与旅游活动。

此外,欧洲各国还根据老年人的旅行需要,不断调整完善旅游产业,改造无障碍旅游设施,提供优质且廉价的为老服务,鼓励老年旅游者在淡季到政府指定的旅游场所消费,推广长期度假产品以满足老年人的旅游需求。在欧盟及欧洲各国的努力下,欧洲老年旅游业快速发展,大力促进了欧洲各国老年消费市场的旺盛,进一步带动了欧洲各国的经济发展。

(二) 积极推行高福利制度

高福利制度是欧洲国家最显著的社会特征之一,社会保障支出是其财政支出的重要部分。2017 年,欧盟社会保障支出占 GDP 的份额达到 45.8%,比2012 年的 48.9%有所下降,①从欧盟各国的社会保障收支看,大多处于入不敷出的状态。欧盟作为老龄化较严重的地区,不断增长的老龄人口不仅造成劳动力短缺,而且社会抚养负担也在不断加重。为了缓解以政府为主导的社会保障体系对财政的压力,鼓励私人分担养老责任,世界银行建议除了设立国家公共养老金体系,再建立由强制、私人管理以及基金积累构成的第二养老保障支撑体系。在英国,养老体制为基本保险加补充保险的双重机制。目前,已经有超过近 1/3 的欧盟国家实现了部分养老保障私营化。

随着人口老龄化的不断加剧,以及经济形势发展不景气,欧洲一些国家的政府消费率份额相对上升。这和国家高福利的社会保障体系有着直接的关系。欧洲的高福利政策是和政府的调节强势挂钩的。高福利制度能够从收入平等上进行高税收调节,从而有利于社会稳定。同时,高福利制度作为一种潜在的"市场调节器",能够在社会受到经济或其他方面的冲击时,进行资源和需求的调节。此外,高福利政策能够缓解就业压力,其庞大的社会保障体系,能

---

① 数据来源:CEIC 环亚经济数据有限公司。

够为其提供许多的就业岗位。同时,由于公平平等观念的深入人心,基于高福利政策制度,老年人通常能得到公平合理的待遇。

较高的福利制度,为欧洲老年人口提供了充分的消费信心,让他们能够放心消费,使得消费市场得以繁荣旺盛。不过近年来,由于过高的居民养老福利水平给国家财政带来巨大的压力,欧洲各国的高福利制度已经逐渐成为政府财政危机的重要影响因素之一。

(三) 着重发展消费信贷

居民的消费需求取决于居民的收入水平,但是居民的收入水平并非持续上涨,在此情况下,欧洲各国倾向于采取适当的消费金融手段提升居民的购买能力,从而刺激消费,促进经济的增长。

适当放宽消费信贷政策有助于提升居民的消费意愿。欧洲央行在2019年9月下调存款利率10个基点至-0.5%,降低利率在一定程度上能够减少居民的储蓄意愿,促进消费。同时欧盟消费信贷发展较为成熟,2019年欧盟28个国家的消费信贷总额约为6.86万亿欧元,较2017年上涨4%。同时在欧洲内部,消费信贷规模最大的国家为英国。英国的消费信贷于2013年之后开始增长,近年来增长速度保持稳定。2019年其消费信贷规模约4 346亿欧元,英国也是欧洲人均消费信贷余额最高的国家,达到了人均5 000欧元的水平。[①]

同时为了抑制过度消费贷款所带来的风险,欧盟各成员国还通过国内立法,设定贷款收入比、贷款价值比、债务收入比等相关指标,对借贷人进行限制。以英国为例,英格兰银行此前表示会通过提醒借款者警惕消费信贷相关问题,并在银行压力测试环节审查消费信贷书等手段降低风险值。完善的消费信贷监管制度促进了欧洲各国消费金融的发展。

---

① 数据来源:欧洲中央银行。

本章小结

本章在分析全球人口老龄化发展趋势的背景下,重点将中国的人口老龄化程度和居民消费水平分别与美国、英国、法国、日本等主要发达国家进行比较,并梳理出人口老龄化背景下,发达国家促进居民消费的三种模式:美国模式、日本模式、欧洲模式。

第一,人口老龄化已经成为全球范围的普遍态势,并且呈现人口老龄化程度与经济发达程度成正比的变动特征。从中国与美国、英国、法国、日本几个国家的人口老龄化程度比较来看,中国在 5 个国家中人口老龄化程度最低。

第二,从中国与美国、英国、法国、日本几个国家的居民消费比较来看,中国的居民消费水平最低。中国是 5 个国家中居民消费率最低的国家,低于其他几个国家居民消费率 20 个百分点以上。从居民消费结构来看,中国居民在食品、衣着、居住等生存型消费方面支出占比过高,在服务型消费、发展型消费和享受型消费方面支出占比较低,与其他几个国家相比,中国居民消费结构具有较大的优化和升级空间。

第三,从目前人口老龄化程度较深的国家和地区促进居民消费取得成功的案例来看,主要可以分为美国模式、日本模式、欧洲模式三种模式。三个模式因其不同的社会发展情况,而各具特色。其中美国模式主要是促进老年产业创新,发展信贷消费,挖掘老年劳动力资源以及完善社会保障体系;日本模式主要是减免税负提升居民消费能力,健全信贷消费市场,加强涉老企业市场政策扶持;欧洲模式主要是大力发展老年旅游产业,推行高福利制度,着重发展老年消费信贷。

第七章
人口老龄化背景下促进
居民消费的对策建议

在人口老龄化社会背景下全面扩大居民消费,既要适应人口老龄化社会特征,努力延缓人口老龄化社会进程,扩大老年人口消费市场,也要充分挖掘社会全体居民消费潜力,从需求侧、供给侧、环境端等多方面着手,多措并举促进居民消费潜力释放,促进形成整体社会消费繁荣。

第一节　积极应对人口老龄化,努力延缓老龄化进程

一、　谨防"低生育陷阱"

人口惯性是世界各国人口发展过程中体现出来的共性特征,表现为高生育率阶段会表现出长期的人口正增长惯性,但是在低生育率阶段也会显示出长期的人口负增长惯性,而且一旦发展到人口负增长趋势较为明显的时候再来思考解决办法,则已经为时较晚。自2016年我国正式实施全面放开"二孩政策"以来,虽然在鼓励二孩生育方面取得一定的成效,但是对于延缓人口老龄化趋势、优化人口年龄结构仍然收效甚微,主要原因是在二胎出生率上升的同时,一胎出生率却出现下降趋势。具体来看,人口出生率从2016年的12.95‰下降到2019年的10.48‰,人口出生率仍然在持续下降并且创下历史新低;人口自然增长率则从2016年的5.86‰下降到2019年的3.34‰,也

是创下历史新低;而人口死亡率则是从 2008 年以来一直稳定在略高于 7‰的水平。因此,克服人口老龄化负面影响,缓解人口老龄化进程,重点是要加强对人口惯性的认识,警惕低生育率行为成为常态,通过政策引导和社会文化宣传,减少多年来计划生育政策对国人生育观念惯性的影响,引导形成积极的人口生育观念。

二、 加强二孩生育政策支持力度

保持适度的生育率水平,是促进人口再生产良性循环,优化人口年龄结构的重要前提。落实全面放开"二孩政策",鼓励适龄妇女提升生育率并保持在相对合理的区间,重点是要出台具体的鼓励生育的政策,减轻家庭孩子生养负担。一方面,应加强对二孩家庭的政策支持,建议对生育二孩的家庭进行生活费用补贴和医疗费用补贴,以及相关的家庭税负减免;积极推动落实产假、哺乳假等制度,妥善解决延长生育假、配偶陪产假等奖励假的待遇保障;同时还要加大对女性尤其是生育二孩女性生育权益和就业权利的保障力度,加大执法监管,消除就业性别歧视尤其是生育二孩女性的再就业歧视,制定社会政策支持女职工工作与家庭平衡。另外一方面,应加快提升健康生育和幼儿托管公共服务水平。统筹多个部门,加强妇幼保健机构建设,在孕前优生健康检查、孕期检查、住院分娩、儿童保健、预防接种等各环节提供优质生育服务,优化全程生育服务链条。同时,加强幼儿托管教育公共服务供给,合理配置妇幼保健、儿童照料、学前和中小学教育等社会保障资源,大力兴办日托(0—2 岁)与幼教(3—6 岁)设施,将学前教育(3—6 岁)纳入义务教育阶段,满足新增公共服务需求。

三、 推出积极的老龄化应对措施

在人口老龄化的背景下,延迟退休已经成为很多国家的选择。学习西方发达国家加快实施和完善"延迟退休制度"或"弹性退休制度",通过激活老年人再就业市场,提升老年人收入水平及其消费能力。积极借鉴国际经验,针对老年人在退休以后工资收入难免下降的情况,可以通过教育培训、就业促进和健康服务等方式,帮助有再就业意愿的退休老年人重返劳动力市场。结合老年人年纪大、时间空的特点和情况,提供更多非全职就业与社区工作岗位,引导其在社区治理等方面发挥积极作用。对于专业领域的技术人才则采用适当延长工作年限的方法,更多发挥其在学术交流、科学研究和咨询服务等领域的作用。积极提升新增劳动力质量,对标国际加快培养创新应用型、高技能素质型技能劳动者和高校毕业生,提高新增劳动力供给质量。全面提高教育质量,加快完善国民教育体系,不断提高基本公共教育服务均等化水平,进一步提升劳动年龄人口平均受教育年限。

第二节　推动商业转型升级,加快发展新兴消费

一、推动商业数字化转型

加快传统商业全渠道数字化转型,结合数字化基础能力升级改造,支持发展零售创新孵化平台和技术应用服务平台,引导零售企业从构建营销和顾客服务平台,转向建设提升产品流转效率的全渠道供应平台和供应商生态合作平台,实现整体零售链条的充分融合和高度协同。鼓励跨界融合创新,引导零售企业与合作伙伴之间利用数字化技术实现供应链整合和透明化,推动不同商业业态的融合协同,实现"千店千面"商业模式的创新发展。重点扩大 AI、云计算、大数据、5G、电子支付、网络安全等网络信息技术在商业领域的创新应用,推动传统商业设施和电商平台适老化改造,做好供应链创新方面的技术孵化和产业培育,形成人口老龄化背景下具有规模化和影响力的商业创新生态圈。推动零售后端数字化转型,重点推动企业零售数字化转型从前端的"人、

货、场"转向后端的"研、产、运",通过推动后端研发、生产和运营能级的提升,实现增长方式的重塑和增量价值的创造,突出细分领域商业模式的做精做强和品牌的深度运营。

二、 大力发展首店首发经济

依托国际消费中心城市建设,在北京、上海、杭州、广州、成都等重点商业城市加快引入国际国内品牌首店、旗舰店、体验店以及新业态新模式首店,重点是吸引名家新品、名牌新品、老牌新品和新牌新品等,引进全球新品首发、品牌首秀、文化首演等各种首发活动,打造全球新品潮品首发首选地,形成首店首发经济打卡地标。依托时装周、进博会等新品首发首秀平台,进一步集聚国外优质原创设计师品牌和时尚潮牌新牌,引进更多尚未进入中国的具有性价比的国外二三线品牌和小众品牌,丰富国内消费市场的品牌丰富度和层次性。加快完善首店经济统计指标体系及发布体系,科学评估首店经济拉动效应,促进首店经济持续健康发展。

三、 积极发展在线经济

受新冠肺炎疫情影响,2020 年以来,以 5G、大数据、人工智能为核心的信息技术极大地促进了在线经济、非接触经济的迅速发展。未来,应强化新兴科技在消费市场的应用,以数字经济赋能消费模式的创新发展。重点是推动传统企业利用新兴技术和手段在市场咨询、技术软件、数字营销、电子支付、物流配送、商业数据等领域实现转型升级,引导商业企业积极应用第三方电商平台、购物 APP、小程序以及直播电商、社交电商等在线经济新业态新模式,打造实体门店渠道、网络电商渠道、移动电商渠道、社交媒体渠道于一体的全渠道模式,实现线上线下商品、会员、交易、营销等数据的共融互通,向消费者提供全天候、跨渠道、无缝化消费体验。同时,加快完善跨境电商平台体系建设,充分发挥大型跨境电商的引领作用,高效整合以大型跨境电商平台为主导的优势资源,进一步导入国际商品和服务资源。

四、 加快发展退免税经济

目前,中国的奢侈品消费额已经占到全球奢侈品消费总额的1/3,其中70%的消费实际上发生在境外,通过出国旅游或代购实现。随着人口老龄化现象加剧,国内老年人出国医疗旅游的趋势进一步增强。在人口老龄化背景下全面促进居民消费,还面临着吸引高端消费回流的任务。海南自贸港免税政策的升级,使得我国免税业迎来快速发展时期。下一步应依托进博会进一步推动国内退免税业的发展,一方面是加快完善免税店布局,重点是加快建立市内免税店,创建集中型离境退税街区,扩大退、免税商业规模和个人消费额度。同时,依托进博会集聚大量国际品牌的契机,进一步丰富免税商品和品牌,提供更具性价比的价格,引导高端消费回归国内市场。此外,积极借鉴国际惯例,突破只能由银行代理退税业务的现行规定,引进国际著名退税代理机构,加快"即买即退"政策试点在全国范围重点商业旅游商圈布局,进一步简化境外旅客购物离境退税流程,吸引扩大国际消费。

第三节　加强市场供给侧改革,构建新型供给体系

一、 畅通商品和服务进口渠道

充分依托自贸试验区、进博会等重大平台,积极发展进口消费,提升国内中高端商品和服务供给。依托自贸试验区积极发展数字贸易、跨境电商等新型贸易流通方式,扩大平行进口商品类别,打造一批集保税、展示、交易、物流

功能于一体的专业贸易平台,促进贸易商、品牌商和平台市场的集聚,形成内外贸一体化的大流通、大市场、大平台。深化进博会"6+365"一站式交易服务平台建设,鼓励进博会采购商联盟获取进口消费品领域买断经营权和总经销、总代理权,引进更多的进口商品和服务品牌,尤其是国内市场相对短缺的老年商品和服务品牌。发挥进博会专业进口平台优势,着力在贸易便利化、贸易监管、进口税制、出入境管理、政府服务上突破创新,压缩进口产品中间流通环节、降低商品末端市场价格,使消费者能够以高性价比购买到进口商品和服务,激发国内消费群体释放在中高端进口商品及服务方面的消费潜力。

二、 提升企业生产制造水平

引导国内企业对标国际先进生产制造标准,加快融入全球科技合作与创新发展浪潮,学习并引进外资企业先进的经验和技术,主动加强理念创新、工艺改进和技术升级,以提高产品质量,满足消费者不断升级的消费需求。加强与世界先进农业、工业企业的交流与合作,对标国际农业、工业生产制造加工标准,促进理念创新、研发合作和技术交流。依托移动互联网、5G、大数据、高级算法、区块链等核心技术,驱动生产组织流程创新,高效整合上游生产线、供应商以及下游产品和客户,降低生产制造成本,延长制造业产业链,打造完整的产业链闭环体系,提高制造服务系统化和智能化水平。同时,创新制造业生产模式,依托互联网平台使传统的 B2C 制造模式转变为以消费者驱动的 C2B模式,另一方面,通过网络平台、直播工具,推动传统制造商产品设计、生产制造与需求端的对接联动,提供符合市场需求的高品质商品和服务。

三、 进一步扩大服务业开放

当前,服务贸易在全球贸易中的地位正不断提升,但是我国服务业国际竞争力与国际水平相比仍然存在较大差距,服务业产品也整体处于价值链中低端。进博会设立了服务贸易专区,内设金融、物流、咨询、文化、旅游等相关板块,为全球服务贸易供需双方搭建了沟通合作平台,也为中国服务业开放进一步展现了前景。未来应加快进博会与自贸区的联动,围绕进一步扩大中国服务业开放,放开外资准入限制,改革市场监管模式,探索扩大外商控股或独资试点经营服务消费行业的业务领域,在互联网和信息服务、科学技术、文化教育、金融服务、商务旅游、健康医疗等领域积极引进国际先进的服务产品和新业态模式,带动国内服务业整体转型升级,提升现代服务业开放水平。

第四节　加强商旅文展联动,培育引导消费热点

一、培育商旅文融合消费地标

加快推进商旅文联动性特色商圈商街建设,建立商业、交通、市场监管、安全等部门联动协同工作机制,对涉及商业区域改造升级的政策壁垒、管理体制性问题,加快创新制度研究、试验与长效供给。对具有一定区域辐射和国际国内知名度的商业集聚区,鼓励通过政策支持、基金支持的方式,实现特色产业与商业联动发展,培育主题性消费地标。依托故宫、国家会展中心等国内地标性商旅文展目的地,加强特色商品开发。积极研发饰品、食品、伴手礼等 IP 类产品研发、销售,营销各类限量版、典藏版商品,激发广大游客、旅客联动性消费、冲动性消费,实现会商旅文体联动发展商业价值。

二、加快发展夜间经济、周末经济

促进夜市经济、周末步行街、周末集市发展。借鉴欧洲、美国、俄罗斯、日本等商业发展经验,商务部门牵头,会同交通、食药监、环卫、工商等部门对特

色商业业态模式发展进行专项政策研究。延长地铁夜间运营时间,调整特殊区域短驳公交运网,做好夜市商圈、商街午夜最后一公里公共交通接驳。建议有关部门牵头,会同交通、市场监管等部门研究周末限时步行街改造实施意见及具体实施方案,依托支马路联动主要商圈商街,打造特色周末原创、民俗工艺制品市集,研究移动性街道休憩、适老服务设施布置、非工作日外围马路路边泊车等细则,繁荣街区型商业文化。

三、 加强消费与节庆活动联动

我国目前正处于新一轮消费增长期,随着国民经济的发展和改革开放的深入,以及人们美好生活需求的提升,节庆经济显现繁荣兴旺的态势。近年来,不少商业营销活动以商旅、商文相结合,发挥区域、商业街区、行业为一体的整体联动营销优势,推动了假日消费热潮的形成。要善于营造节庆文化和消费氛围,引导商业企业积极参与政府举办的节庆活动,把过季产品甩卖与新产品促销和节庆文化融合起来,营造出吸引更多顾客、实现更多收益的节庆商机。企业在实现产品创新或价格促销的同时,必须做好质量把关,既要确保产品质量,还要做到能够迅速及时地回应客户的回馈,使节庆消费成为企业不断提升产品和服务质量的不竭动力。同时,深挖进口博览会、上海旅游节、国际马拉松等热点性高、影响力深远的旅游、会展、文体类项目,加快推进会商旅文体联动的消费总动员品牌项目。

第五节　加快发展老年产业,激活老年消费市场

一、 积极发展老年产业

老年产业的发展状况直接影响到老年消费能否健康发展,影响到能否提

供足够数量的老年消费品和服务供给。在当前老年消费市场供给严重不足制约老年消费发展的情况下,要深化老年消费市场供给侧改革,加快老年产业发展,积极完善老年消费品市场,通过开发丰富多样的"银发产业"带动国内居民消费需求,不断优化升级居民消费结构。同时,应加快推进面向老年人群体的老年产业发展,包括老年医疗与生活服务行业、老年食品与日用品行业、老年房地产行业、老年旅游与娱乐行业、老年教育行业等,并积极出台系列促进老年产业的政策体系,不断健全完善老年产业及老年消费市场的发展。

二、 加快丰富老年消费商品供给

老年人由于生理和心理上的变化,对商品和服务的需求与其他年龄段的人有较大不同,因此人进入老年以后消费偏好会发生变化,比如在食品方面更注重口感绵软,在衣着方面更注重材质舒适,在家居电器方面更注重实用方便。长期以来,老年商品消费市场成为被忽视的非主流市场,导致在物质丰富的市场经济条件下,我国的老年消费商品仍然供应不足,不能满足市场上老年人消费需求。因此,未来应围绕老年人的衣、食、住、行、文、娱、体、游等各方面积极开发设计新的符合老年人实际需求的商品,充分释放老年商品消费市场潜力。

三、 大力发展老年服务消费

根据国际经验,人均 GDP 超过 8 000 美元,居民的品质消费、服务消费将进入快速发展阶段。2019 年,中国人均 GDP 首次突破 1 万美元关口,意味着未来中国居民消费升级将进入一个快速发展时期,居民对服务消费、中高端消费的需求会有大提高。近年来,国内兴起一股老年人出国医疗旅游风潮,即代表国内高端医疗体检服务已经跟不上老年人的消费需求。因此,未来应加快发展适应老年人需求的医疗体检、体育休闲、文化娱乐、养生旅游等各项中高端服务,尤其是与老年生活紧密相关的日常生活助理、营养饮食料理、膳食搭配、营养保健、医疗保健咨询等生活服务业,积极满足老年人不断提升的品质服务需求。

第六节　因势利导分层施策,促进形成全国统一市场

一、 大力发展农村消费市场

长期以来,农村地区一直倡导节俭、保守的消费观念,注重耐用、廉价商品性价比方面的特征,注重物质消费而疏于服务消费。当前农村居民的耐用消费品、智能化产品还未达到市场饱和,对消费升级类商品和服务需求旺盛。围绕激发人口老龄化背景下农村居民消费潜力,应重点加快农村商业网点建设,推进集商业、文化、医疗等公共服务功能于一体的农村商业中心建设,导入连锁超市、便利店等现代商业业态和生活方式,推动农村消费设施和消费模式向城镇看齐,引导农村居民消费升级。同时,应大力加强农村电子商务物流配送网络建设,引导新消费业态、新商业模式、新商业技术向广大乡镇和农村地区延伸,促进农村居民消费潜力释放,带动城镇与农村消费市场协调发展。

二、 继续发展城镇居民消费市场

城镇居民是居民消费升级的主力,消费升级进程早于农村居民。随着城镇居民生活水平不断提高,一般的品质消费不再有较大的增长空间,加之近年来城市房价持续高涨的挤压效应,城镇居民消费增长需要培育新的热点支撑。在人口老龄化背景下全面促进消费,重点是增强城镇中高端老年商品和服务供给,尤其是文化休闲、养生康健类新型老年商品和服务,积极开发推广伴老机器人、适老智能家居产品,培育和激发新的消费增长点。同时,城镇老年人

口还热衷于为第三代埋单,积极发展母婴消费和婴童消费,也是挖掘城镇老年人口消费潜力的一个重点领域。

三、 加快区域消费市场协调发展

目前,不同区域居民在消费水平、消费观念及生活方式等方面仍存在一定的差距,这除了区域经济发展差异造成的居民消费水平差异,还和部分中西部地区相对落后的消费渠道及设施有关。应借力技术与商业模式创新,通过"互联网+"等模式,发挥新消费业态、新商业模式、新商品流通体系在品牌区域渗透,服务网络下沉、渠道资源整合、质量追踪体系建设中的效率优势以及突破时空地域限制方面的优势,推动品质商品供应链向经济不发达区域、非中心性城市以及广大中西部地区广域性延伸,成为缩短区域消费差距,带动城镇与农村、东部与中西部地区消费市场协调发展的重要手段,着力解决地域发展不平衡、不充分问题,使得经济发展成果惠及更多的居民,更加广泛地促进人民美好生活愿景的实现。

第七节 提升居民收入水平,增强居民消费能力

一、 提升居民收入水平

改革开放40多年来,我国社会生产力快速增长,人民群众普遍得到了实惠。但是,收入分配领域仍存在一些不容忽视的问题,城乡之间、地区之间、行业之间的收入差距不断拉大,分配制度不合理导致居民收入差距扩大,成为居民消费不足的重要原因之一。应加快优化宏观收入分配格局,在初次分配中适当降低政府收入和企业部门在整个国民收入中的比重,进一步提高劳动报酬比重,增加居民工资性收入;在二次分配中加强对农村农业农民的转移支

付,切实促进农民增收,通过加快调节居民收入差距,对低收入者进行财政补贴,提高中低收入者的收入,调节过高收入,使中等收入群体的比重上升,从而提升整体消费能力。同时,还应多渠道增加居民财产性收入,依法加强对公民财产权的保护。鼓励居民通过交易、出租财产权或进行财产营运获得利息、股息、红利、租金、专利收入、财产增值收益等,为居民增加财产性收入营造公开公平公正的法制环境。

二、 多措并举促进就业

对于大部分居民来说,就业情况和收入水平、消费水平紧密相关。因此,全面促进居民消费,就要把扩大就业和稳定就业放在突出位置和首要位置,建立经济增长、消费促进和稳定就业相协调的长效机制。一方面,应加快实施有利于促进就业的财政政策和税收政策,逐步建立完善各项就业促进专项基金,加大对促进就业的资金投入和税负优惠力度,形成有利于促进就业的综合政策体系。另一方面,加快通过产业发展带动就业。一般来说,技术进步会对劳动力就业形成挤压效应,但仍然要大力发展技术进步与扩大就业有效结合的产业,比如计算机、网络、通信等相关产业。同时,应加快发展市场需求广阔并且就业容量大的现代服务业,比如商业、旅游、金融、物流等服务业,以及社区服务、餐饮休闲、文化体育等就业门槛相对较低而弹性较高的服务业。同时,加大人力资本投资,大力发展职业技能培训和再教育培训,完善以岗位技能、就业技能提升以及创新创业为重点的培训体系,积极挖掘员工工作潜能,有效提升员工劳动技能和工作效能。

三、 积极发展消费信贷

收入水平是制约消费水平的关键因素,消费信贷则是个体和家庭消费者进行提前消费和即时消费的重要支撑。近年来,随着信贷市场的不断扩张,针对旅游、教育、车辆、家居等领域的消费分期信贷,以及电商小额消费信贷等不断出现,为居民消费提供了资金保障。未来要进一步加强人民银行、银监会、商务部门的联手,引导银联公司与各商业银行共同做好消费支付和信贷服务。鼓励银行提供便捷消费的各种金融服务手段,积极开展信用贷款、抵押贷款、货物质押、分期还款等多种银行信贷方式融资,推广使用 POS 系统、电子支付、网上支付、分期付款、个人支票等国际成熟的支付结算手段,方便消费者进行信贷消费。

第八节　健全社会保障体系,提升居民消费意愿

一、 构建人口老龄化社会保障制度框架体系

面向人口老龄化社会趋势,积极完善以人才开发、人口政策、社会参与、就业促进为支撑的政策体系,构建宜居环境、健康支持、社会保障、养老服务为核心的老龄化制度框架。同时不断健全完善农村老年人养老体系,逐步提高基本医疗保险和养老保险的统筹层次,加快推进城乡居民全方位覆盖,建立公平的可持续社会保障制度。大力发展职业年金、企业年金、商业医疗保险和个人储蓄养老保险等多重养老保障支柱,通过开展试点推出个人税收递延型养老保险,不断探索并建立长期护理保险制度,进一步减少居民消费的养老后顾之忧,引导居民释放消费潜力。

二、 提高政府社会保障财政支出力度

社会保障体系包括政府社会保障支出和个体社会保障支出两部分,对居民消费行为具有重要影响。政府社会保障支出具有公共服务性质,主要体现

在政府对教育、医疗、社保等系统的建设和维护。有效的政府保障体系,能够缩减居民在公共服务领域的消费支出,增加居民的实际消费能力,增强居民的消费信心。进入21世纪以来,我国的政府社会保障支出水平在逐年提高,目前占中央财政支出的比重为10%左右,但与发达国家相比,仍然存在一定的差距。如加拿大社会保障支出在国家财政支出的占比为39%,澳大利亚为35%,日本为37%。这说明对标发达国家,我国的政府社会保障支出水平仍然具有较大的上升空间,还需要进一步加大财政公共支出力度,以托底居民各项公共支出和预防性支出,提升居民消费信心。

三、 不断扩大社会保障制度覆盖面

当前我国非公有制经济发展迅速,私营企业职工、个体劳动者以及灵活就业人员的数量不断增加,但是其中一些劳动者处于基本社会保障制度的保障范围之外。尽管一些地方出台了将灵活就业人员纳入基本养老保险的政策,但制度设计并不完善,实施效果不理想,这一现状有悖制度设计初衷。因此,要不断扩大社会保障制度的覆盖面,将城镇各类企业职工、个体工商户和灵活就业人员都纳入到基本社会保障的覆盖范围中,提高社会保障功能制度的覆盖面。

第九节　优化消费发展环境,促进居民消费潜力释放

一、 创新政策制度环境

政府首先应转变观念,意识到人口老龄化以及新消费发展趋势对扩大内需、促进消费赋予了新的内涵,需要进一步深化体制机制改革,转变政府职能,为扩大消费提供平台。借鉴自贸试验区的开放思路,对消费领域出现的新模

式、新业态、新技术探索负面清单管理模式,在确保安全的前提下,实施包容审慎监管,加快推进网上审批,简化资质条件和办理流程,实现"放管服"的有效结合。充分利用国家和地方各项现代服务业发展引导资金、商贸业支持资金和促消费支持资金,加强对扩大消费领域的支持力度,重点对总经销总代理型商业企业,本土新业态、新模式、新技术创新型商业企业,以及从事老年消费产品和服务供给的商业企业形成有效政府扶持机制。加大对老年产业的政策支持和财政支持,高端医疗、智慧养老等高端产业的发展要充分发挥市场调节功能,政府给予适当指导和鼓励。

二、 改善便利消费环境

依托自贸试验区建设,进一步提高贸易便利化水平,促进商品和服务等贸易要素畅通流动,建立进口商品和新商品进入国内的便利化渠道,提高消费便利化水平。加快推进城市和农村电子商务物流配送体系建设,加强 WIFI、移动网络等信息基础设施建设,推广移动支付、电子发票等信息技术手段,提高网络消费的便利化水平。做好商业领域细节短板提升工作,抓好诸如商圈商街公厕、指引标识系统、服务问讯站点、行李寄存、现场消费者投诉点等紧密贴合消费者诉求的基础设施建设。加强细节服务,提供移动支付、打包托运、退换货和售后维修等便利化服务等举措,体现城市"温度"。加强大型商业设施配套,加强大型商业设施与道路交通等市政设施的关联度,从空间布局、开放空间、地下空间、绿化环境、风貌特色、商业规划等方面,提升消费聚集度、便利度、繁荣度。

三、 优化信用消费环境

加快推进商业信用体系建设,加大对价格歧视、价格欺诈等行为的查处力度,通过咨询投诉信息及时分析热点,促进价格自律。搭建商务举报投诉服务网络平台,严厉打击商业欺诈、制假售假、侵犯知识产权等行为,营造公平、有序、规范的市场环境。加强法规和行业规范体系建设,完善市场监管体系,把工作着力点放到规划引导和法规标准建设上来,重点推进社会信用建设、公共信息系统个人信息保护、公共信用归集和使用等方面的立法工作。加快建立和完善扩大消费重点和银发市场领域产品及服务标准体系,鼓励企业和行业组织参与国内外消费相关标准的制(修)订。

四、构建安全消费环境

加强保障消费安全的基础设施建设,积极推动食品冷藏链建设和农产品冷链物流系统建设,保障食品安全。建立市场供应风险管理体系,制定风险评估标准,完善应急预案,加强应急演练,提高消费保障能力。深入开展商品假冒伪劣治理,消费者权益保护、知识产权保护、诚信体系建设等专项行动,营造安全放心的购物环境。集中力量开展食品安全专项整治行动,严把市场准入关,大力推进流通领域商品质量准入退出制度改革,健全和落实食品安全监管和消费维权各项制度,推动食品安全监管和消费维权长效机制的建设,为消费者营造放心、安全、和谐的消费环境,加快促进各类产品的安全消费。

第八章

研究结论和展望

第一节　主要研究结论

一、宏观层面研究结论

从宏观层面人口老龄化对居民消费的影响来看,本书运用 2000—2017 年中国大陆 30 个省、自治区、直辖市(由于数据缺失原因,剔除西藏)的省际面板数据,选择固定效应面板模型就人口老龄化对城乡居民消费的影响进行实证分析,既分析人口老龄化对居民消费率的影响,也分析人口老龄化对居民消费结构的影响,并在基础模型以外进一步考察人口老龄化对居民消费的非线性影响,以及收入因素对人口老龄化影响居民消费的调节效应,同时也考虑分城乡、分区域、分时间阶段进行分组回归,得出以下主要结论。

第一,人口老龄化对居民消费率具有显著的抑制效应,并且分城乡、分区域来看影响程度有所差异。分城乡来看,人口老龄化对城镇居民消费率的抑制效应大于农村。这是由于农村居民老年时候与年轻时候的收入差距比城镇居民要小,所以人口老龄化对农村居民的抑制效应也比城镇居民要小。分区域来看,人口老龄化对居民消费率的抑制效应,严格遵循西部最大、中部次之、东部最小的排序。表明随着区域经济发展程度越高,人口老龄化对居民消费率的抑制效应会逐渐减弱,而东部地区由于经济比较发达,抑制效应已经转为促进效应,但是回归结果不显著。此外,分时间阶段来看,人口老龄化对居民消费率的抑制效应会随着人口老龄化程度的加深而减弱。根据实证分析结果,在 2000—2009 年人口老龄化发展初期,总样本、城镇样本、农村样本人口老龄化对居民消费率的回归系数均显著为负;但是在 2000—2017 年人口老龄化加速发展时期,总样本、城镇样本、农村样本人口老龄化对居民消费率的回归系数有正有负,但是均不显著。表明随着人口老龄化程度的加深,银发市场加快发展成熟,人口老龄化对居民消费率的抑制作用将逐渐减弱。

第二,农村人口老龄化对农村居民消费率的影响存在 U 型非线性关系,农村居民可支配收入关于农村人口老龄化对农村居民消费率的影响具有正向调节效应。从农村人口老龄化对农村居民消费率的 U 型影响来看,农村老年人口占比数值等于 19.357% 为农村人口老龄化对农村居民消费率的影响拐点。在此之前,农村居民消费率伴随农村人口老龄化程度加深而递减;在此之后,农村居民消费率随着农村人口老龄化程度加深而递增。当前农村样本人口老龄化程度还大部分小于拐点数值,所以农村人口老龄化对农村居民消费率的影响现阶段仍然以负向抑制效应为主。从农村居民可支配收入关于农村人口老龄化影响农村居民消费率的调节效应来看,农村居民可支配收入对数值每提高一个百分点,农村人口老龄化对农村居民消费率的抑制效应将减少 0.152个单位。农村居民可支配收入水平关于农村人口老龄化影响农村居民消费率的调节效应存在拐点,当农村居民可支配收入对数值小于拐点值时,农村人口老龄化对农村居民消费率的影响为负,反之为正。当前所有农村样本居民可支配收入水平都未到达拐点,所以当前农村人口老龄化对农村居民消费率的影响体现为负向抑制效应。

第三,人口老龄化对城乡居民消费结构的影响具有异质性,并且存在非线性影响关系。人口老龄化对城镇居民各类支出消费占比的影响以负向抑制效应为主,城镇人口老龄化除了与城镇居民居住消费占比显著正相关以外,与城镇居民食品烟酒、生活用品及服务、交通通信、教育休闲娱乐、医疗保健消费占比显著负相关,对城镇居民衣着、其他用品及服务消费占比影响不显著。同时,城镇人口老龄化对于城镇居民食品烟酒和教育休闲娱乐消费占比存在 U 型非线性关系。即当城镇人口老龄化程度较低时,这两项城镇居民消费占比会随着城镇人口老龄化程度的加深而逐步降低,而当城镇人口老龄化程度到达某一拐点之后,这两项城镇居民消费占比会随着城镇人口老龄化程度的继续提升而逐步上升。人口老龄化对农村居民各类消费支出占比的影响以正向促进效应为主,农村人口老龄化与农村居民衣着、生活用品及服务、医疗保健、其他用品及服务消费占比显著正相关,对农村居民食品烟酒、居住、交通通信、教育休闲娱乐消费占比影响不显著。同时,农村人口老龄化关于农村居民食品烟酒、衣着、生活用品及服务、教育休闲娱乐、医疗保健和其他用品及服务消费占比存在倒 U 型非线性关系,即当农村人口老龄化程度较低时,这六项农村居民消费占比会随着农村人口老龄化程度的加深而上升,而当农村人口老龄化程度到达某一拐点之后,这六项农村居民消费占比会随着农村人口老龄化程度的继续加深而逐步下降。

第四,居民可支配收入水平对于人口老龄化对居民消费结构的影响具有显著的调节效应,收入的调节效应城镇主要体现为正向促进效应,农村主要体现为负向抑制效应。这与城乡二元结构的收入差距和社会养老医疗保障制度有关,城镇居民收入提高主要用来消费,农村居民出于谨慎动机和对未来养老的担忧则会选择把提高的收入进行储蓄。城镇居民可支配收入的提高能够显著减小城镇人口老龄化对城镇居民食品烟酒、生活用品及服务和教育休闲娱乐消费占比的负向抑制效应,也能够显著降低城镇人口老龄化对城镇居民居住和其他用品及服务消费占比的正向促进效应。另外,农村居民可支配收入提高会显著降低农村人口老龄化对农村居民食品烟酒、衣着、生活用品及服务、教育休闲娱乐、医疗保健、其他用品及服务消费占比的正向促进效应。

二、 微观层面研究结论

为了从微观层面更好地研究老年个体及其家庭消费特征,本书在宏观实证的基础上,还应用 CHARLS2011、2013、2015 三年的微观数据,以至少包含一位 60 岁以上老年人成员的家庭为研究对象,就人口老龄化对家庭消费的影响进行实证分析,具体包括家庭人口老龄化对家庭消费率的影响和家庭人口老龄化对家庭消费结构的影响两部分。在实证分析过程中,又根据人口老龄化指标进行不同分组回归,并进一步分城乡、分区域对样本进行分组回归,得出以下主要结论。

第一,家庭人口老龄化对家庭消费率具有促进效应,并且随着家庭消费率分位数由低到高,家庭人口老龄化对家庭消费率的促进效应具有先上升后下降的特征。这可能是由于低分位数家庭收入水平较低,消费刚性较大,而高分位数家庭经济条件较好,对老年人养老费用相对不敏感,所以中等分位数家庭的家庭老年人口占比对家庭消费率的敏感度要高于其他两个分位。

第二,随着家庭中老年人口数量增加,老年人口占比增加,家庭人口老龄化对家庭消费率的促进效应显著增强。这是由于一个家庭中老年人数越多,可以获得工作收入的家庭成员减少,家庭养老负担更重,相应的家庭消费倾向也越高。进一步将总样本按照家庭成员年龄阶段分组回归,发现 60 岁以上年龄组样本对于人口老龄化对家庭消费率的影响敏感度要明显低于 60 岁及以下年龄组样本,说明人口老龄化对家庭消费率的影响,主要通过家庭中 60 岁及以下家庭年轻成员的消费行为对家庭消费率产生影响。分城乡来看,家庭人口老龄化对于家庭消费率的促进效应,城镇高于农村,主要是由于城乡家庭非老年成员对于家庭人口老龄化对家庭消费率的影响敏感度差异造成的。城镇和农村 60 岁以上年龄组样本家庭人口老龄化对家庭消费率影响显著且程度相近,而对于 60 岁及以下年龄组样本分城乡而言,城镇影响显著并且系数较大,农村影响不显著,这是造成城乡家庭人口老龄化对家庭消费率的影响存在差异的主要因素。分区域来看,东、中、西部地区家庭人口老龄化对家庭消费率的促进效应呈现东部最大、西部次之、中部最小的排序特征。这是由于在三个地区中,东部地区经济程度最为发达,家庭收入水平和消费水平最高;而西部地区经济程度最不发达,家庭收入水平最低,但是由于养老刚性消费支出而显示较高的消费倾向;相比之下中部地区居民收入水平和消费水平都在三个地区排名居中,因而家庭人口老龄化对家庭消费率的影响也仍然居中。

第三,从家庭人口老龄化对家庭消费结构的影响来看,家庭人口老龄化对家庭食品烟酒、衣着、居住、生活用品及服务、医疗保健消费支出占比具有显著的促进效应。其中,家庭人口老龄化对家庭食品烟酒消费支出占比的促进效应最高,对衣着消费支出占比的促进效应最小。表明当前经济发展阶段家庭恩格尔系数仍然较高。另外,家庭人口老龄化在一定程度上对家庭交通通信、教育休闲娱乐两项消费支出占比形成抑制效应,对其他用品及服务消费占比影响不显著。

需要说明的是,宏观实证结果认为人口老龄化对居民消费率具有抑制效应,而微观实证结果认为家庭人口老龄化对家庭消费率具有促进效应,这两者结论并不矛盾。这是由于 CHARLS 微观数据选取年龄为 45 岁及以上的老年个体及家庭作为样本对象,造成微观实证样本数据总体家庭人口老龄化程度偏高,这既符合生命周期假说人处于老年阶段时收入水平低而消费倾向高的假设,也和宏观实证结果认为人口老龄化对居民消费率的抑制效应会随着人口老龄化程度的加深而不再显著的结论观点一致。

第二节　未来研究展望

一、未来研究重点

由于笔者学识水平有限,再加上写作时间紧、任务较重,在写作过程中仍然存在一些不足,留下遗憾。比如,不同阶层老年消费市场共性及个性特征梳理归纳不足,中国区域辽阔,城乡二元结构明显,决定了中国广阔的老年消费市场,既有基于银发经济的共性规律,更有由于阶层不同、区域不同、收入不同等个体特质而带来的个性化特征。本书将人口老龄化影响居民消费的研究重点放在实证检验部分,而在关于不同阶层老年人口消费特征的共性和个性规律探析及理论分析方面未能进行深入研究。人口老龄化影响居民消费城乡、区域差异的原因分析不足,本书花费了大幅篇章对人口老龄化和居民消费变动的城乡差异和区域差异进行描述及实证分析,并得出了一定的结论。但是,关于人口老龄化影响居民消费所存在的城乡、区域差异,这背后的原因是如何造成的,尚缺乏系统深入的理论揭示和原因剖析。微观数据对年轻家庭样本的覆盖不足,本书选取了中国健康与养老追踪调查(CHARLS)微观数据进行实证分析,CHARLS微观数据样本对象一般年龄在45岁以上,为本研究更好刻画人口老龄化背景下老年人及老年家庭消费特征进行实证分析提供了充足而精确的样本,但也同时表示本研究缺乏家庭整体年龄结构都在45岁以下的年轻家庭样本,导致难以深入探讨比较老年人和非老年人、老年家庭和非老年家庭在消费方面的异同。

二、 未来研究方向

当前,应对人口老龄化已经成为重要的国家战略,积极发展银发经济,在人口老龄化背景下全面促进消费,成为中国扩大内需战略基点、构建新发展格局的重要任务举措之一。本书的研究尽管尚存在不足之处,但为人口老龄化社会扩大消费问题提供了一个基本思路和方向,为进一步研究提供了一些有价值的线索。针对人口老龄化背景下全面促进居民消费问题,结合本书未来得及深入研究的一些问题,未来笔者将从以下方面进行进一步研究。

第一,研究归纳不同阶层老年人口消费的共性规律及个性特征。

在人口老龄化背景下全面促进居民消费,挖掘老年消费市场潜力是重点领域。中国老年消费市场广阔,但是起步较晚,在老年消费市场的商品和服务供给方面仍然滞后于市场需求。从理论上深入研究老年消费市场的共性规律和个性特征,对于厘清老年消费市场规律特征,分层施策因势利导最大程度挖掘每个阶层老年消费市场潜力,具有重要的指导意义。

第二,分析人口老龄化影响居民消费城乡、区域差异的制度成因和环境成因。

本书的实证结果显示,人口老龄化对居民消费的影响在城镇和农村,以及东部、中部、西部地区表现出较大的差异。中国的城乡二元结构和区域发展差异既有历史因素,也有制度因素和环境因素,这些因素和人口老龄化对居民消费的影响叠加,造成了人口老龄化影响居民消费在城乡和地区之间的差异性。对人口老龄化影响居民消费城乡、区域差异背后的制度成因和环境成因进行进一步深入分析,比城乡、区域差异本身的比较更具有意义。

第三,改革收入分配制度,放大人口老龄化社会收入对居民消费的正向调节效应。

根据本书的研究结果,农村居民可支配收入关于农村人口老龄化对农村居民消费率的影响具有正向调节效应,收入对于城乡居民消费结构也具有显著的调节效应,但是方向相反。收入是决定居民消费能力的前提。在人口老龄化背景下,扩大居民消费,改革收入分配制度依然是关键。尤其是研究如何提高农村居民收入,释放农村居民消费潜力,具有重要的现实意义。

第四,应用微观数据加强对老年消费的分层比较实证研究。

在应用 CHARLS 微观数据进行实证分析的基础上,进一步利用中国居民收入调查数据库(CHIPS)、中国家庭追踪调查数据库(CFPS)等微观数据库,针对不同年龄、收入、教育水平、家庭成员组成、所在区域等不同层次和特质的老年人口及其家庭进行分组,通过实证研究刻画不同阶层、不同层次老年人口的消费特征,并进一步进行年轻人与老年人、年轻家庭与老年家庭的消费特征实证分析比较,在实证比较中充分刻画老年消费市场的共性规律和个性特征,为在人口老龄化背景下扩大居民消费提供依据支撑。

参考文献

外文部分

［1］ Aguila E., Attanasio O., Meghir C. Changes in Consumption at Retirement：Evidence from Panel Data ［J］. Review of Economics and Statistics, 2011, 93 (3):1094—1099.

［2］ Alexandre N. Almeida, Livia R. S. Souza. Analysis of the Consumption Patterns in Families with and without Elderly Members between 1987 and 2009 in the Metropolitan Regions of Brazil ［J］. Journal of Population Ageing, 2019 (12):327—357.

［3］ Anderson G. F., Hussey P. S. Population Aging：A Comparison Among Industrialized Countries ［J］. Aging Male, 2000, 19(3):191.

［4］ Banks J., Blundell R., Tanner S. Is There A Retirement-savings Puzzle? ［J］. American Economic Review, 1998:769—788.

［5］ Battistin E., Brugiavini A., Rettore E., et al. The Retirement Consumption Puzzle：Evidence From A Regression Discontinuity Approach ［J］. The American Economic Review, 2009, 99(5):2209—2226.

［6］ Bernheim B. D., Skinner J., Weinberg S. What Accounts for the Variation In Retirement Wealth Among U.S. Households? ［J］. American Economic Review, 2001:832—857.

［7］ Bishop, N. J., Zuniga, K. E. Egg Consumption, Multi-Domain Cognitive Performance, and Short-Term Cognitive Change in a Representative Sample of Older U. S. Adults [J]. Journal of the American College of Nutrition, 2019, Vol.38:537—546.

[8] Blacker C. P. Stages in Population Growth [J]. Eugenics Review, 1947, 39 (3):88.

[9] Blundell R., Browning M., Meghir C. Consumer Demand and the Life-cycle Allocation of Household Expenditures [J]. The Review of Economic Studies, 1994, 61(1):57—80.

[10] Chenery, Hollis and Moises Syrquin. Patterns of Development, 1950—1970 [M]. Oxford University Press, 1975.

[11] Danziger S., Van Der Gaag J., Smolensky E., et al. The life-cycle hypothesis and the consumption behavior of the elderly [J]. Journal of Post Keynesian Economics, 1982, 5(2):208—227.

[12] Demery D., Duck N. W. Savings-age Profiles in the UK [J]. Journal of Population Economics, 2006, 19(5):674—682.

[13] Erlandsen S., Nymoen R. Consumption and Population Age Structure [J]. Journal of Population Economics, 2008, 21(3):505—520.

[14] Flavin, M. A., Excess Sensitivity of Consumption to Current Income: Liquidity Constraints or Myopia? [J]. Canadian Journal of Economics, 1985, (18):117—136.

[15] Golley J., Tyers R. China's Growth to 2030: Demographic Change and the Labour Supply Constraint [J]. The Turning Point in China's Economic Development, Asia Pacific Press, Canberra, 2006.

[16] Gourinchas P. O., Parker J. A. Consumption Over the Life Cycle [J]. Econometrica, 2010, 70(1):47—89.

[17] Hall R. E. Stochastic Implications of the Life Cycle-permanent Income Hy-

pothesis: Theory and Evidence [J]. Journal of Political Economy, 1978, 86 (6):971—987.

[18] Hansen J. H. The Impact of Interest Rates on Private Consumption in Germany [J]. Journal of Experimental Zoology, 1996 (3):369—374.

[19] Henderson J. V., Ioannides Y. M. Owner Occupancy: Investment vs Consumption Demand [J]. Journal of Urban Economics, 1987, 21(2):228—241.

[20] Hock H., Weil D. N. On the Dynamics of the age structure, dependency, and consumption [J]. Journal of Population Economics, 2012, 25(3):1019—1043.

[21] Holbrook M. B., Hirschman E. C. The Experiential Aspects of Consumption: Consumer Fantasies, Feelings, and Fun [J]. Journal of Consumer Research, 1982, 9(2):132—140.

[22] Horioka C. Y. WanJunmin. The Determinants of Household Saving in China: A Dynamic Panel Analysis of Provincial Data [R]. NBER Working Papers, 2006.

[23] Janelle McPhail, Gerard Forgarty. Mature Australian Consumers Adoption and Consumption of Self-service Banking Tech-nologies [J]. Journal of Financial Services Marketing, 2004, (Jun.):302—313.

[24] Jconnolly, Mark P., Postma, Maarten J., Health Care as An Investment: Implications for An Era of Aging Populations [J]. Journal of Medical Marketing, 2010, 10 (1):5—14.

[25] Junko Doni. Consumption Structure and the Pattern of Economic Growth [J]. Seoul Journal of Economics, 2003 (16):343—361.

[26] Kaijichenctc. The Japanese Savings Rate between 1960 and 2000: Productivity, Policy Changes, and Demographics [J]. Economic Theory, 2007(32):

87—104.

[27] Kleiman E. Age Composition, Size of Households, and the Interpretation of Per Capita Income [J]. Economic Development and Cultural Change, 1966, 15(1):37—58.

[28] Kohara M., Horioka C. Y. Do Borrowing Constraints Matter? An Analysis of Why the Permanent Income Hypothesis Does Not Apply in Japan [R]. NBER Working Paper. 2006.

[29] Kuhn M., Prettner K. Population Structure and Consumption Growth: Evidence from National Transfer Accounts [J]. Journal of Population Economics, 2015, 31(1):1—19.

[30] Lee, R. D., Edwards, R. D. The Fiscal Impact of Population Change [R]. Federal Reserve Bank of Boston. 2001, 189—219.

[31] Leff N. H. Dependency Rates and Savings Rate [J]. American Economic Review, 1969, 55(5):346—360.

[32] Lluch C., Williams R. Consumer Demand Systems and Aggregate Consumption in the USA: An Application of the Extended Linear Expenditure System [J]. Canadian Journal of Economics, 1975:49—66.

[33] Lucas, Robert. On the Mechanics of Economic Development [J]. Journal of Monetary Economics, 1988, (22):3—42.

[34] Maslow A. H.A. Theory of Human Motivation [J]. Psychological Review, 1943, 50(4):370.

[35] Masson P., Bayoumi T., Samei H. International Evidence on the Determinants of Privatesaving [R]. Discussion Paper Series 1368, CEPR.

[36] Mierau, J. O. and Turnovsky, S. J. Demography, Growth, and Inequality [J]. Economic Theory, 2014(55):29—68.

[37] Modigliani, F. and Brumberg, R. Utility Analysis and The Consumption

Function: An Interpretation of the Cross-Section Data [M], New Brunswick: Post Keynesian Economics. 1954:388—436.

[38] Modigliani, F. and Cao, S. L. The Chinese Saving Puzzle and The Life-Cycle Hypothesis [J]. Journal of Economic Literature, 2004. Vol.42(1).

[39] Muth R. F. Household Production and Consumer Demand Functions [J]. Econometrica: Journal of the Econometric Society, 1966:699—708.

[40] Nevenl. By any Means? Questioning the Link between Gerontechnological Innovation and Older People's Wish to Live at Home [J].Technological Forecasting Social Change, 2015(93):32—43.

[41] Park, J., Lee, H. S., Lee, C., Lee, H.-J. Milk Consumption Patterns and Perceptions in Korean Adolescents, Adults, and the Elderly [J]. International al Dairy Journal. 2019, Vol.95:78—85.

[42] Qian, Y. Y. Urban and Rural Household Saving in China. International Monetary Fund Stuff Papers [J], 1988, Vol.35:592—627.

[43] Rachel Ngai, Christopher. A Pissarides Structural Change in a Multisector Model of Growth [J]. American Economic Review, 2007, (1):429—443.

[44] Ram R. Dependence Rates and Aggregate Savings: A New International Cross-section Study [J]. American Economic Review, 1982, 72(3):537—544.

[45] Robert Kesner. 10 tips for Marketing to A Mature Audience [J]. Direct Marketing, 1998 (3):52—53.

[46] Senesi P. Population Dynamics and Life-cycle Consumption [J]. Journal of Population Economics, 2003, 16(2):389—394.

[47] Shi MIN, Jun Fei BAI, James Seale, Thomas Wahl. Demographics, Societal Aging, and Meat Consumption in China [J]. Journal of Integrative Agriculture, 2015, Vol.14 (6):995—1007.

［48］ Smith S. The Retirement-consumption Puzzle and Involuntary Early Retirement: Evidence from the British Household Panel Survey［J］. The Economic Journal, 2006, 116(510):130—148.

［49］ Startz R. The Stochastic Behavior of Durable and Nondurable Consumption ［J］. Review of Economics & Statistics, 1989, 71(2):356—363.

［50］ Steven Lugauer, Jinlan Ni, Zhichao Yin. Chinese household saving and dependent children: Theory and evidence［J］. China Economic Review, 2019, Vol.57.

［51］ Stoker, T. M. Simple Tests of Distributional Effects on Macroeconomic Equations［J］. Journal of political Economy, 1986, (4):861—883.

［52］ The Aging of Population and Its Economic Implications［M］. New York: United Nations, 1956.

［53］ Wilson S. J. The Savings Rate Debate Does the Dependencey Hypothesis Hold for Australia and Canada［J］. Australian Economic History Review, 2004, 40(2):63—67.

［54］ Wioletta Grzenda, Socioeconomic Aspects of Long-term Unemployment in the Context of the Ageing Population of Europe: the Case of Poland［J］. Ekonomska Istraivanja, 2019(32):1561—1582.

［55］ Xinwen Ni, The Role of Medical Expenses in the Saving Decision of Elderly: A Life Cycle Model［R］. IRTG 1792 Discussion Paper 2019(11):1—33.

［56］ Zwemuller J., Brunner. Innovation and Growth With Rich and Poor Consumers［J］. Metroecomomica, 2005, (56):233—262.

中文部分

［1］［法］阿尔弗雷·索维:《人口与环境》,胡元礽译,北京大学出版社 1985

年版。

[2] 包玉香、李子君:《人口老龄化对我国城镇居民消费的影响》,《经济理论与经济管理》2013 第 12 期。

[3] 曹佳斌、王珺:《为什么中国文娱消费偏低？基于人口年龄结构的解释》,《南方经济》2019 年第 7 期。

[4] 陈明华、郝国彩:《中国人口老龄化地区差异分解及影响因素研究》,《中国人口资源与环境》2014 年第 24 期。

[5] 蔡远飞、李凤:《中国人口老龄化区域差异与收敛性研究》,《南方人口》2016 年第 4 期。

[6] 藏旭恒:《中国消费函数分析》,上海人民出版社 1994 年版。

[7] 藏旭恒:《居民资产与消费行为选择分析》,上海人民出版社 2001 年版。

[8] 查奇芬、周星星:《人口老龄化对消费结构的影响——基于江苏省数据的实证分析》,《中国统计》2011 年第 12 期。

[9] 晁钢令、王丽娟:《我国消费率合理性的评判标准——钱纳里模型能解释吗?》,《财贸经济》2009 年第 4 期。

[10] 陈晓毅:《基于年龄结构的我国居民消费研究》,中央财经大学博士学位论文 2015 年。

[11] 冯剑锋、陈卫民、晋利珍:《中国人口老龄化对劳动生产率的影响分析——基于非线性方法的实证研究》,《人口学刊》2019 年第 3 期。

[12] 范叙春、朱保华:《预期寿命增长、年龄结构改变与我国国民储蓄率》,《人口研究》2012 年第 7 期。

[13] 郭镇方:《消费总量下降是投资总量增长的结果吗?》,《经济学家》2007 年第 3 期。

[14] [美]赫尔曼·E.戴利、肯尼思·N.汤森:《珍惜地球——经济学、生态学、伦理学》,马杰、钟斌、朱又红译,范道丰校,商务印书馆 2001 年版。

[15] 黄彩虹、张晓青、陈双双:《人口年龄结构对中国城乡居民消费率及消费

差距的影响——基于省级面板数据的实证分析》,《安徽师范大学学报》
(自然科学版)2017年第6期。

[16] 郝云飞:《人口年龄结构变动与中国居民消费》,山东大学博士学位论文
2017年。

[17] [日]黑田俊夫、安菁春:《亚洲人口年龄结构变化与社会经济发展的关
系》,《人口学刊》1993年第4期。

[18] 金晓彤、王天新:《中国老龄人口消费:现状与趋势》,《西北人口》2012年
第3期。

[19] 姜向群、丁志宏:《对我国当前人口老龄化问题研究的概念和理论探析》,
《人口学刊》2004年第5期。

[20] 姜洋、邓翔:《替代还是互补——中国政府消费与居民消费关系实证分
析》,《财贸研究》2009年第3期。

[21] 郎沧萍:《漫谈人口老化》,辽宁人民出版社1987年版。

[22] 李魁、钟水映:《劳动力抚养负担与居民消费率——基于人口红利期的动
态面板实证研究》,《经济评论》2010年第6期。

[23] 李培林、张翼:《消费分层:启动经济的一个重要视点》,《中国社会科学》
2000年第1期。

[24] 李文星、徐长生、艾春荣:《中国人口年龄结构和居民消费:1989—2004》,
《经济研究》2008年第7期。

[25] 林白鹏:《中国消费结构学》,经济科学出版社1987年版。

[26] 林宝:《人口老龄化城乡倒置:普遍性与阶段性》,《人口研究》2018年第
3期。

[27] 林晓珊:《家庭老龄化、消费结构与消费分层——基于CFPS2012的数据
分析》,《东南大学学报》(哲学社会科学版)2018年第2期。

[28] 刘超、卢泰宏:《西方老年消费行为研究路径与模型评介》,《外国经济与
管理》2005年第11期。

［29］刘国光:《促进消费需求提高消费率是扩大内需的必由之路》,《财贸经济》2002 年第 5 期。

［30］刘社建:《居民消费研究》,上海社会科学院出版社 2015 年版。

［31］刘社建:《最终消费率与经济稳定增长》,东方出版中心 2017 年版。

［32］刘士杰、张士斌:《收入、年龄结构和城乡居民储蓄》,《人口与经济》2009 年第 5 期。

［33］刘雯:《湖南人口年龄结构对居民消费率的影响》,《消费经济》2009 年第 6 期。

［34］罗云毅:《低消费、高投资是中国现阶段中国经济运行的常态》,《宏观经济研究》2004 年第 5 期。

［35］中共中央马克思恩格斯列宁斯大林著作编译局译:《资本论》第 1 卷,人民出版社 2009 年版。

［36］茅锐、徐建炜:《人口转型、消费结构差异和产业发展》,《人口研究》2014 年第 3 期。

［37］倪红福、李善同、何建武:《人口结构变化对经济结构的影响——基于投入产出模型的分析》,《劳动经济研究》2014 年第 3 期。

［38］潘彬、徐选华:《资金流动性与居民消费的实证研究——经济繁荣的不对称性分析》,《中国社会科学》2009 年第 4 期。

［39］［苏］P.塞尔比、M.谢克特:《老龄化的 2000 年》,新蔚等译,生活·读书·新知三联书店 1987 年版。

［40］祁鼎、王师、邓晓羽、孙武军:《中国人口年龄结构对消费的影响研究》,《审计与经济研究》2012 年第 4 期。

［41］石明明、江舟、邱旭容:《老龄化如何影响我国家庭消费支出——来自中国综合社会调查的证据》,《经济理论与经济管理》2019 年第 4 期。

［42］沈继红:《人口的年龄结构对消费率的影响研究——基于中国省际面板数据的实证分析》,《上海经济研究》2015 年第 4 期。

［43］苏春红、刘小勇:《老龄化的储蓄效应分析》,《山东大学学报》(哲学社会科学版)2009 年第 3 期。

［44］孙蕾、王亦闻、门长悦:《中国人口老龄化的区域差异研究——基于省级面板数据的实证分析》,《当代经济科学》2015 年第 1 期。

［45］王德文、张学辉:《人口转变的储蓄效应和增长效应——论中国增长可持续性的人口因素》,《人口研究》2004 年第 5 期。

［46］王刚:《人口老龄化对居民储蓄的影响分析——以北京市为例》,《经济问题探索》2006 年第 9 期。

［47］王金营、付秀彬:《考虑人口年龄结构变动的中国消费函数计量分析——兼论中国人口老龄化对消费的影响》,《人口研究》2006 年第 1 期。

［48］王录仓、武荣伟:《中国人口老龄化时空变化及成因探析——基于县域尺度的考察》,《中国人口科学》2016 年第 4 期。

［49］王鹏:《中国人口老龄化地区差异及影响因素分析》,《当代经济》2016 年第 24 期。

［50］王秋石、王一新:《中国居民消费率真的这么低么——中国真实居民消费率研究与估算》,《经济学家》2013 年第 8 期。

［51］王雪峰:《中国消费率问题研究》,社会科学文献出版社 2013 年版。

［52］王勇、周涵:《人口老龄化对城镇家庭消费水平影响研究》,《上海经济研究》2019 年第 5 期。

［53］王彦军、张佳睿:《日韩应对人口老龄化对策的经验及启示》,《人口学刊》2015 年第 6 期。

［54］王宇鹏:《人口老龄化对中国城镇居民消费行为的影响研究》,《中国人口科学》2011 年第 1 期。

［55］吴石英:《人口年龄结构演变对居民消费的影响:理论机理与实证检验》,《青岛科技大学学报》(社会科学版)2019 年第 2 期。

［56］魏瑾瑞、张睿凌:《老龄化、老年家庭消费与补偿消费行为》,《统计研究》

2019 年第 10 期。

[57] 武晓利:《微观主体行为变迁与宏观居民消费率的变化分析》,中国金融出版社 2018 年版。

[58] 邬沧萍:《社会老年学》,中国人民大学出版社 1999 年版。

[59] 徐国祥、刘利:《中国人口老龄化与居民消费结构的统计检验》,《统计与决策》2016 年第 1 期。

[60] 向晶:《人口结构调整对我国城镇居民消费的影响》,《经济理论与经济管理》2013 年第 12 期。

[61] 夏杰长:《经济新常态背景下扩大旅游消费的对策建议》,《河北大学学报》(哲学社会科学版)2017 年第 4 期。

[62] 许永兵:《中国居民消费率研究》,中国社会科学出版社 2013 年版。

[63] 杨浩:《中国人口年龄结构对居民家庭消费的影响——基于 CFPS2016 年数据的实证分析》,《湖北文理学院学报》2019 年第 5 期。

[64] 杨菊华、王苏苏、刘轶锋:《新中国 70 年:人口老龄化发展趋势分析》,《中国人口科学》2019 年第 4 期。

[65] 杨圣明、李学曾:《有关消费结构的几个问题》,《中国社会科学》1984 年第 5 期。

[66] 尹世杰:《中国消费结构研究》,上海人民出版社 1988 年版。

[67] 尹世杰:《中国消费结构合理化研究》,湖南大学出版社 2001 年版。

[68] 于光远:《于光远同志关于消费经济理论研究的一封信》,《求索》1982 年第 4 期。

[69] 于光远:《经济大辞典》,上海辞书出版社 1992 年版。

[70] 于宁:《人口老龄化的长期经济影响:上海的挑战与对策》,《上海经济研究》2011 年第 7 期。

[71] 于潇、孙猛:《中国人口老龄化对消费的影响研究》,《吉林大学社会科学学报》2012 年第 1 期。

［72］于学军:《中国人口老化的经济学研究》,中国人口出版社 1995 年版。

［73］余永定、李军:《中国居民消费函数的理论与验证》,《中国社会科学》2000
年第 1 期。

［74］袁志刚、宋铮:《消费理论的新发展及其在中国的应用》,《上海经济研究》
1999 年第 6 期。

［75］袁志刚、宋铮:《人口年龄结构、养老保险制度与最优储蓄率》,《经济研
究》2000 年第 11 期。

［76］袁志刚、夏林锋、樊潇彦:《中国城镇居民消费结构变迁及其成因分析》,
《世界经济文汇》2009 年第 4 期。

［77］袁志刚、朱国林:《消费理论中的收入分配与总消费——及对中国消费不
振的分析》,《中国社会科学》2002 年第 2 期。

［78］殷俊茹、徐豪熠、倪宣明:《人口老龄化对居民消费水平的影响研究——
基于最优增长模型的理论分析与实证检验》,《系统工程理论与实践》
2016 年第 12 期。

［79］臧旭恒、张继海:《收入分配对中国城镇居民消费需求影响的实证分析》,
《经济理论与经济管理》2005 年第 6 期。

［80］赵周华、王树进:《人口老龄化与居民消费结构变动的灰色关联分析》,
《统计与决策》2018 年第 9 期。

［81］赵周华、少子化:《老龄化与农村居民消费结构:理论分析与实证检验》,
《兰州财经大学学报》2018 年第 6 期。

［82］张梅芬、高庆彦、童彦、张玲:《人口老龄化、地区异质性与居民消费关系
分析》,《商业经济研究》2019 年第 20 期。

［83］张全红:《中国低消费率问题探究——1992—2005 年中国资金流量表的
分析》,《财贸经济》2009 年第 10 期。

［84］张扬:《人口老龄化对消费结构的影响研究——基于四川省第六次人口
普查数据》,西南财经大学硕士学位论文 2013 年。

[85] 张再生:《中国人口老龄化的特征及其社会和经济后果》,《南开学报》2000年第1期。

[86] 张忠根、何凌霄、南永清:《年龄结构变迁、消费结构优化与产业结构升级——基于中国省级面板数据的经验证据》,《浙江大学学报》(人文社会科学版)2016年第3期。

[87] 钟睿:《我国人口老龄化城乡倒置的空间转移和规划应对——基于人口流动的视角》,《城市发展研究》2019年第2期。

[88] 周绍杰:《中国城市居民的预防性储蓄行为研究》,《世界经济》2010年第8期。

[89] 朱国林、范建勇、严燕:《中国的消费不振与收入分配:理论和数据》,《经济研究》2002年第5期。

[90] 朱勤、魏涛远:《中国人口老龄化与城镇化对未来居民消费的影响分析》,《人口研究》2016年第6期。

[91] 郑妍妍、李磊、刘斌:《"少子化""老龄化"对我国城镇家庭消费与产出的影响》,《人口与经济》2013年第6期。

后　记

当前我国正加快构建以国内大循环为主体、国内国际双循环相互促进的新发展格局，坚持扩大内需战略基点，全面促进消费，成为构建新发展格局的重要支撑。与主要发达国家相比，中国的居民消费率仍然偏低，消费对经济增长的基础性作用尚未能充分发挥。更为严峻的是，中国的人口老龄化程度持续加深，对居民消费以及经济增长等方面的不利影响逐渐显现。

本书综合消费经济学理论和人口社会学理论，主要研究人口老龄化对居民消费的影响，包括人口老龄化对居民消费率的影响和对居民消费结构的影响两个方面。本书在探究人口老龄化影响居民消费机理的基础上，进一步基于宏观和微观视角研究人口老龄化对居民消费的影响，同步应用宏观省际面板数据和微观 CHARLS 调查数据就人口老龄化对居民消费的影响进行实证分析，形成宏观—微观实证分析对比框架和研究结论。

本书内容主要由笔者的博士论文修改而来。2017 年 9 月至 2020 年 7 月，笔者在上海社会科学院经济研究所攻读在职博士学位，并顺利毕业，和导师刘社建研究员的支持指导息息相关，和原单位上海市商务发展研究中心朱桦主任的支持鼓励密切相关，离不开李骏阳、李清娟等老师多年来对我的关心支持，离不开博士、硕士师门兄弟姐妹及同学朋友的热心帮助，尤其离不开家人的鼎力支持。

本书在书稿修改过程中，得到了中共上海市委党校经济学教研部主任唐珏岚教授的悉心指导，得到了中共上海市嘉定区委党校常务副校长赵俊明和副校长夏侯建球的大力支持。本书付梓，感谢中共上海市委党校的出版资助，感谢上海人民出版社编辑刘宇的辛苦付出。

本书作为笔者三年博士求学生涯的一抹印记，仍然存在许多不足之处，文责自负。也期待各位前辈、专家、同行不吝赐教，批评指正！

潘红虹

2021 年 12 月

于上海家中

图书在版编目(CIP)数据

人口老龄化与居民消费变动研究/潘红虹著.—上
海:上海人民出版社,2021
ISBN 978 - 7 - 208 - 17455 - 9

Ⅰ.①人… Ⅱ.①潘… Ⅲ.①人口老龄化-影响-居
民消费-研究-中国 Ⅳ.①C924.24 ②F126.1

中国版本图书馆 CIP 数据核字(2021)第 229882 号

责任编辑 刘 宇
封面设计 谢定莹

人口老龄化与居民消费变动研究
潘红虹 著

出   版 上海人民出版社
           (201101 上海市闵行区号景路 159 弄 C 座)
发   行 上海人民出版社发行中心
印   刷 常熟市新骅印刷有限公司
开   本 720×1000 1/16
印   张 17.5
插   页 2
字   数 226,000
版   次 2021 年 12 月第 1 版
印   次 2021 年 12 月第 1 次印刷
ISBN 978 - 7 - 208 - 17455 - 9/C · 642
定   价 68.00 元